5 language
VISUAL
dictionary

5 language VISUAL dictionary

Senior Editor   Angeles Gavira
Senior Art Editor   Ina Stradins
DTP Designer   Rajen Shah
Production Controller   Melanie Dowland
Picture Researcher   Anna Grapes
Managing Editor   Liz Wheeler
Managing Art Editor   Phil Ormerod
Category Publisher   Jonathan Metcalf

2016 Revised Edition

Editorial   Pakshalika Jayaprakash, Antara Moitra,
Vineetha Mokkil, Stuart Neilson,
Ira Pundeer, Angela Wilkes
Design   Meenal Goel, Roshni Kapur, Chhaya
Sajwan, Arunesh Talapatra, Priyansha Tuli
Production   Nityanand Kumar, Pankaj Sharma,
Balwant Singh, Dheeraj Singh,
Jacqueline Street

Designed for Dorling Kindersley by WaltonCreative.com
Art Editor   Colin Walton, assisted by Tracy Musson
Designers   Peter Radcliffe, Earl Neish, Ann Cannings
Picture Research   Marissa Keating

Language content for Dorling Kindersley by
g-and-w publishing

Managed by Jane Wightwick, assisted by Ana Bremón

Translation and editing by   Ana Bremón, Renate Betson,
Marc Vitale, Christine Arthur

Additional input by   Dr. Arturo Pretel, Martin Prill,
Frédéric Monteil, Meinrad Prill, Mari Bremón,
Oscar Bremón, Anunchi Bremón, Leila Gaafar

First published in Great Britain in 2003
by Dorling Kindersley Limited,
80 Strand, London WC2R 0RL

Copyright © 2003, 2016 Dorling Kindersley Limited
A Penguin Random House Company

4 6 8 10 9 7 5
004–289026 – September/2016

A CIP catalogue record for this
book is available from the British Library.

ISBN: 978-0-2412-4046-5

Printed and bound by Hung Hing in China

A WORLD OF IDEAS:
SEE ALL THERE IS TO KNOW

www.dk.com

contents
table des matières
Inhalt
contenido
sommario

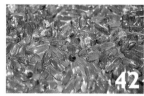

about the dictionary

The use of pictures is proven to aid understanding and the retention of information. Working on this principle, this highly-illustrated multilingual dictionary presents a large range of useful current vocabulary in five European languages.

The dictionary is divided thematically and covers most aspects of the everyday world in detail, from the restaurant to the gym, the home to the workplace, outer space to the animal kingdom. You will also find additional words and phrases for conversational use and for extending your vocabulary.

This is an essential reference tool for anyone interested in languages – practical, stimulating, and easy-to-use.

A few things to note
The five languages are always presented in the same order – English, French, German, Spanish, and Italian.

Other than in English, nouns are given with their definite articles reflecting the gender (masculine, feminine, or neuter) and number (singular or plural), for example:

seed	almonds
la graine	les amandes
der Samen	die Mandeln
la semilla	las almendras
il seme	le mandorle

Verbs are indicated by a *(v)* after the English, for example:

harvest *(v)* • récolter • ernten • recolectar • raccogliere

Each language also has its own index at the back of the book. Here you can look up a word in any of the five languages and be referred to the page number(s) where it appears. The gender is shown using the following abbreviations:

m = masculine
f = feminine
n = neuter

à propos du dictionnaire

Il est bien connu que les illustrations nous aident à comprendre et retenir l'information. Fondé sur ce principe, ce dictionnaire multilingue richement illustré présente un large éventail de vocabulaire courant et utile dans cinq langues européennes.

Le dictionnaire est divisé de façon thématique et couvre en détail la plupart des aspects du monde quotidien, du restaurant au gymnase, de la maison au lieu de travail, de l'espace au monde animal. Vous y trouverez également des mots et expressions supplémentaires pour la conversation et pour enrichir votre vocabulaire.

Il s'agit d'un outil de référence essentiel pour tous ceux qui s'intéressent aux langues – pratique, stimulant et d'emploi facile.

Quelques points à noter
Les cinq langues sont toujours présentées dans le même ordre – anglais, français, allemand, espagnol et italien.

Sauf en anglais, les noms sont donnés avec leurs articles définis qui indiquent leur genre (masculin, féminin ou neutre) et leur nombre (singulier ou pluriel):

seed	almonds
la graine	les amandes
der Samen	die Mandeln
la semilla	las almendras
il seme	le mandorle

Les verbes sont indiqués par un *(v)* après l'anglais, par exemple:

harvest *(v)* • récolter • ernten • recolectar • raccogliere

Chaque langue a également son propre index à la fin du livre. Vous pourrez y vérifier un mot dans n'importe laquelle des cinq langues et vous serez renvoyé au(x) numéro(s) de(s) page(s) où il figure. Le genre est indiqué par les abréviations suivantes:

m = masculin
f = féminin
n = neutre

über das Wörterbuch

Bilder helfen erwiesenermaßen, Informationen zu verstehen und zu behalten. Dieses mehrsprachige Wörterbuch enthält eine Fülle von Illustrationen und präsentiert gleichzeitig ein umfangreiches aktuelles Vokabular in fünf europäischen Sprachen.

Das Wörterbuch ist thematisch gegliedert und behandelt eingehend die meisten Bereiche des heutigen Alltags, vom Restaurant und Fitnesscenter, Heim und Arbeitsplatz bis zum Tierreich und Weltraum. Es enthält außerdem Wörter und Redewendungen, die für die Unterhaltung nützlich sind und das Vokabular erweitern.

Dies ist ein wichtiges Nachschlagewerk für jeden, der sich für Sprachen interessiert – es ist praktisch, anregend und leicht zu benutzen.

Einige Anmerkungen
Die fünf Sprachen werden immer in der gleichen Reihenfolge aufgeführt – Englisch, Französisch, Deutsch, Spanisch und Italienisch.

Außer für Englisch werden Substantive mit den bestimmten Artikeln, die das Geschlecht (Maskulinum, Femininum oder Neutrum) und den Numerus (Singular oder Plural) ausdrücken, angegeben, zum Beispiel:

seed	almonds
la graine	les amandes
der Samen	die Mandeln
la semilla	las almendras
il seme	le mandorle

Die Verben sind durch ein *(v)* nach dem englischen Wort gekennzeichnet:

harvest *(v)* • récolter • ernten • recolectar • raccogliere

Am Ende des Buchs befinden sich Register für jede Sprache. Sie können dort ein Wort in einer der fünf Sprachen und die jeweilige Seitenzahl nachsehen. Die Geschlechtsangabe erfolgt mit folgenden Abkürzungen:

m = Maskulinum
f = Femininum
n = Neutrum

sobre el diccionario

Está comprobado que el empleo de fotografías ayuda a la comprensión y a la retención de información. Basados en este principio, este diccionario plurilíngüe y altamente ilustrado exhibe un amplio registro de vocabulario útil y actual en cinco idiomas europeos.

El diccionario aparece dividido según su temática y abarca la mayoría de los aspectos del mundo cotidiano con detalle, desde el restaurante al gimnasio, la casa al lugar de trabajo, el espacio al reino animal. Encontrará también palabras y frases adicionales para su uso en conversación y para ampliar su vocabulario.

Este diccionario es un instrumento de referencia esencial para todo aquél que esté interesado en los idiomas; es práctico, estimulante y fácil de usar.

Algunos puntos a observar

Los cinco idiomas se presentan siempre en el mismo orden: inglés, francés, alemán, español e italiano.

A excepción del inglés, los sustantivos se muestran con sus artículos definidos reflejando el género (masculino, femenino o neutro) y el número (singular/plural):

seed	almonds
la graine	les amandes
der Samen	die Mandeln
la semilla	las almendras
il seme	le mandorle

Los verbos se indican con una *(v)* después del inglés:

harvest *(v)* • récolter • ernten • recolectar • raccogliere

Cada idioma tiene su propio índice. Aquí podrá mirar una palabra en cualquiera de los cinco idiomas y se le indicará el número de la página donde aparece. El género se indica utilizando las siguientes abreviaturas:

m = masculino
f = femenino
n = neutro

informazioni sul dizionario

È dimostrato che l'uso di immagini aiuta a capire e memorizzare le informazioni. Applicando tale principio, abbiamo realizzato questo dizionario multilingue, corredato da numerosissime illustrazioni, che presenta un ampio ventaglio di vocaboli utili in cinque lingue europee.

Il dizionario è diviso in vari argomenti ed esamina dettagliatamente molti aspetti del mondo moderno, dal ristorante alla palestra, dalla casa all'ufficio, dallo spazio al regno animale. L'opera contiene inoltre frasi e vocaboli utili per conversare e per estendere il proprio vocabolario.

È un'opera di consultazione essenziale per tutti gli appassionati delle lingue – pratica, stimolante e facile da usare.

Indicazioni

Le cinque lingue vengono presentate sempre nello stesso ordine: inglese, francese, tedesco, spagnolo e italiano.

In tutte le lingue, tranne l'inglese, i sostantivi vengono riportati con il relativo articolo determinativo, che indica il genere (maschile, femminile o neutro) e il numero (singolare o plurale), come ad esempio:

seed	almonds
la graine	les amandes
der Samen	die Mandeln
la semilla	las almendras
il seme	le mandorle

I verbi sono contraddistinti da una *(v)* dopo il vocabolo inglese, come ad esempio:

harvest *(v)* • récolter • ernten • recolectar • raccogliere

Alla fine del libro ogni lingua ha inoltre il proprio indice, che consente di cercare un vocabolo in una qualsiasi delle cinque lingue e di trovare il rimando alla pagina che gli corrisponde. Il genere è indicato dalle seguenti abbreviazioni:

m = maschile
f = femminile
n = neutro

how to use this book

Whether you are learning a new language for business, pleasure, or in preparation for a holiday abroad, or are hoping to extend your vocabulary in an already familiar language, this dictionary is a valuable learning tool which you can use in a number of different ways.

When learning a new language, look out for cognates (words that are alike in different languages) and false friends (words that *look* alike but carry significantly different meanings). You can also see where the languages have influenced each other. For example, English has imported many terms for food from other European languages but, in turn, exported terms used in technology and popular culture.

You can compare two or three languages or all five, depending on how wide your interests are.

Practical learning activities

• As you move about your home, workplace, or college, try looking at the pages which cover that setting. You could then close the book, look around you and see how many of the objects and features you can name.

• Challenge yourself to write a story, letter, or dialogue using as many of the terms on a particular page as possible. This will help you retain the vocabulary and remember the spelling. If you want to build up to writing a longer text, start with sentences incorporating 2–3 words.

• If you have a very visual memory, try drawing or tracing items from the book onto a piece of paper, then close the book and fill in the words below the picture.

• Once you are more confident, pick out words in a foreign-language index and see if you know what they mean before turning to the relevant page to check if you were right.

comment utiliser ce livre

Que vous appreniez une nouvelle langue pour les affaires, le plaisir ou pour préparer vos vacances, ou encore si vous espérez élargir votre vocabulaire dans une langue qui vous est déjà familière, ce dictionnaire sera pour vous un outil d'apprentissage précieux que vous pourrez utiliser de plusieurs manières.

Lorsque vous apprenez une nouvelle langue, recherchez les mots apparentés (mots qui se ressemblent dans différentes langues) et les faux amis (mots qui se ressemblent mais ont des significations nettement différentes). Vous pouvez aussi voir comment les langues se sont influencées. Par exemple, l'anglais a importé des autres langues européennes de nombreux termes désignant la nourriture mais, en retour, exporté des termes employés dans le domaine de la technologie et de la culture populaire.

Vous pouvez comparer deux ou trois langues ou bien toutes les cinq, selon votre intérêt.

Activités pratiques d'apprentissage

• Lorsque vous vous déplacez dans votre maison, au travail ou à l'université, essayez de regarder les pages qui correspondent à ce contexte. Vous pouvez ensuite fermer le livre, regarder autour de vous et voir combien d'objets vous pouvez nommer.

• Forcez-vous à écrire une histoire, une lettre ou un dialogue en employant le plus de termes possibles choisis dans une page. Ceci vous aidera à retenir le vocabulaire et son orthographe. Si vous souhaitez pouvoir écrire un texte plus long, commencez par des phrases qui incorporent 2 à 3 mots.

• Si vous avez une mémoire très visuelle, essayez de dessiner ou de décalquer des objets du livre sur une feuille de papier, puis fermez le livre et inscrivez les mots sous l'image.

• Une fois que vous serez plus sûr de vous, choisissez des mots dans l'index de la langue étrangère et essayez de voir si vous en connaissez le sens avant de vous reporter à la page correspondante pour vérifier.

die Benutzung des Buchs

Ganz gleich, ob Sie eine Sprache aus Geschäftsgründen, zum Vergnügen oder als Vorbereitung für einen Auslandsurlaub lernen, oder Ihr Vokabular in einer Ihnen bereits vertrauten Sprache erweitern möchten, dieses Wörterbuch ist ein wertvolles Lernmittel, das Sie auf vielfältige Art und Weise benutzen können.

Wenn Sie eine neue Sprache lernen, achten Sie auf Wörter, die in verschiedenen Sprachen ähnlich sind sowie auf falsche Freunde (Wörter, die ähnlich aussehen aber wesentlich andere Bedeutungen haben). Sie können ebenfalls feststellen, wie die Sprachen einander beeinflusst haben. Englisch hat zum Beispiel viele Ausdrücke für Nahrungs-mittel aus anderen europäischen Sprachen übernommen und andererseits viele Begriffe aus der Technik und Popkultur ausgeführt.

Sie können je nach Ihrem Interesse zwei oder drei, oder auch alle fünf Sprachen miteinander vergleichen.

Praktische Übungen

• Versuchen Sie sich zu Hause, am Arbeits- oder Studienplatz den Inhalt der Seiten einzuprägen, die Ihre Umgebung behandeln. Schließen Sie dann das Buch und prüfen Sie, wie viele Gegenstände Sie in den anderen Sprachen sagen können.

• Schreiben Sie eine Geschichte, einen Brief oder Dialog und benutzen Sie dabei möglichst viele Ausdrücke von einer bestimmten Seite des Wörterbuchs. Dies ist eine gute Methode, sich das Vokabular und die Schreibweise einzuprägen. Sie können mit kurzen Sätzen von zwei bis drei Worten anfangen und dann nach und nach längere Texte schreiben.

• Wenn Sie ein visuelles Gedächtnis haben, können Sie Gegenstände aus dem Buch abzeichnen oder abpausen. Schließen Sie dann das Buch und schreiben Sie die passenden Wörter unter die Bilder.

• Wenn Sie mehr Sicherheit haben, können Sie Wörter aus einem der Fremdsprachen-register aussuchen und deren Bedeutung aufschreiben, bevor Sie auf der entsprechenden Seite nachsehen.

cómo utilizar este libro

Ya se encuentre aprendiendo un idioma nuevo por motivos de trabajo, placer, o para preparar sus vacaciones al extranjero, o ya quiera ampliar su vocabulario en un idioma que ya conoce, este diccionario es un instrumento muy valioso que podrá utilizar de distintas maneras.

Cuando esté aprendiendo un idioma nuevo, busque palabras similares en distintos idiomas y palabras que parecen similares pero que poseen significados totalmente distintos. También podrá observar cómo los idiomas se influyen unos a otros. Por ejemplo, la lengua inglesa ha importado muchos términos de comida de otras lenguas pero, a cambio, ha exportado términos emple-ados en tecnología y cultura popular.

Podrá comparar dos o tres idiomas o los cinco, dependiendo de cómo de amplios sean sus intereses.

Actividades prácticas de aprendizaje
• Mientras se desplaza por su casa, lugar de trabajo o colegio, intente mirar las páginas que se refieren a ese lugar. Podrá entonces cerrar el libro, mirar a su alrededor y ver cuántos objetos o características puede nombrar.

• Desafíese a usted mismo a escribir una historia, carta o diálogo empleando tantos términos de una página concreta como le sea posible. Esto le ayudará a retener vocabulario y recordar la ortografía. Si quiere ir progresando para poder escribir un texto más largo, comience con frases que incorporen 2 ó 3 palabras.

• Si tiene buena memoria visual, intente dibujar o calcar objetos del libro; luego cierre el libro y escriba las palabras correspondientes debajo del dibujo.

• Cuando se sienta más seguro, escoja palabras del índice de uno de los idiomas y vea si sabe lo que significan antes de consultar la página correspondiente para comprobarlo.

come usare questo libro

Che stiate imparando una lingua nuova a scopo di lavoro, per diletto o in preparazione per una vacanza all'estero, o desideriate estendere il vostro vocabolario in una lingua che vi è già familiare, questo dizionario è uno strumento di apprendimento prezioso che potete usare in vari modi diversi.

Quando imparate una lingua nuova, cercate le parole affini per origine (che sono quindi simili nelle varie lingue) ma occhio alle false analogie (vocaboli che sembrano uguali ma hanno significati molto diversi). Questo dizionario mostra inoltre come le lingue hanno influito l'una sull'altra (l'inglese, per esempio, ha importato dalle altre lingue europee molti vocaboli relativi agli alimenti ma ne ha esportati molti altri relativi alla tecnologia e alla cultura popolare) e vi consente di confrontare due, tre o anche tutte e cinque le lingue, a seconda di quelle che vi interessano.

Attività pratiche di apprendimento
• Girando per casa, in ufficio, a scuola, guardate le pagine relative all'ambiente in cui vi trovate, poi chiudete il libro, guardatevi attorno e cercate di ricordare il nome del maggior numero possibile di oggetti e strutture.

• Provate a scrivere un racconto, una lettera o un dialogo usando il maggior numero possibile dei vocaboli riportati su di una pagina in particolare. Vi aiuterà a memorizzare i vocaboli e a ricordare come si scrivono. Se volete scrivere testi più lunghi, cominciate con delle frasi che comprendano 2 o 3 delle parole.

• Se avete una memoria molto visiva, prendete un foglio di carta e disegnatevi o ricopiatevi le immagini che appaiono nel libro, quindi chiudete il libro e scrivete le parole sotto alle immagini.

• Quando vi sentite più sicuri, scegliete dei vocaboli dall'indice di una lingua straniera e cercate di ricordarne i significati, trovando poi le pagine corrispondenti per verificare che siano giusti.

english • français • deutsch • español • italiano

people
les gens
die Menschen
la gente
le persone

body • le corps • der Körper • el cuerpo • il corpo

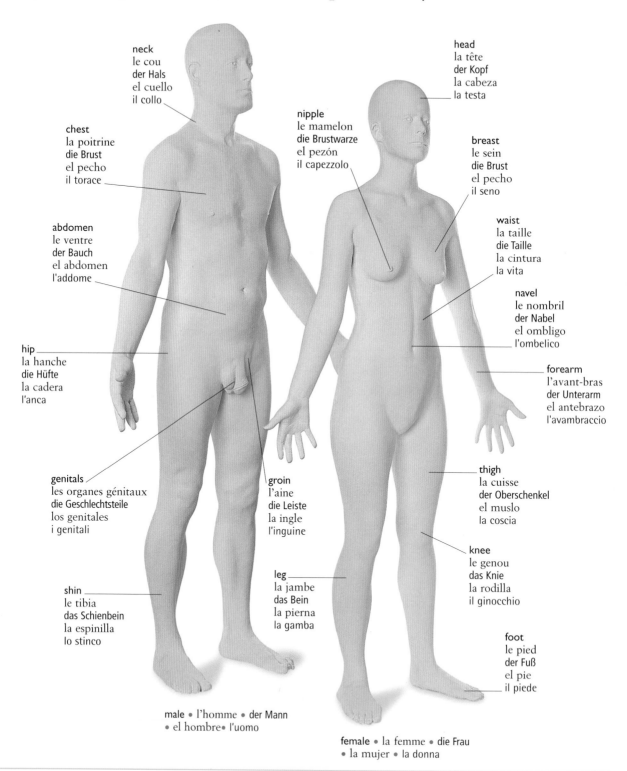

neck
le cou
der Hals
el cuello
il collo

head
la tête
der Kopf
la cabeza
la testa

nipple
le mamelon
die Brustwarze
el pezón
il capezzolo

breast
le sein
die Brust
el pecho
il seno

chest
la poitrine
die Brust
el pecho
il torace

waist
la taille
die Taille
la cintura
la vita

abdomen
le ventre
der Bauch
el abdomen
l'addome

navel
le nombril
der Nabel
el ombligo
l'ombelico

hip
la hanche
die Hüfte
la cadera
l'anca

forearm
l'avant-bras
der Unterarm
el antebrazo
l'avambraccio

genitals
les organes génitaux
die Geschlechtsteile
los genitales
i genitali

groin
l'aine
die Leiste
la ingle
l'inguine

thigh
la cuisse
der Oberschenkel
el muslo
la coscia

knee
le genou
das Knie
la rodilla
il ginocchio

shin
le tibia
das Schienbein
la espinilla
lo stinco

leg
la jambe
das Bein
la pierna
la gamba

foot
le pied
der Fuß
el pie
il piede

male • l'homme • der Mann
• el hombre • l'uomo

female • la femme • die Frau
• la mujer • la donna

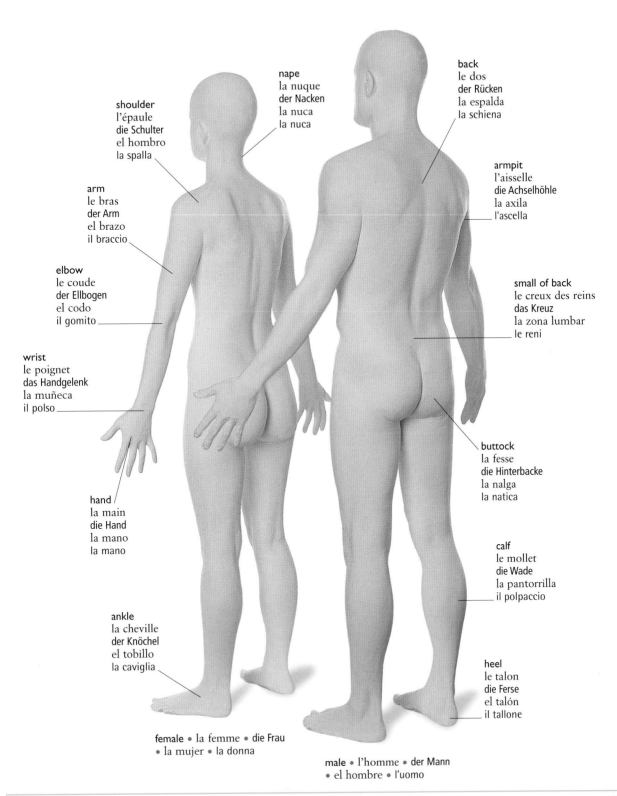

nape
la nuque
der Nacken
la nuca
la nuca

shoulder
l'épaule
die Schulter
el hombro
la spalla

arm
le bras
der Arm
el brazo
il braccio

elbow
le coude
der Ellbogen
el codo
il gomito

wrist
le poignet
das Handgelenk
la muñeca
il polso

hand
la main
die Hand
la mano
la mano

ankle
la cheville
der Knöchel
el tobillo
la caviglia

back
le dos
der Rücken
la espalda
la schiena

armpit
l'aisselle
die Achselhöhle
la axila
l'ascella

small of back
le creux des reins
das Kreuz
la zona lumbar
le reni

buttock
la fesse
die Hinterbacke
la nalga
la natica

calf
le mollet
die Wade
la pantorrilla
il polpaccio

heel
le talon
die Ferse
el talón
il tallone

female • la femme • die Frau
• la mujer • la donna

male • l'homme • der Mann
• el hombre • l'uomo

face • le visage • das Gesicht • la cara • la faccia

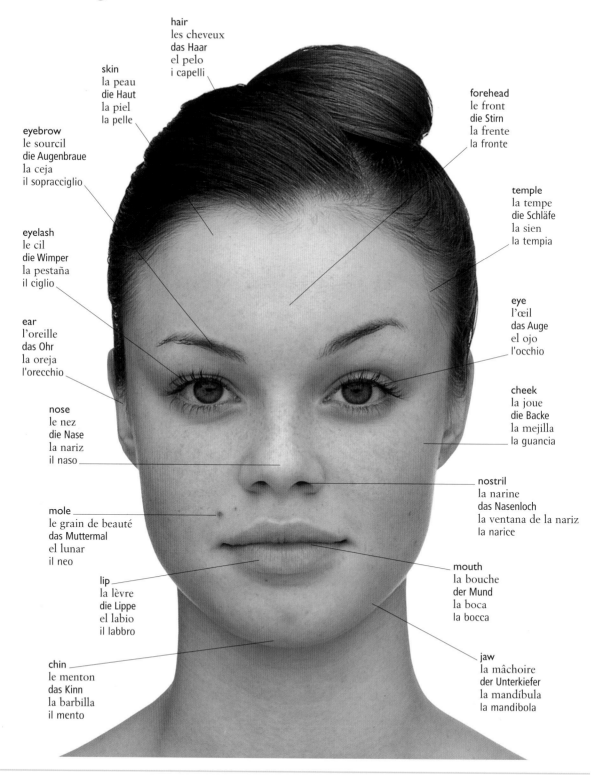

hair
les cheveux
das Haar
el pelo
i capelli

skin
la peau
die Haut
la piel
la pelle

forehead
le front
die Stirn
la frente
la fronte

eyebrow
le sourcil
die Augenbraue
la ceja
il sopracciglio

temple
la tempe
die Schläfe
la sien
la tempia

eyelash
le cil
die Wimper
la pestaña
il ciglio

eye
l'œil
das Auge
el ojo
l'occhio

ear
l'oreille
das Ohr
la oreja
l'orecchio

cheek
la joue
die Backe
la mejilla
la guancia

nose
le nez
die Nase
la nariz
il naso

nostril
la narine
das Nasenloch
la ventana de la nariz
la narice

mole
le grain de beauté
das Muttermal
el lunar
il neo

mouth
la bouche
der Mund
la boca
la bocca

lip
la lèvre
die Lippe
el labio
il labbro

jaw
la mâchoire
der Unterkiefer
la mandíbula
la mandibola

chin
le menton
das Kinn
la barbilla
il mento

english • français • deutsch • español • italiano

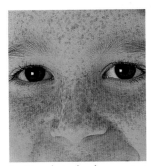

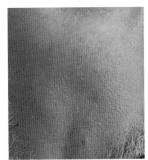

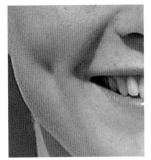

wrinkle • la ride • die Falte
• la arruga • la ruga

freckle • la tache de rousseur
• die Sommersprosse • la peca
• la lentiggine

pore • le pore • die Pore
• el poro • il poro

dimple • la fossette
• das Grübchen • el hoyuelo
• la fossetta

hand • la main • die Hand • la mano • la mano

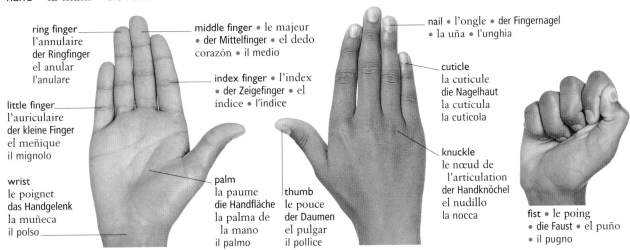

ring finger
l'annulaire
der Ringfinger
el anular
l'anulare

middle finger • le majeur
• der Mittelfinger • el dedo
corazón • il medio

index finger • l'index
• der Zeigefinger • el
índice • l'indice

little finger
l'auriculaire
der kleine Finger
el meñique
il mignolo

wrist
le poignet
das Handgelenk
la muñeca
il polso

palm
la paume
die Handfläche
la palma de
la mano
il palmo

thumb
le pouce
der Daumen
el pulgar
il pollice

nail • l'ongle • der Fingernagel
• la uña • l'unghia

cuticle
la cuticule
die Nagelhaut
la cutícula
la cuticola

knuckle
le nœud de
l'articulation
der Handknöchel
el nudillo
la nocca

fist • le poing
• die Faust • el puño
• il pugno

foot • le pied • der Fuß • el pie • il piede

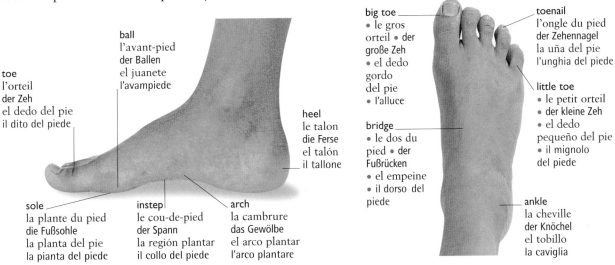

toe
l'orteil
der Zeh
el dedo del pie
il dito del piede

ball
l'avant-pied
der Ballen
el juanete
l'avampiede

big toe
• le gros
orteil • der
große Zeh
• el dedo
gordo
del pie
• l'alluce

heel
le talon
die Ferse
el talón
il tallone

bridge
• le dos du
pied • der
Fußrücken
• el empeine
• il dorso del
piede

toenail
l'ongle du pied
der Zehennagel
la uña del pie
l'unghia del piede

little toe
• le petit orteil
• der kleine Zeh
• el dedo
pequeño del pie
• il mignolo
del piede

ankle
la cheville
der Knöchel
el tobillo
la caviglia

sole
la plante du pied
die Fußsohle
la planta del pie
la pianta del piede

instep
le cou-de-pied
der Spann
la región plantar
il collo del piede

arch
la cambrure
das Gewölbe
el arco plantar
l'arco plantare

muscles • les muscles • die Muskeln • los músculos • i muscoli

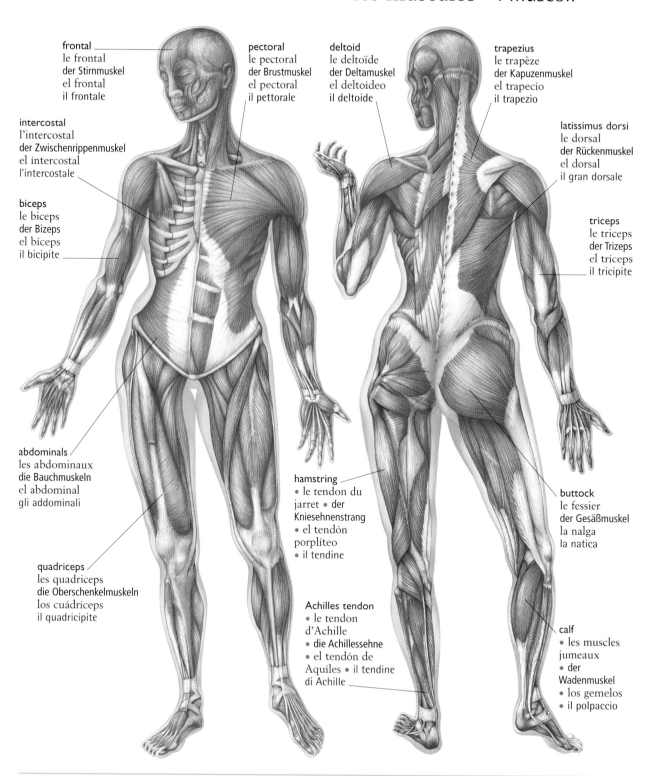

frontal
le frontal
der Stirnmuskel
el frontal
il frontale

pectoral
le pectoral
der Brustmuskel
el pectoral
il pettorale

deltoid
le deltoïde
der Deltamuskel
el deltoideo
il deltoide

trapezius
le trapèze
der Kapuzenmuskel
el trapecio
il trapezio

intercostal
l'intercostal
der Zwischenrippenmuskel
el intercostal
l'intercostale

latissimus dorsi
le dorsal
der Rückenmuskel
el dorsal
il gran dorsale

biceps
le biceps
der Bizeps
el bíceps
il bicipite

triceps
le triceps
der Trizeps
el tríceps
il tricipite

abdominals
les abdominaux
die Bauchmuskeln
el abdominal
gli addominali

hamstring
• le tendon du
jarret • der
Kniesehnenstrang
• el tendón
porplíteo
• il tendine

buttock
le fessier
der Gesäßmuskel
la nalga
la natica

quadriceps
les quadriceps
die Oberschenkelmuskeln
los cuádriceps
il quadricipite

Achilles tendon
• le tendon
d'Achille
• die Achillessehne
• el tendón de
Aquiles • il tendine
di Achille

calf
• les muscles
jumeaux
• der
Wadenmuskel
• los gemelos
• il polpaccio

skeleton • le squelette • das Skelett • el esqueleto • lo scheletro

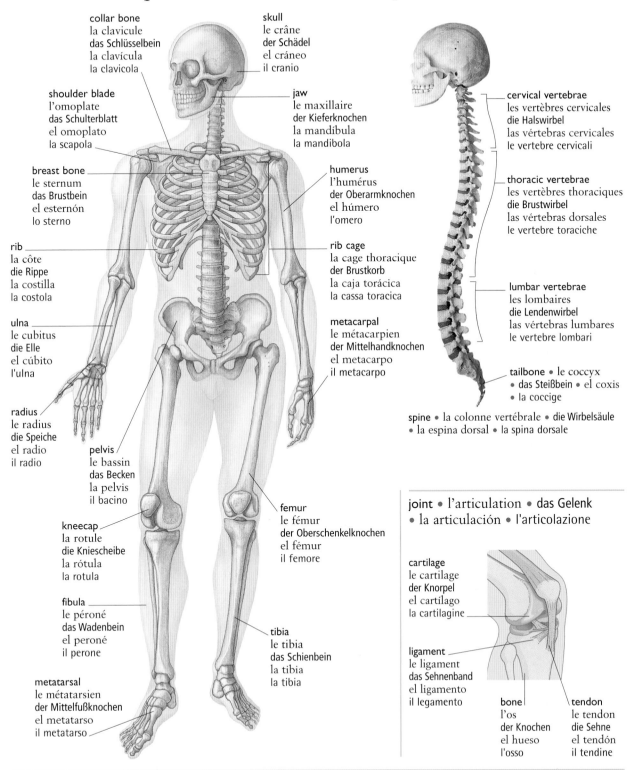

collar bone
la clavicule
das Schlüsselbein
la clavícula
la clavicola

skull
le crâne
der Schädel
el cráneo
il cranio

shoulder blade
l'omoplate
das Schulterblatt
el omoplato
la scapola

jaw
le maxillaire
der Kieferknochen
la mandíbula
la mandibola

breast bone
le sternum
das Brustbein
el esternón
lo sterno

humerus
l'humérus
der Oberarmknochen
el húmero
l'omero

rib
la côte
die Rippe
la costilla
la costola

rib cage
la cage thoracique
der Brustkorb
la caja torácica
la cassa toracica

ulna
le cubitus
die Elle
el cúbito
l'ulna

metacarpal
le métacarpien
der Mittelhandknochen
el metacarpo
il metacarpo

radius
le radius
die Speiche
el radio
il radio

pelvis
le bassin
das Becken
la pelvis
il bacino

kneecap
la rotule
die Kniescheibe
la rótula
la rotula

femur
le fémur
der Oberschenkelknochen
el fémur
il femore

fibula
le péroné
das Wadenbein
el peroné
il perone

tibia
le tibia
das Schienbein
la tibia
la tibia

metatarsal
le métatarsien
der Mittelfußknochen
el metatarso
il metatarso

cervical vertebrae
les vertèbres cervicales
die Halswirbel
las vértebras cervicales
le vertebre cervicali

thoracic vertebrae
les vertèbres thoraciques
die Brustwirbel
las vértebras dorsales
le vertebre toraciche

lumbar vertebrae
les lombaires
die Lendenwirbel
las vértebras lumbares
le vertebre lombari

tailbone • le coccyx
• das Steißbein • el coxis
• la coccige

spine • la colonne vertébrale • die Wirbelsäule
• la espina dorsal • la spina dorsale

joint • l'articulation • das Gelenk • la articulación • l'articolazione

cartilage
le cartilage
der Knorpel
el cartílago
la cartilagine

ligament
le ligament
das Sehnenband
el ligamento
il legamento

bone
l'os
der Knochen
el hueso
l'osso

tendon
le tendon
die Sehne
el tendón
il tendine

internal organs • les organes internes • die inneren Organe • los órganos internos • gli organi interni

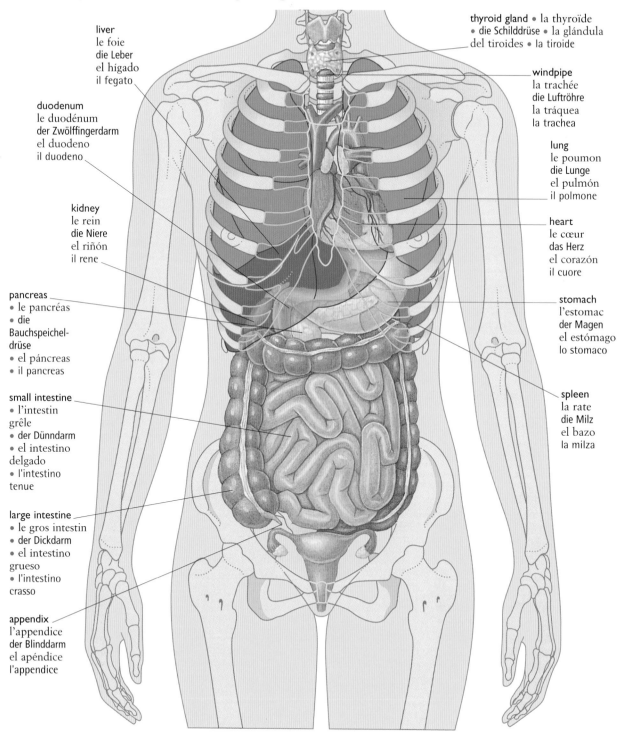

liver
le foie
die Leber
el hígado
il fegato

duodenum
le duodénum
der Zwölffingerdarm
el duodeno
il duodeno

kidney
le rein
die Niere
el riñón
il rene

pancreas
• le pancréas
• die
Bauchspeichel-
drüse
• el páncreas
• il pancreas

small intestine
• l'intestin
grêle
• der Dünndarm
• el intestino
delgado
• l'intestino
tenue

large intestine
• le gros intestin
• der Dickdarm
• el intestino
grueso
• l'intestino
crasso

appendix
l'appendice
der Blinddarm
el apéndice
l'appendice

thyroid gland • la thyroïde
• die Schilddrüse • la glándula
del tiroides • la tiroide

windpipe
la trachée
die Luftröhre
la tráquea
la trachea

lung
le poumon
die Lunge
el pulmón
il polmone

heart
le cœur
das Herz
el corazón
il cuore

stomach
l'estomac
der Magen
el estómago
lo stomaco

spleen
la rate
die Milz
el bazo
la milza

head • la tête • der Kopf • la cabeza • la testa

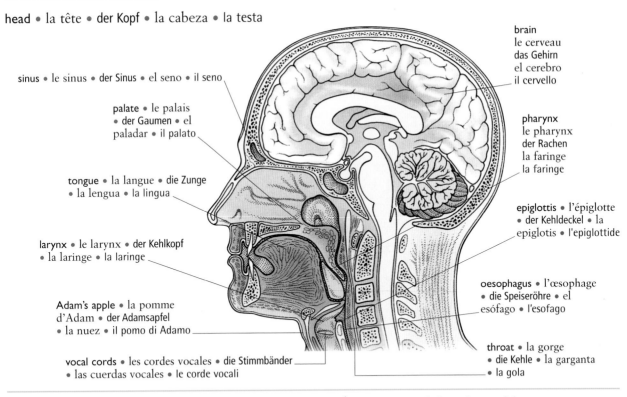

brain
le cerveau
das Gehirn
el cerebro
il cervello

sinus • le sinus • der Sinus • el seno • il seno

palate • le palais • der Gaumen • el paladar • il palato

pharynx
le pharynx
der Rachen
la faringe
la faringe

tongue • la langue • die Zunge • la lengua • la lingua

epiglottis • l'épiglotte • der Kehldeckel • la epiglotis • l'epiglottide

larynx • le larynx • der Kehlkopf • la laringe • la laringe

oesophagus • l'œsophage • die Speiseröhre • el esófago • l'esofago

Adam's apple • la pomme d'Adam • der Adamsapfel • la nuez • il pomo di Adamo

throat • la gorge • die Kehle • la garganta • la gola

vocal cords • les cordes vocales • die Stimmbänder • las cuerdas vocales • le corde vocali

body systems • les systèmes du corps • die Körpersysteme • los sistemas • i sistemi organici

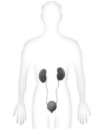

diaphragm
le diaphragme
das Zwerchfell
el diafragma
il diaframma

respiratory • respiratoire • das Atmungssystem • respiratorio • respiratorio

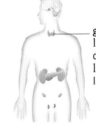
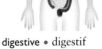

digestive • digestif • das Verdauungssystem • digestivo • digerente

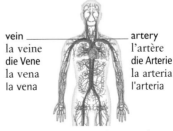

vein
la veine
die Vene
la vena
la vena

artery
l'artère
die Arterie
la arteria
l'arteria

cardiovascular • cardio-vasculaire • das Herz- und Gefäßsystem • cardiovascular • cardiovascolare

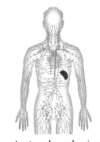

lymphatic • lymphatique • das lymphatische System • linfático • linfatico

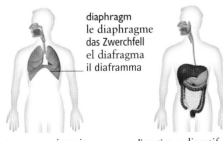

urinary • urinaire • das Harnsystem • urinario • urinario

gland
la glande
die Drüse
la glándula
la ghiandola

endocrine • endocrine • das endokrine System • endocrino • endocrino

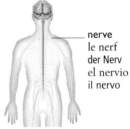

nerve
le nerf
der Nerv
el nervio
il nervo

nervous • nerveux • das Nervensystem • nervioso • nervoso

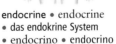

reproductive • reproducteur • das Fortpflanzungssystem • reproductor • riproduttivo

reproductive organs • les organes de reproduction • die Fortpflanzungsorgane • los órganos reproductores • gli organi riproduttivi

Fallopian tube
la trompe de Fallope
der Eileiter
la trompa de Falopio
la tuba di Fallopio

ovary
l'ovaire
der Eierstock
el ovario
l'ovaia

uterus
l'utérus
die Gebärmutter
el útero
l'utero

cervix
le col de l'utérus
der Gebärmutterhals
el cuello uterino
il collo dell'utero

vagina
le vagin
die Scheide
la vagina
la vagina

follicle
le follicule
der Follikel
el folículo
il follicolo

bladder
la vessie
die Blase
la vejiga
la vescica

clitoris
le clitoris
die Klitoris
el clítoris
il clitoride

urethra
l'urètre
die Harnröhre
la uretra
l'uretra

labia
les lèvres
die Schamlippen
los labios
le labbra

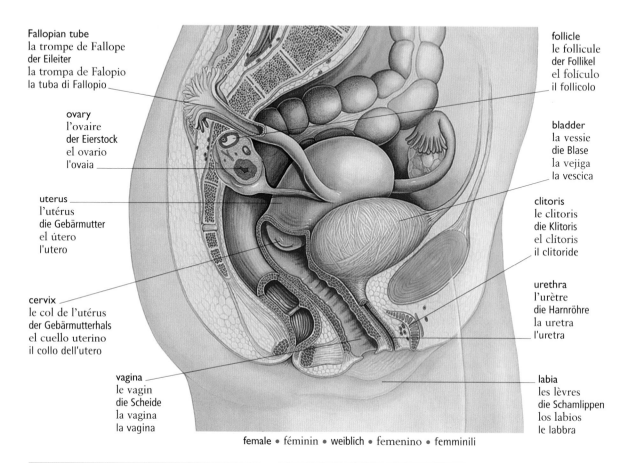

female • féminin • weiblich • femenino • femminili

reproduction • la reproduction • die Fortpflanzung • la reproducción • la riproduzione

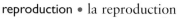

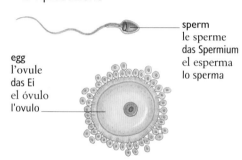

sperm
le sperme
das Spermium
el esperma
lo sperma

egg
l'ovule
das Ei
el óvulo
l'ovulo

fertilization • la fertilisation • die Befruchtung • la fertilización • la fecondazione

hormone	impotent	menstruation
l'hormone	impuissant	les règles
das Hormon	impotent	die Menstruation
la hormona	impotente	la menstruación
l'ormone	impotente	la mestruazione
ovulation	fertile	intercourse
l'ovulation	fécond	les rapports sexuels
der Eisprung	fruchtbar	der Geschlechtsverkehr
la ovulación	fértil	el coito
l'ovulazione	fecondo	il coito
infertile	conceive	sexually transmitted disease
stérile	concevoir	la maladie sexuellement transmissible
steril	empfangen	die Geschlechtskrankheit
estéril	concebir	la enfermedad de transmisión sexual
sterile	concepire	la malattia sessualmente trasmessa

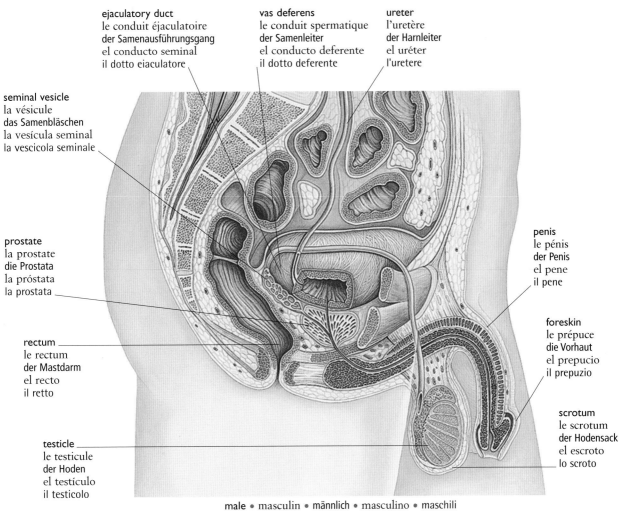

ejaculatory duct
le conduit éjaculatoire
der Samenausführungsgang
el conducto seminal
il dotto eiaculatore

vas deferens
le conduit spermatique
der Samenleiter
el conducto deferente
il dotto deferente

ureter
l'uretère
der Harnleiter
el uréter
l'uretere

seminal vesicle
la vésicule
das Samenbläschen
la vesícula seminal
la vescicola seminale

penis
le pénis
der Penis
el pene
il pene

prostate
la prostate
die Prostata
la próstata
la prostata

foreskin
le prépuce
die Vorhaut
el prepucio
il prepuzio

rectum
le rectum
der Mastdarm
el recto
il retto

scrotum
le scrotum
der Hodensack
el escroto
lo scroto

testicle
le testicule
der Hoden
el testículo
il testicolo

male • masculin • männlich • masculino • maschili

contraception • la contraception • die Empfängnisverhütung • la anticoncepción • la contraccezione

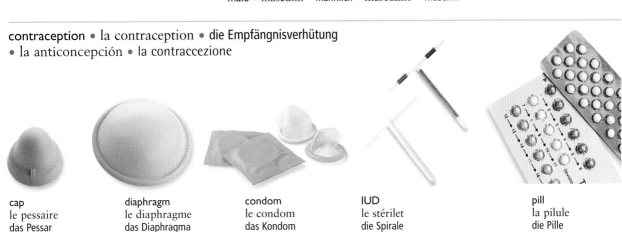

cap
le pessaire
das Pessar
el anillo cervical
il cappuccio cervicale

diaphragm
le diaphragme
das Diaphragma
el diafragma
il diaframma

condom
le condom
das Kondom
el condón
il preservativo

IUD
le stérilet
die Spirale
el dispositivo intrauterino DIU
il dispositivo intrauterino

pill
la pilule
die Pille
la píldora
la pillola

family • la famille • die Familie • la familia • la famiglia

grandmother • la grand-mère • die Großmutter • la abuela • la nonna

grandfather • le grand-père • der Großvater • el abuelo • il nonno

uncle • l'oncle • der Onkel • el tío • lo zio

aunt • la tante • die Tante • la tía • la zia

father • le père • der Vater • el padre • il padre

mother • la mère • die Mutter • la madre • la madre

cousin • le cousin • der Cousin • el primo • il cugino

brother • le frère • der Bruder • el hermano • il fratello

sister • la sœur • die Schwester • la hermana • la sorella

wife • la femme • die Ehefrau • la mujer • la moglie

daughter-in-law • la belle-fille • die Schwiegertochter • la nuera • la nuora

son • le fils • der Sohn • el hijo • il figlio

daughter • la fille • die Tochter • la hija • la figlia

son-in-law • le gendre • der Schwiegersohn • el yerno • il genero

grandson • le petit-fils • der Enkel • el nieto • il nipote

granddaughter • la petite-fille • die Enkelin • la nieta • la nipote

husband • le mari • der Ehemann • el marido • il marito

relatives	parents	grandchildren	stepmother	stepson	generation
les parents	les parents	les petits-enfants	la belle-mère	le beau-fils	la génération
die Verwandten	die Eltern	die Enkelkinder	die Stiefmutter	der Stiefsohn	die Generation
los parientes	los padres	los nietos	la madrastra	el hijastro	la generación
i parenti	i genitori	i nipoti	la matrigna	il figliastro	la generazione

grandparents	children	stepfather	stepdaughter	partner	twins
les grands-parents	les enfants	le beau-père	la belle-fille	le/la partenaire	les jumeaux
die Großeltern	die Kinder	der Stiefvater	die Stieftochter	der Partner/die Partnerin	die Zwillinge
los abuelos	los niños	el padrastro	la hijastra	el/la compañero/-a	los gemelos
i nonni	i bambini	il patrigno	la figliastra	il/la compagno/-a	i gemelli

mother-in-law
• la belle-mère
• die Schwiegermutter
• la suegra • la suocera

father-in-law
• le beau-père
• der Schwiegervater
• el suegro • il suocero

brother-in-law
• le beau-frère
• der Schwager • el
cuñado • il cognato

sister-in-law
• la belle-sœur • die
Schwägerin • la cuñada
• la cognata

niece • la nièce
• die Nichte • la
sobrina • la nipote

nephew • le neveu
• der Neffe • el
sobrino • il nipote

Miss
Mademoiselle
Fräulein
Señorita
Signorina

titles • les titres • **die Anreden** • los tratamientos • gli appellativi

Mr	Mrs
Monsieur	Madame
Herr	Frau
Señor	Señora
Signore	Signora

stages • les stades • **die Stadien** • las etapas • le fasi

baby • le bébé
• das Baby • el
bebé • il bimbo

child • l'enfant
• das Kind • el
niño • il bambino

boy • le garçon
• der Junge • el
chico • il ragazzo

girl • la fille • das
Mädchen • la chica
• la ragazza

teenager • l'adolescente
• die Jugendliche
• la adolescente
• l'adolescente

adult • l'adulte • der
Erwachsene • el adulto
• l'adulto

man • l'homme
• der Mann • el
hombre • l'uomo

woman • la femme
• die Frau • la mujer
• la donna

relationships • les relations • die Beziehungen • las relaciones • i rapporti

assistant
l'assistante
die Assistentin
la ayudante
l'assistente

manager
le chef
der Chef
el jefe
il capo

business partner
l'associée
die Geschäftspartnerin
la socia
il partner di affari

employer
l'employeuse
die Arbeitgeberin
la empresaria
il datore di lavoro

employee
l'employé
der Arbeitnehmer
el empleado
il dipendente

colleague
le collègue
der Kollege
el compañero
il collega

office • le bureau • das Büro • la oficina • l'ufficio

neighbour • le voisin • der Nachbar • el vecino • il vicino

friend • l'ami • der Freund • el amigo • l'amico

acquaintance • la connaissance • der Bekannte • el conocido • il conoscente

penfriend • le correspondant • der Brieffreund • el amigo por correspondencia • l'amico di penna

boyfriend
le petit ami
der Freund
el novio
il ragazzo

girlfriend
la petite amie
die Freundin
la novia
la ragazza

fiancé
le fiancé
der Verlobte
el prometido
il fidanzato

fiancée
la fiancée
die Verlobte
la prometida
la fidanzata

couple • le couple • das Paar • la pareja • la coppia

engaged couple • les fiancés • die Verlobten • la pareja prometida • i fidanzati

emotions • les émotions • die Gefühle • las emociones • le emozioni

smile
le sourire
das Lächeln
la sonrisa
il sorriso

happy • heureux • glücklich • contento • felice

sad • triste • traurig • triste • triste

excited • excité • aufgeregt • entusiasmado • eccitato

bored • ennuyé • gelangweilt • aburrido • annoiato

surprised • surpris • überrascht • sorprendido • sorpreso

scared • effrayé • erschrocken • asustado • spaventato

angry • fâché • verärgert • enfadado • arrabbiato

frown • le froncement de sourcils • das Stirnrunzeln • el ceño fruncido • aggrottare le sopracciglia

confused • confus • verwirrt • confuso • confuso

worried • inquiet • besorgt • preocupado • preoccupato

nervous • nerveux • nervös • nervioso • nervoso

proud • fier • stolz • orgulloso • fiero

confident • confiant • selbstsicher • seguro de sí mismo • fiducioso

embarrassed • gêné • verlegen • avergonzado • imbarazzato

shy • timide • schüchtern • tímido • timido

upset	laugh (v)	sigh (v)	shout (v)
consterné	rire	soupirer	crier
bestürzt	lachen	seufzen	schreien
triste	reír	suspirar	gritar
turbato	ridere	sospirare	gridare
shocked	cry (v)	faint (v)	yawn (v)
choqué	pleurer	s'évanouir	bâiller
schockiert	weinen	in Ohnmacht fallen	gähnen
horrorizado	llorar	desmayarse	bostezar
scioccato	piangere	svenire	sbadigliare

life events • les événements de la vie • die Ereignisse des Lebens • los acontecimientos de una vida • gli avvenimenti della vita

be born (v) • naître • geboren werden • nacer • nascere

start school (v) • commencer à l'école • zur Schule kommen • empezar el colegio • iniziare la scuola

make friends (v) • faire des amis • sich befreunden • hacer amigos • fare amicizia

graduate (v) • obtenir sa licence • graduieren • licenciarse • laurearsi

get a job (v) • trouver un emploi • eine Stelle bekommen • conseguir un trabajo • trovare un lavoro

fall in love (v) • tomber amoureux • sich verlieben • enamorarse • innamorarsi

get married (v) • se marier • heiraten • casarse • sposarsi

have a baby (v) • avoir un bébé • ein Baby bekommen • tener un hijo • avere un bambino

wedding • le mariage • die Hochzeit • la boda • il matrimonio

divorce • le divorce • die Scheidung • el divorcio • il divorzio

funeral • l'enterrement • das Begräbnis • el funeral • il funerale

christening le baptême die Taufe el bautizo il battesimo	die (v) mourir sterben morir morire
bar mitzvah la bar-mitsvah die Bar Mizwa el bar mitzvah il bar mitzvah	make a will (v) faire son testament sein Testament machen hacer testamento fare testamento
anniversary l'anniversaire de mariage der Hochzeitstag el aniversario l'anniverario	birth certificate l'acte de naissance die Geburtsurkunde la partida de nacimiento il certificato di nascita
emigrate (v) émigrer emigrieren emigrar emigrare	wedding reception le repas de noces die Hochzeitsfeier la celebración de la boda il ricevimento nuziale
retire (v) prendre sa retraite in den Ruhestand treten jubilarse andare in pensione	honeymoon le voyage de noces die Hochzeitsreise la luna de miel il viaggio di nozze

celebrations • les fêtes • die Feste • las celebraciones • le celebrazioni

festivals • les fêtes • die Feste • los festivales • le feste

birthday party
la fête
die Geburtstagsfeier
la fiesta de cumpleaños
la festa di compleanno

card
la carte
die Karte
la tarjeta
il biglietto d'auguri

birthday • l'anniversaire • der Geburtstag • el cumpleaños • il compleanno

present
le cadeau
das Geschenk
el regalo
il regalo

Christmas • le Noël • das Weihnachten • la Navidad • il Natale

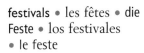

Passover • la Pâque • das Passah • la Pascua judía • la Pasqua ebraica

New Year • le Nouvel An • das Neujahr • el Año Nuevo • il Capodanno

carnival • le carnaval • der Karneval • el carnaval • il carnevale

procession
le défilé
der Umzug
el desfile
la processione

Ramadan • le Ramadan • der Ramadan • el Ramadán • il Ramadan

ribbon
le ruban
das Band
la cinta
il nastro

Thanksgiving • la fête de Thanksgiving • der Thanksgiving Day • el día de Acción de Gracias • il Giorno del Ringraziamento

Easter • Pâques • das Ostern • la Semana Santa • la Pasqua

Halloween • la veille de la Toussaint • das Halloween • el día de Halloween • la Festa di Halloween

Diwali • la Diwali • das Diwali • el Diwali • il Diwali

appearance
l'apparence
die äußere Erscheinung
el aspecto
l'aspetto

children's clothing • les vêtements d'enfants
• die Kinderkleidung • la ropa de niño • gli abiti per il bambino

baby • le bébé • das Baby • el bebé • il bimbo

snowsuit • la combinaison de neige • der Schneeanzug • el buzo • la tutina da neve

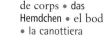

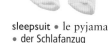

vest • le tricot de corps • das Hemdchen • el body • la canottiera

popper
le bouton-pression
der Druckknopf
el corchete
il bottone automatico

babygro • la grenouillère • der Strampelanzug • el pelele con pies • la tutina

sleepsuit • le pyjama • der Schlafanzug • el pijama enterizo • il pigiamino

romper suit • la combinaison-short • der Spielanzug • el pelele sin pies • il pagliacetto

bib • le bavoir • das Lätzchen • el babero • il bavaglino

mittens • les moufles • die Babyhandschuhe • las manoplas • i guanti

booties • les chaussons • die Babyschuhe • los patucos • le scarpette

terry nappy • la couche éponge • die Stoffwindel • el pañal de felpa • il pannolino di spugna

disposable nappy • la couche jetable • die Wegwerfwindel • el pañal desechable • il pannolino usa e getta

plastic pants • la culotte en plastique • das Gummihöschen • las braguitas de plástico • le mutande di plastica

---

toddler • le petit enfant • das Kleinkind • el niño pequeño • il bambino piccolo

t-shirt
le t-shirt
das T-Shirt
la camiseta
la maglietta

dungarees
• la salopette
• die Latzhose
• los panatalones con peto
• la salopette

sunhat • le chapeau de soleil • der Sonnenhut • el gorro para el sol • il cappello per il sole

apron • le tablier • die Schürze • el delantal • il grembiulino

shorts
• le bermuda
• die Shorts
• los pantalones cortos
• i pantaloncini

skirt
la jupe
der Rock
la falda
la gonna

english • français • deutsch • español • italiano

child • l'enfant • das Kind • el niño • il bambino

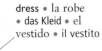

dress • la robe • das Kleid • el vestido • il vestito

hood
la capuche
die Kapuze
la capucha
il cappuccio

jeans
• le jean
• die Jeans
• los pantalones vaqueros
• i jeans

sandals
les sandales
die Sandalen
las sandalias
i sandali

summer • l'été • der Sommer • el verano • l'estate

raincoat • l'imperméable • der Regenmantel • el impermeable • l'impermeabile

backpack
le sac à dos
der Rucksack
la mochila
lo zaino

autumn • l'automne • der Herbst • el otoño • l'autunno

toggle
le bouton
der Knebelknopf
la muletilla
l'olivetta

duffel coat • le duffel-coat • der Dufflecoat • la trenca • il montgomery

scarf
l'écharpe
der Schal
la bufanda
la sciarpa

anorak
l'anorak
der Anorak
el chaquetón
l'eskimo

wellington boots
• les bottes de caoutchouc
• die Gummistiefel
• las botas de agua • le galosce

winter • l'hiver • der Winter • el invierno • l'inverno

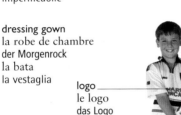

dressing gown
la robe de chambre
der Morgenrock
la bata
la vestaglia

logo
le logo
das Logo
el logotipo
il distintivo

trainers
les baskets
die Sportschuhe
las zapatillas de deporte
le scarpe da ginnastica

nightie
la chemise de nuit
das Nachthemd
el camisón
la camicia da notte

slippers
les pantoufles
die Hausschuhe
las zapatillas
le pantofole

football strip • la tenue de foot • der Fußballdress • el uniforme del equipo • la tenuta da calcio

tracksuit • le survêtement • der Trainingsanzug • el chándal • la tuta

leggings • les leggings • die Leggings • las mallas • il pantacollant

nightwear • les vêtements de nuit • die Nachtwäsche • la ropa para dormir • gli indumenti per la notte

natural fibre la fibre naturelle die Naturfaser la fibra natural la fibra naturale	**Is it machine washable?** C'est lavable en machine? Ist es waschmaschinenfest? ¿Se puede lavar a máquina? È lavabile in lavatrice?
synthetic synthétique synthetisch sintético sintetico	**Will this fit a two-year-old?** C'est la taille pour deux ans? Passt das einem Zweijährigen? ¿Le valdrá esto a un niño de dos años? È la taglia giusta per un bambino di due anni?

men's clothing • les vêtements pour hommes • die Herrenkleidung • la ropa de caballero • l'abbigliamento da uomo

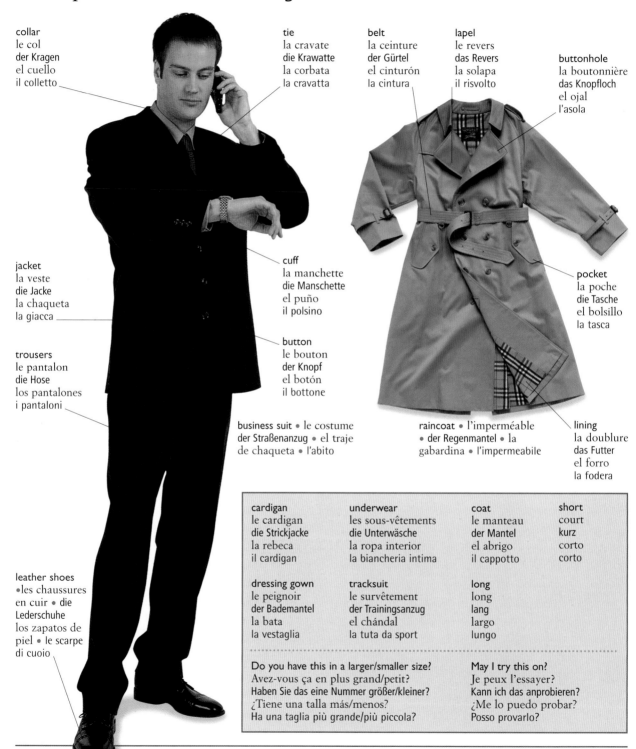

collar
le col
der Kragen
el cuello
il colletto

tie
la cravate
die Krawatte
la corbata
la cravatta

belt
la ceinture
der Gürtel
el cinturón
la cintura

lapel
le revers
das Revers
la solapa
il risvolto

buttonhole
la boutonnière
das Knopfloch
el ojal
l'asola

jacket
la veste
die Jacke
la chaqueta
la giacca

cuff
la manchette
die Manschette
el puño
il polsino

pocket
la poche
die Tasche
el bolsillo
la tasca

trousers
le pantalon
die Hose
los pantalones
i pantaloni

button
le bouton
der Knopf
el botón
il bottone

business suit • le costume
der Straßenanzug • el traje
de chaqueta • l'abito

raincoat • l'imperméable
• der Regenmantel • la
gabardina • l'impermeabile

lining
la doublure
das Futter
el forro
la fodera

leather shoes
•les chaussures
en cuir • die
Lederschuhe
los zapatos de
piel • le scarpe
di cuoio

cardigan le cardigan die Strickjacke la rebeca il cardigan	underwear les sous-vêtements die Unterwäsche la ropa interior la biancheria intima	coat le manteau der Mantel el abrigo il cappotto	short court kurz corto corto
dressing gown le peignoir der Bademantel la bata la vestaglia	tracksuit le survêtement der Trainingsanzug el chándal la tuta da sport	long long lang largo lungo	

Do you have this in a larger/smaller size?
Avez-vous ça en plus grand/petit?
Haben Sie das eine Nummer größer/kleiner?
¿Tiene una talla más/menos?
Ha una taglia più grande/più piccola?

May I try this on?
Je peux l'essayer?
Kann ich das anprobieren?
¿Me lo puedo probar?
Posso provarlo?

v-neck
l'encolure en V
der V-Ausschnitt
el cuello de pico
il collo a V

round neck
le col rond
der runde Ausschnitt
el cuello redondo
il girocollo

blazer • le blazer • der Blazer
• la chaqueta • il blazer

sports jacket • la veste
de sport • das Sportjackett
• la americana sport
• la giacca sportiva

waistcoat • le gilet
• die Weste • el
chaleco • il gilet

t-shirt
le t-shirt
das T-Shirt
la camiseta
la maglietta

anorak • l'anorak • der
Anorak • el chaquetón
• il giaccone

sweatshirt • le sweat-shirt
• das Sweatshirt • la sudadera
• la felpa

shirt • la chemise
• das Hemd • la
camisa • la camicia

jeans • le jean
• die Jeans
• los pantalones
vaqueros • i jeans

sweater • le pullover
• der Pullover • el jersey
• il maglione

pyjamas • le pyjama • der
Schlafanzug • el pijama
• il pigiama

vest • le tricot de corps
• das Unterhemd • la camiseta
de tirantes • la canottiera

casual wear • les vêtements
sport • die Freizeitkleidung
• la ropa casual • il casual

shorts • le short • die Shorts
• los pantalones cortos
• i calzoncini

briefs • le slip • der Slip
• los calzoncillos • lo slip

boxer shorts • le caleçon
• die Boxershorts • los
calzoncillos de pata • i boxer

socks • les chaussettes
• die Socken • los calcetines
• i calzini

women's clothing • les vêtements pour femmes • die Damenkleidung • la ropa de señora • l'abbigliamento da donna

jacket
la veste
die Jacke
la chaqueta
la giacca

seam
la couture
die Naht
la costura
la cucitura

strapless
sans bretelles
trägerlos
sin tirantes
senza spalline

sleeveless
sans manches
ärmellos
sin mangas
senza maniche

sleeve
la manche
der Ärmel
la manga
la manica

ankle length
long
knöchellang
largo
alla caviglia

evening dress • la robe du soir • das Abendkleid • el traje de noche • l'abito da sera

dress • la robe • das Kleid • el vestido • il vestito

skirt
la jupe
der Rock
la falda
la gonna

blouse
le chemisier
die Bluse
la blusa
la camicetta

hem
l'ourlet
der Saum
el dobladillo
l'orlo

knee-length
à genou
knielang
hasta la rodilla
al ginocchio

trousers
le pantalon
die Hose
los pantalones
i pantaloni

tights
le collant
die Strumpfhose
las pantimedias
il collant

shoes
les chaussures
die Schuhe
los zapatos
le scarpe

formal • habillé • formell • de vestir • formale

casual • décontracté • leger • sport • casual

lingerie • la lingerie • die Unterwäsche • la lencería • la biancheria intima

dressing gown
• le peignoir • der Morgenmantel • la bata • la vestaglia

slip • le caraco • der Unterrock • la combinación • la sottoveste

strap
la bretelle
der Träger
el tirante
la spallina

camisole • la camisole • das Mieder • la camisola • il corpetto

basque • la guêpière • das Bustier • el corsé con liguero • la guêpière

suspenders
la jarretelle
der Strumpfhalter
las ligas
il reggicalze

stocking • le bas • der Strumpf • la media • la calza

tights • le collant • die Strumpfhose • las medias • il collant

bra • le soutien-gorge • der Büstenhalter • el sujetador • il reggiseno

knickers • le slip der Slip • las bragas • lo slip

nightdress • la chemise de nuit • das Nachthemd • el camisón • la camicia da notte

wedding • le mariage • die Hochzeit • la boda • il matrimonio

lace
la dentelle
die Spitze
el encaje
il pizzo

veil
le voile
der Schleier
el velo
il velo

bouquet
le bouquet
das Bukett
el ramo de flores
il bouquet

train
la traîne
die Schleppe
la cola
lo strascico

wedding dress • la robe de mariée • das Hochzeitskleid • el vestido de novia • l'abito da sposa

corset le corset das Korsett el corsé il busto	**tailored** ajusté gut geschnitten sastre attillato
garter la jarretière das Strumpfband la liga la giarrettiera	**halter neck** dos-nu rückenfrei con los hombros al aire scollo all'Americana
shoulder pad l'épaulette das Schulterpolster la hombrera la spallina	**sports bra** le soutient-gorge sport der Sport-BH el sujetador deportivo il reggiseno sportivo
waistband la ceinture der Rockbund la cinturilla il girovita	**underwired** à armature mit Formbügeln con aros con armatura

accessories • les accessoires • die Accessoires • los accesorios • gli accessori

cap • la casquette • die Mütze • la gorra • il berretto

hat • le chapeau • der Hut • el sombrero • il cappello

scarf • le foulard • das Halstuch • el pañuelo • il foulard

buckle
la boucle
die Gürtelschnalle
la hebilla
la fibbia

belt • la ceinture • der Gürtel • el cinturón • la cintura

handle
le manche
der Griff
el asa
il manico

handkerchief • le mouchoir • das Taschentuch • el pañuelo • il fazzoletto

bow tie • le nœud papillon • die Fliege • la pajarita • la farfalla

tie-pin • l'épingle de cravate • die Krawattennadel • el alfiler de corbata • il fermacravatta

gloves • les gants • die Handschuhe • los guantes • i guanti

tip
la pointe
die Spitze
la punta
la punta

umbrella • le parapluie • der Regenschirm • el paraguas • l'ombrello

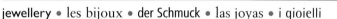

jewellery • les bijoux • der Schmuck • las joyas • i gioielli

pendant • le pendentif • der Anhänger • el colgante • il pendaglio

brooch • la broche • die Brosche • el broche • la spilla

cufflink • le bouton de manchette • der Manschettenknopf • el gemelo • il gemello

string of pearls
le rang de perles
die Perlenkette
el collar de perlas
il filo di perle

link
le maillon
das Glied
el eslabón
la maglia

clasp
le fermoir
der Verschluss
el cierre
il fermaglio

earring • la boucle d'oreille • der Ohrring • el pendiente • l'orecchino

ring
la bague
der Ring
el anillo
l'anello

stone
la pierre
der Edelstein
la piedra
la pietra

necklace
le collier
die Halskette
el collar
la collana

bracelet • le bracelet • das Armband • la pulsera • il bracciale

chain • la chaîne • die Kette • la cadena • la catena

watch • la montre • die Uhr • el reloj • l'orologio da polso

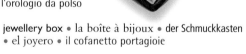

jewellery box • la boîte à bijoux • der Schmuckkasten • el joyero • il cofanetto portagioie

bags • les sacs • die Taschen • los bolsos • le borse

fastening
le fermoir
der Verschluss
el cierre
la cinghia

shoulder strap
la bretelle
der Schulterriemen
la correa
la bretella

handles
les poignées
die Griffe
las asas
i manici

wallet • le portefeuille
• die Brieftasche • la
cartera • il portafoglio

purse • le porte-
monnaie • das
Portemonnaie
• el monedero
• il portamonete

shoulder bag • le sac à
bandoulière • die
Umhängetasche • el bolso
• la borsa a tracolla

holdall • le fourre-tout • die
Reisetasche • la bolsa de viaje
• la sacca da viaggio

briefcase • la serviette
• die Aktentasche • el
maletín • la valigetta

handbag • le sac à main
• die Handtasche • el bolso
de mano • la borsetta

backpack • le sac à dos
• der Rucksack • la mochila
• lo zainetto

shoes • les chaussures • die Schuhe • los zapatos • le scarpe

eyelet
l'œillet
die Öse
el ojal
l'occhiello

lace
le lacet
der Schnürsenkel
la cordonera
il laccio

tongue
la languette
die Zunge
la lengüeta
la lingua

walking boot • le
pataugas • der
Wanderschuh • la
bota de trekking
• la scarpa da trekking

trainer • la basket
• der Sportschuh
• la zapatilla deportiva
• la scarpa da ginnastica

sole
la semelle
die Sohle
la suela
la suola

heel
le talon
der Absatz
el tacón
il tacco

lace-up • la chaussure lacée • der Schnürschuh
• el zapato de cordoneras • la scarpa con i lacci

boot • la botte
• der Stiefel
• la bota
• lo stivale

flip-flop • la tong
• die Strandsandale
• la chancla
• l'infradito

brogue • le richelieu
der Herrenhalbschuh • el
zapato de caballero
• la scarpa da uomo

high heel shoe • la
chaussure à talon • der
Schuh mit hohem Absatz
• el zapato de tacón
• la scarpa con il tacco alto

wedge • la chaussure
compensée • der
Keilschuh • la cuña
• la zeppa

sandal • la sandale
• die Sandale • la
sandalia • il sandalo

slip-on • le mocassin
• der Slipper • el
mocasín • il mocassino

pump • la ballerina
• der Pumps
• la bailarina
• la ballerina

hair • les cheveux • das Haar • el pelo • i capelli

comb
le peigne
der Kamm
el peine
il pettine

comb (v) • peigner • kämmen
• peinar • pettinare

brush
la brosse
die Haarbürste
el cepillo
la spazzola

brush (v) • brosser • bürsten
• cepillar • spazzolare

hairdresser
la coiffeuse
die Friseurin
la peluquera
la parrucchiera

sink
le lavabo
das Waschbecken
el lavabo
il lavandino

client
la cliente
die Kundin
la cliente
la cliente

wash (v) • laver • waschen • lavar • lavare

robe
le peignoir
der Frisierumhang
la bata
il grembiule

rinse (v) • rincer • ausspülen
• enjuagar • sciacquare

cut (v) • couper • schneiden
• cortar • tagliare

blow dry (v) • sécher • föhnen
• secar con el secador
• asciugare con il phon

set (v) • faire une mise en
plis • legen • marcar
• mettere in piega

---

accessories • les accessoires • die Frisierartikel • los accesorios • gli accessori

hairdryer • le
sèche-cheveux
• der Föhn
• el secador
• l'asciugacapelli

shampoo • le shampoing
• das Shampoo • el
champú • lo shampoo

conditioner • le conditionneur
• die Haarspülung • el
suavizante • il balsamo

gel • le gel • das
Haargel • el gel
• il gel

hairspray • la laque
• das Haarspray
• la laca • la lacca

curling tongs
le fer à friser
der Lockenstab
las tenacillas
l'arricciacapelli

scissors • les ciseaux
• die Schere • las
tijeras • le forbici

hairband • le serre-tête
• der Haarreif • la diadema
• il cerchietto

hair straightener • le fer
à lisser • der Haarglätter
• la plancha de pelo
• la piastra per i capelli

hairpin • la pince à cheveux
• die Haarklammer • la
horquilla • la forcina

styles • les coiffures • die Frisuren • los estilos • le acconciature

ponytail • la queue de cheval • **der Pferdeschwanz** • la cola de caballo • la coda di cavallo

plait • la natte • **der Zopf** • la trenza • la treccia

french pleat • le rouleau • **die Hochfrisur** • el moño francés • la piega alla francese

bun • le chignon • **der Haarknoten** • el moño • la crocchia

pigtails • les couettes • **die Schwänzchen** • las coletas • i codini

bob • au carré • **der Bubikopf** • la melena • il caschetto

crop • la coupe courte • **der Kurzhaarschnitt** • el pelo corto • la sfumatura alta

curly • frisé • **kraus** • rizado • ricci

perm • la permanente • **die Dauerwelle** • la permanente • la permanente

straight • raide • **glatt** • lacio • lisci

roots
les racines
die Wurzeln
las raíces
le radici

highlights • les reflets • **die Strähnen** • los reflejos • i colpi di sole

bald • chauve • **kahl** • calvo • calvo

wig • la perruque • **die Perücke** • la peluca • la parrucca

hairtie	greasy
la bande de cheveux	gras
das Haarband	fettig
la goma del pelo	graso
l'elastico	grassi
trim (v)	dry
rafraîchir	sec
nachschneiden	trocken
cortar las puntas	seco
spuntare	secchi
barber	normal
le coiffeur	normal
der Herrenfriseur	normal
el barbero	normal
il barbiere	normali
dandruff	scalp
les pellicules	le cuir chevelu
die Schuppen	die Kopfhaut
la caspa	el cuero cabelludo
la forfora	il cuoio capelluto
split ends	straighten (v)
les fourches	décrêper
der Haarspliss	glätten
las puntas abiertas	alisar
le doppie punte	lisciare

colours • les couleurs • die Haarfarben • los colores • i colori

blonde • blond • **blond** • rubio • biondo

brunette • châtain • **brünett** • castaño • bruno

auburn • auburn • **rotbraun** • rojizo • castano

ginger • roux • **rot** • pelirrojo • rosso

black • noir • **schwarz** • negro • nero

grey • gris • **grau** • gris • grigio

white • blanc • **weiß** • blanco • bianco

dyed • teint • **gefärbt** • teñido • tinto

beauty • la beauté • die Schönheit • la belleza • la bellezza

hair dye
la teinture de cheveux
das Haarfärbemittel
el tinte para el pelo
la tintura per capelli

eye shadow
le fard à paupières
der Lidschatten
la sombra de ojos
l'ombretto

mascara
le mascara
die Wimperntusche
el rímel
il mascara

eyeliner
l'eye-liner
der Eyeliner
el lápiz de ojos
la matita per gli occhi

blusher
le fard à joues
das Puderrouge
el colorete
il fard

foundation
le fond de teint
die Grundierung
el maquillaje de fondo
il fondotinta

lipstick
le rouge à lèvres
der Lippenstift
la barra de labios
il rossetto

make-up • le maquillage • das Make-up
• el maquillaje • il trucco

eyebrow pencil • le crayon à sourcils • der Augenbrauenstift
• el lápiz de cejas • la matita per le sopracciglia

eyebrow brush • la brosse à
sourcils • das Brauenbürstchen
• el cepillo para las cejas
• la spazzolina per le sopracciglia

tweezers • la pince à épiler
• die Pinzette • las pinzas
• le pinzette

lip gloss • le brillant à lèvres
• das Lipgloss • el brillo de
labios • il luicidalabbra

lip brush • le pinceau à lèvres
• der Lippenpinsel • el pincel
de labios • il pennello per
le labbra

lip liner • le crayon à lèvres • der Lippenkonturenstift
• el lápiz de labios • la matita per le labbra

brush • le pinceau • der
Puderpinsel • la brocha
• il pennello

concealer • le correcteur
• der Korrekturstift • el lápiz
corrector • il correttore

mirror
le miroir
der Spiegel
el espejo
lo specchio

face powder
la poudre
der Gesichtspuder
los polvos compactos
la cipria

powder puff
la houppette
die Puderquaste
la borla
il piumino

compact • le poudrier • die Puderdose • la polvera • il portacipria

beauty treatments • les soins de beauté • die Schönheitsbehandlungen • los tratamientos de belleza • i trattamenti di bellezza

face pack • le masque de beauté • die Gesichtsmaske • la mascarilla • la maschera di bellezza

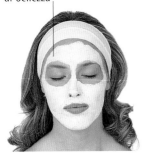

facial • le soin du visage • die Gesichtsbehandlung • la limpieza de cutis • il trattamento per il viso

sunbed • le lit U.V. • die Sonnenbank • la cama de rayos ultravioletas • il lettino solare

exfoliate (v) • exfolier • die Haut schälen • exfoliar • esfoliare

wax • l'épilation • die Enthaarung • la depilación a la cera • la ceretta

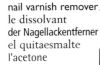

pedicure • la pédicurie • die Pediküre • la pedicura • la pedicure

manicure • la manicure • die Maniküre • la manicura • la manicure

nail varnish remover le dissolvant der Nagellackentferner el quitaesmalte l'acetone

nail file • la lime à ongles • die Nagelfeile • la lima de uñas • la limetta

nail varnish • le vernis à ongles • der Nagellack • el esmalte de uñas • lo smalto per unghie

nail scissors
• les ciseaux à ongles
• die Nagelschere
• las tijeras de uñas
• le forbicine per le unghie

nail clippers le coupe-ongles der Nagelknipser el cortaúñas il tagliaunghie

toiletries • les accessoires de toilette • die Toilettenartikel • los artículos de tocador • gli articoli da toilette

cleanser • le démaquillant • der Reiniger • la leche limpiadora • il latte detergente

toner • le tonique • das Gesichtswasser • el tónico • la lozione tonificante

moisturizer • la crème hydratante • die Feuchtigkeitscreme • la crema hidratante • la crema idratante

self-tanning cream • l'autobronzant • die Selbstbräunungscreme • la crema autobronceadora • la crema autoabbronzante

perfume le parfum das Parfum el perfume il profumo

eau de toilette • l'eau de toilette • das Eau de Toilette • el agua de colonia • l'acqua di colonia

complexion	oily	tan
le teint	gras	le bronzage
der Teint	fettig	die Sonnenbräune
el cutis	graso	el bronceado
la carnagione	grasso	l'abbronzatura
fair	sensitive	tattoo
clair	sensible	le tatouage
hell	empfindlich	die Tätowierung
claro	sensible	el tatuaje
chiaro	sensibile	il tatuaggio
dark	hypoallergenic	anti-wrinkle
foncé	hypoallergénique	antirides
dunkel	hypoallergen	Antifalten-
moreno	hipoalergénico	antiarrugas
scuro	ipoallergenico	antirughe
dry	shade	cotton balls
sec	le ton	les boules de coton
trocken	der Farbton	die Wattebällchen
seco	el tono	las bolas de algodón
secco	la tonalità	i batuffoli di ovatta

health
la santé
die Gesundheit
la salud
la salute

illness • la maladie • die Krankheit • la enfermedad • la malattia

headache • le mal de tête • die Kopfschmerzen • el dolor de cabeza • il mal di testa

nosebleed • le saignement de nez • das Nasenbluten • la hemorragia nasal • l'emorragia nasale

cough • la toux • der Husten • la tos • la tosse

sneeze • l'éternuement • das Niesen • el estornudo • lo starnuto

cold • le rhume • die Erkältung • el resfriado • il raffreddore

flu • la grippe • die Grippe • la gripe • l'influenza

fever • la fièvre • das Fieber • la fiebre • la febbre

inhaler l'inhalateur der Inhalationsapparat el inhalador l'inalatore

nausea • la nausée • die Übelkeit • la náusea • la nausea

chickenpox • la varicelle • die Windpocken • la varicela • la varicella

rash • l'éruption • der Hautausschlag • el sarpullido • lo sfogo

asthma • l'asthme • das Asthma • el asma • l'asma

cramps • les crampes • die Krämpfe • los calambres • i crampi

heart attack la crise cardiaque der Herzinfarkt el infarto de miocardio l'infarto	diabetes le diabète die Zuckerkrankheit la diabetes il diabete	eczema l'eczéma das Ekzem el eccema l'eczema	chill le refroidissement die Verkühlung el resfriado l'infreddatura	vomit (v) vomir sich übergeben vomitar vomitare	diarrhoea la diarrhée der Durchfall la diarrea la diarrea
stroke l'attaque der Schlaganfall el derrame cerebral l'ictus	hayfever le rhume des foins der Heuschnupfen la fiebre del heno la febbre da fieno	infection l'infection die Infektion la infección l'infezione	stomach ache le mal d'estomac die Magenschmerzen el dolor de estómago il mal di stomaco	epilepsy l'épilepsie die Epilepsie la epilepsia l'epilessia	measles la rougeole die Masern el sarampión il morbillo
blood pressure la tension der Blutdruck la tensión arterial la pressione sanguina	allergy l'allergie die Allergie la alergia l'allergia	virus le virus der Virus el virus il virus	faint (v) s'évanouir in Ohnmacht fallen desmayarse svenire	migraine la migraine die Migräne la jaqueca l'emicrania	mumps les oreillons der Mumps las paperas gli orecchioni

english • français • deutsch • español • italiano

doctor • le médecin • der Arzt • el médico • il medico

consultation • la consultation • die Konsultation • la visita • la visita

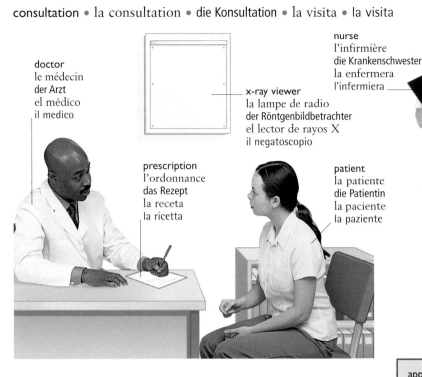

doctor
le médecin
der Arzt
el médico
il medico

x-ray viewer
la lampe de radio
der Röntgenbildbetrachter
el lector de rayos X
il negatoscopio

nurse
l'infirmière
die Krankenschwester
la enfermera
l'infermiera

prescription
l'ordonnance
das Rezept
la receta
la ricetta

patient
la patiente
die Patientin
la paciente
la paziente

scales • la
balance • die
Personenwaage
• la báscula
• la bilancia

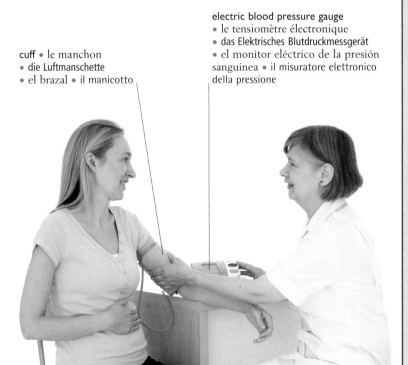

cuff • le manchon
• die Luftmanschette
• el brazal • il manicotto

electric blood pressure gauge
• le tensiomètre électronique
• das Elektrisches Blutdruckmessgerät
• el monitor eléctrico de la presión
sanguínea • il misuratore elettronico
della pressione

appointment le rendez-vous der Termin la cita l'appuntamento	**medical examination** l'examen médical die Untersuchung el examen médico la visita medica
surgery le cabinet das Sprechzimmer la consulta l'ambulatorio	**inoculation** l'inoculation die Impfung la inoculación l'inoculazione
waiting room la salle d'attente der Warteraum la sala de espera la sala d'attesa	**thermometer** le thermomètre das Thermometer el termómetro il termometro

I need to see a doctor.
J'ai besoin de voir un médecin.
Ich muss einen Arzt sprechen.
Necesito ver a un médico.
Ho bisogno di vedere un medico.

It hurts here.
J'ai mal ici.
Es tut hier weh.
Me duele aquí.
Ho un dolore qui.

injury • la blessure • die Verletzung • la lesión • la ferita

sling
l'écharpe
die Schlinge
el cabestrillo
la fascia a tracolla

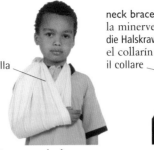

neck brace
la minerve
die Halskrawatte
el collarín
il collare

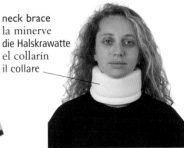

sprain • l'entorse • die Verstauchung • la torcedura • la slogatura

fracture • la fracture
• die Fraktur • la fractura
• la frattura

whiplash • le coup du lapin
• das Schleudertrauma • el tirón
en el cuello • il colpo di frusta

cut • la coupure • der Schnitt
• el corte • il taglio

graze • l'écorchure • die
Abschürfung • el arañazo
• la sbucciatura

bruise • la contusion
• die Prellung • el hematoma
• il livido

splinter • l'écharde
• der Splitter • la astilla
• la scheggia

sunburn • le coup de soleil
• der Sonnenbrand
• la quemadura de sol
• la scottatura

burn • la brûlure • die
Brandwunde • la quemadura
• l'ustione

bite • la morsure • der Biss
• el mordisco • il morso

sting • la piqûre • der Stich
• la picadura • la puntura

accident	haemorrhage	concussion	Will he/she be all right?
l'accident	l'hémorragie	la commotion cérébrale	Est-ce qu'il/elle va se remettre?
der Unfall	die Blutung	die Gehirnerschütterung	Wird er/sie es gut überstehen?
el accidente	la hemorragia	la conmoción	¿Se pondrá bien?
l'incidente	l'emorragia	la commozione cerebrale	Si rimetterà?
emergency	blister	head injury	Please call an ambulance.
l'urgence	l'ampoule	le traumatisme crânien	Appelez une ambulance s'il vous plaît.
der Notfall	die Blase	die Kopfverletzung	Rufen Sie bitte einen Krankenwagen.
la urgencia	la ampolla	la lesión en la cabeza	Por favor llame a una ambulancia.
l'emergenza	la vescica	la ferita alla testa	Chiami un'ambulanza, per favore.
wound	poisoning	electric shock	Where does it hurt?
la blessure	l'empoisonnement	le choc électrique	Où avez-vous mal?
die Wunde	die Vergiftung	der elektrische Schlag	Wo haben Sie Schmerzen?
la herida	el envenenamiento	la descarga eléctrica	¿Dónde le duele?
la ferita	l'avvelenamento	la scossa elettrica	Dove le fa male?

first aid • les premiers secours • die erste Hilfe • los primeros auxilios • il pronto soccorso

ointment • la pommade • die Salbe
• la pomada • la pomata

plaster • le pansement • das Pflaster • la tirita
• il cerotto

safety pin
l'épingle de sûreté
die Sicherheitsnadel
el imperdible
la spilla da balia

bandage
le bandage
die Bandage
la venda
la benda

painkillers
les analgésiques
die Schmerztabletten
los analgésicos
gli antidolarifici

antiseptic wipe
la serviette antiseptique
das Desinfektionstuch
la toallita antiséptica
la salvietta antisettica

tweezers
la pince fine
die Pinzette
las pinzas
le pinzette

scissors
les ciseaux
die Schere
las tijeras
le forbici

antiseptic
l'antiseptique
das Antiseptikum
el desinfectante
il disinfettante

first aid box • la trousse de premiers secours • der Erste-Hilfe-Kasten
• el botiquín • la cassetta di pronto soccorso

gauze • la gaze
• die Gaze
• la gasa
• la garza

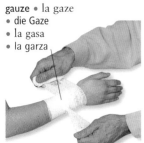

dressing • le pansement
• der Verband • el vendaje
• la bendatura

splint • l'attelle • die Schiene
• la tablilla • la stecca

adhesive tape
le sparadrap
das Leukoplast
el esparadrapo
il nastro adesivo

resuscitation • la réanimation
• die Wiederbelebung • la re-
animación • la rianimazione

shock	pulse	choke (v)	Can you help?
le choc	le pouls	étouffer	Est-ce que vous pouvez m'aider?
der Schock	der Puls	ersticken	Können Sie mir helfen?
el shock	el pulso	ahogarse	¿Me puede ayudar?
lo shock	le pulsazioni	soffocare	Può aiutarmi?
unconscious	breathing	sterile	Do you know first aid?
sans connaissance	la respiration	stérile	Pouvez-vous donner les soins d'urgence?
bewusstlos	die Atmung	steril	Beherrschen Sie die Erste Hilfe?
inconsciente	la respiración	estéril	¿Sabe primeros auxilios?
privo di sensi	la respirazione	sterile	Sa dare pronto soccorso?

hospital • l'hôpital • das Krankenhaus • el hospital • l'ospedale

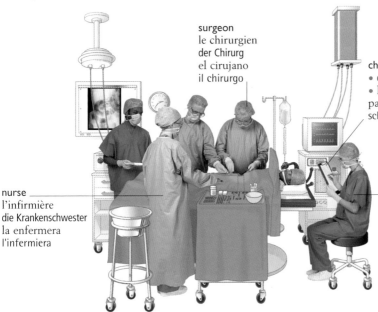

surgeon
le chirurgien
der Chirurg
el cirujano
il chirurgo

chart • la courbe
• die Patiententabelle
• la gráfica del
paciente • la
scheda del paziente

blood test • l'analyse de sang
• die Blutuntersuchung • el
análisis de sangre • l'analisi
del sangue

nurse
l'infirmière
die Krankenschwester
la enfermera
l'infermiera

anaesthetist
l'anesthésiste
der Anästhesist
el anestesista
l'anestetista

injection • l'injection
• die Spritze • la inyección
• l'iniezione

operating theatre • la salle d'opération • der Operationssaal
• el quirófano • la sala operatoria

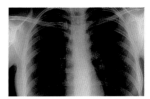

x-ray • la radio • die
Röntgenaufnahme • la
radiografía • la radiografia

trolley • le chariot • die
fahrbare Liege • la camilla
• la lettiga

call button • le bouton d'appel
• der Rufknopf • el timbre • il
pulsante di chiamata

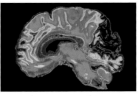

scan • la scanographie
• der CT-Scan • la ecografía
• l'ecografia

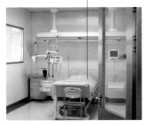

emergency room • la salle
des urgences • die Notaufnahme
• la sala de urgencias
• la sala emergenze

ward • la salle • die
Krankenhausstation
• la planta • il reparto

wheelchair • la chaise
roulante • der Rollstuhl
• la silla de ruedas
• la sedia a rotelle

operation	discharged	visiting hours	maternity ward	intensive care unit
l'opération	renvoyé	les heures de visite	la maternité	le service de soins intensifs
die Operation	entlassen	die Besuchszeiten	die Entbindungsstation	die Intensivstation
la operación	dado de alta	las horas de visita	la sala de maternidad	la unidad de cuidados intensivos
l'operazione	dimesso	l'orario delle visite	il reparto maternità	il reparto di cura intensiva
admitted	clinic	children's ward	private room	outpatient
admis	la clinique	la pédiatrie	la chambre privée	le malade en consultation externe
aufgenommen	die Klinik	die Kinderstation	das Privatzimmer	der ambulante Patient
ingresado	la clínica	la sala de pediatría	la habitación privada	el paciente externo
ricoverato	la clinica	il reparto pediatrico	la camera privata	il paziente esterno

departments • les services • die Abteilungen • los servicios • i reparti

ENT • l'O.R.L.
• die HNO-Abteilung • la
otorrinonaringología
• l'otorinolaringologia

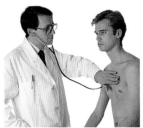

cardiology • la cardiologie
• die Kardiologie • la
cardiología • la cardiologia

orthopaedy • l'orthopédie
• die Orthopädie • la
ortopedia • l'ortopedia

gynaecology • la gynécologie
• die Gynäkologie • la
ginecología • la ginecologia

physiotherapy • la
kinésithérapie • die
Physiotherapie • la fisioterapia
• la fisioterapia

dermatology • la dermatologie
• die Dermatologie • la
dermatología • la dermatologia

paediatrics • la pédiatrie
• die Pädiatrie • la pediatría
• la pediatria

radiology • la radiologie
• die Radiologie • la radiología
• la radiologia

surgery • la chirurgie
• die Chirurgie • la cirugía
• la chirurgia

maternity • la maternité
• die Entbindungsstation • la
maternidad • la maternità

psychiatry • la psychiatrie
• die Psychiatrie • la
psiquiatría • la psichiatria

ophthalmology
• l'ophtalmologie
• die Ophthalmologie • la
oftalmología • l'oftalmologia

neurology	urology	plastic surgery	pathology	result
la neurologie	l'urologie	la chirurgie esthétique	la pathologie	le résultat
die Neurologie	die Urologie	die plastische Chirurgie	die Pathologie	das Ergebnis
la neurología	la urología	la cirugía plástica	la patología	el resultado
la neurologia	l'urologia	la chirurgia plastica	la patologia	il risultato
oncology	endocrinology	referral	test	consultant
l'oncologie	l'endocrinologie	l'orientation d'un patient	l'analyse	le spécialiste
die Onkologie	die Endokrinologie	die Überweisung	die Untersuchung	der Facharzt
la oncología	la endocrinología	el volante	el análisis	el especialista
l'oncologia	l'endocrinologia	mandare da uno specialista	l'analisi	lo specialista

dentist • le dentiste • der Zahnarzt • el dentista • il dentista

tooth • la dent • der Zahn • el diente
• il dente

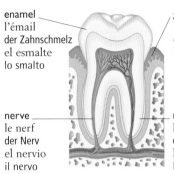

enamel
l'émail
der Zahnschmelz
el esmalte
lo smalto

gum
la gencive
das Zahnfleisch
la encía
la gengiva

nerve
le nerf
der Nerv
el nervio
il nervo

root
la racine
die Zahnwurzel
la raíz
la radice

premolar
la prémolaire
der vordere
 Backenzahn
el premolar
il premolare

incisor
l'incisive
der Schneidezahn
el incisivo
l'incisivo

molar
la molaire
der Backenzahn
la muela
il molare

canine
la canine
der Eckzahn
el colmillo
il canino

toothache la rage de dents die Zahnschmerzen el dolor de muelas il mal di denti	drill la fraise der Bohrer el torno del dentista il trapano
plaque la plaque der Zahnbelag la placa bacteriana la placca	dental floss le fil dentaire die Zahnseide el hilo dental il filo dentale
decay la carie die Karies la caries la carie	extraction l'extraction die Extraktion la extracción l'estrazione
filling le plombage die Zahnfüllung el empaste l'otturazione	crown la couronne die Krone la corona la capsula

check-up • la visite de contrôle • der Check-up
• la revisión • il controllo

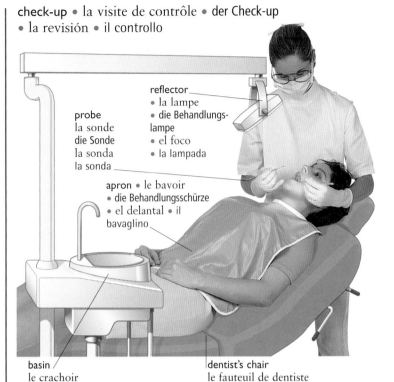

reflector
• la lampe
• die Behandlungs-
lampe
• el foco
• la lampada

probe
la sonde
die Sonde
la sonda
la sonda

apron • le bavoir
• die Behandlungsschürze
• el delantal • il
bavaglino

basin
le crachoir
das Speibecken
el lavabo
la sputacchiera

dentist's chair
le fauteuil de dentiste
der Patientenstuhl
el sillón del dentista
la poltrona da dentista

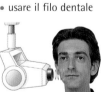

floss (v) • utiliser le
fil dentaire • mit
Zahnseide reinigen
• usar el hilo dental
• usare il filo dentale

brush (v) • brosser
• bürsten • cepillarse
los dientes • spazzolare

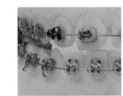

brace • l'appareil
dentaire • die
Zahnspange • el
aparato corrector •
l'apparecchio correttore

dental x-ray • la radio
dentaire • die Röntgen-
aufnahme • los rayos
x dentales • la radio-
grafia dentale

x-ray film • la radio
• das Röntgenbild
• la radiografia • la
pellicola radiografica

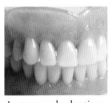

dentures • le dentier
• die Zahnprothese
• la dentadura
postiza • la dentiera

optician • l'opticien • der Augenoptiker • el óptico • l'oculista

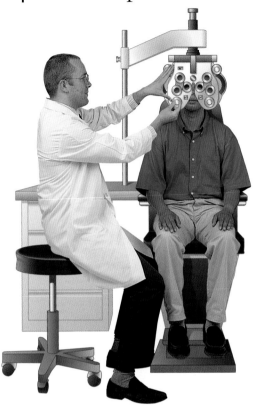

case
l'etui
das Futteral
la funda
la custodia

lens
le verre
das Glas
el cristal
la lente

frame
la monture
das Brillengestell
la montura
la montatura

glasses • les lunettes • die Brille
• las gafas • gli occhiali

sunglasses • les lunettes de soleil
• die Sonnenbrille • las gafas de sol
• gli occhiali da sole

cleaning fluid
la solution nettoyante
das Reinigungsmittel
el líquido limpiador
la soluzione per la pulizia

disinfectant solution
la solution désinfectante
das Desinfektionsmittel
la solución desinfectante
la soluzione disinfettante

lens case
• l'étui à lentilles
• der Kontaktlinsenbehälter
• el estuche para las
lentillas
• la custodia per le lenti

eye test • l'examen de la vue • der Sehtest
• el examen de ojos • l'esame della vista

contact lenses • les lentilles de contact • die Kontaktlinsen
• las lentes de contacto • le lenti a contatto

eye • l'œil • das Auge • el ojo • l'occhio

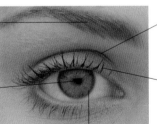

eyebrow
le sourcil
die Augenbraue
la ceja
il sopracciglio

pupil
la pupille
die Pupille
la pupila
la pupilla

lens
le cristallin
die Linse
el cristalino
il cristallino

cornea • la cornée
• die Hornhaut • la
córnea • la cornea

iris • l'iris • die Iris
• el iris • l'iride

eyelid
la paupière
das Lid
el párpado
la palpebra

eyelash
le cil
die Wimper
la pestaña
il ciglio

retina
la rétine
die Netzhaut
la retina
la retina

optic nerve
le nerf optique
der Sehnerv
el nervio óptico
il nervo ottico

vision la vue die Sehkraft la vista la vista	**astigmatism** l'astigmatisme der Astigmatismus el astigmatismo l'astigmatismo
diopter la dioptrie die Dioptrie la dioptría la diottria	**long sight** la presbytie die Weitsichtigkeit la hipermetropía la presbiopia
tear la larme die Träne la lágrima la lacrima	**short sight** la myopie die Kurzsichtigkeit la miopía la miopia
cataract la cataracte der graue Star la catarata la cataratta	**bifocal** bifocal Bifokal- bifocal bifocale

pregnancy • la grossesse • die Schwangerschaft • el embarazo • la gravidanza

scan
l'échographie
die Ultraschallaufnahme
la ecografía
l'ecografia

pregnancy test • le test de grossesse
• der Schwangerschaftstest • la prueba
del embarazo • il test di gravidanza

umbilical cord
le cordon ombilical
die Nabelschnur
el cordón umbilical
il cordone ombelicale

placenta
le placenta
die Plazenta
la placenta
la placenta

cervix
le col de l'utérus
der Gebärmutterhals
el cuello uterino
la cervice

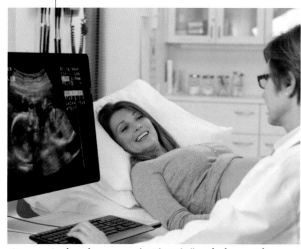

uterus
l'utérus
die Gebärmutter
el útero
l'utero

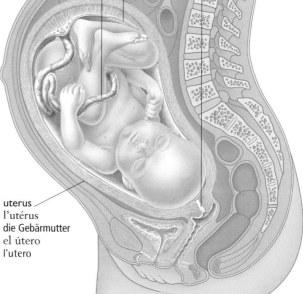

ultrasound • les ultrasons • der Ultraschall • el ultrasonido
• l'ultrasuono

foetus • le fœtus • der Fetus • el feto • il feto

ovulation l'ovulation der Eisprung la ovulación l'ovulazione	**antenatal** prénatal vorgeburtlich prenatal prenatale	**amniotic fluid** le liquide amniotique das Fruchtwasser el líquido amniótico il liquido amniotico	**dilation** la dilatation die Erweiterung la dilatación la dilatazione	**stitches** les points de suture die Naht los puntos i punti	**breech** par le siège Steiß- de nalgas podalico
conception la conception die Empfängnis la concepción la concepimento	**trimester** le trimestre das Trimester el trimestre il trimestre	**amniocentesis** l'amniocentèse die Amniozentese la amniocentesis l'amniocentesi	**epidural** la péridurale die Periduralanästhesie la epidural l'epidurale	**delivery** l'accouchement die Entbindung el parto il parto	**premature** prématuré vorzeitig prematuro prematuro
pregnant enceinte schwanger embarazada incinta	**embryo** l'embryon der Embryo el embrión l'embrione	**contraction** la contraction die Wehe la contracción la contrazione	**caesarean section** la césarienne der Kaiserschnitt la cesárea il taglio cesareo	**birth** la naissance die Geburt el nacimiento la nascita	**gynaecologist** le gynécologue der Gynäkologe el ginecólogo il ginecologo
expectant enceinte schwanger encinta in stato interessante	**womb** l'utérus die Gebärmutter la matriz l'utero	**break waters** *(v)* perdre les eaux das Fruchtwasser geht ab romper aguas rompere le acque	**episiotomy** l'épisiotomie der Dammschnitt la episiotomía l'episiotomia	**miscarriage** la fausse couche die Fehlgeburt el aborto espontáneo l'aborto spontaneo	**obstetrician** l'obstétricien der Geburtshelfer el tocólogo l'ostetrico

childbirth • la naissance • die Geburt • el parto • il parto

drip • la perfusion
• die Tropfinfusion • el
gotero • la flebo

midwife
la sage-femme
die Hebamme
la comadrona
l'ostetrica

monitor
le moniteur
der Monitor
el monitor
il monitor

catheter
le cathéter
der Katheter
el catéter
il catetere

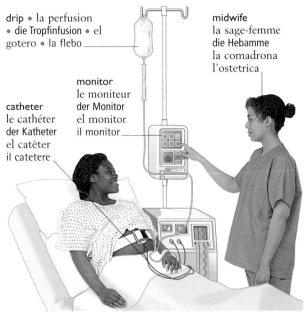

induce labour (v) • déclencher l'accouchement • die Geburt
einleiten • provocar el parto • indurre il travaglio

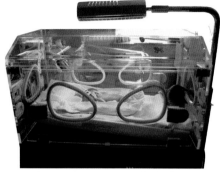

incubator • la couveuse • der Brutkasten
• la incubadora • l'incubatrice

birth weight • le poids de naissance • das
Geburtsgewicht • el peso al nacer • il peso alla nascita

forceps • le forceps
• die Geburtszange
• los fórceps • il forcipe

ventouse cup • la ventouse
• die Saugglocke • la ventosa
• la ventosa

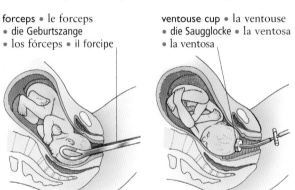

assisted delivery • l'accouchement assisté • die assistierte
Entbindung • el parto asistido • il parto assistito

identity tag • le bracelet d'identité
• das Erkennungsetikett • la pulsera de
identificación • la targhetta d'identità

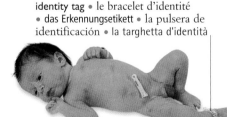

newborn baby • le nouveau-né • das Neugeborene • el recién
nacido • il neonato

---

nursing • l'allaitement • das Stillen • la lactancia
• l'allattamento

breast pump • la pompe à lait
• die Brustpumpe • el sacaleches
• la pompa tiralatte

nursing bra • le soutien-
gorge d'allaitement
• der Stillbüstenhalter
• el sujetador para la
lactancia • il reggiseno
da allattamento

breastfeed (v) • donner le sein
• stillen • dar el pecho
• allattare al seno

pads • les coussinets
• die Einlagen • los discos
protectores • le coppe

---

alternative therapy • les thérapies alternatives • die Alternativtherapien • las terapias alternativas • le terapie alternative

t-shirt
le t-shirt
das T-Shirt
la camiseta
la maglietta

massage • le massage
• die Massage • el masaje
• il massaggio

mat
le tapis
die Matte
la colchoneta
il tappetino

shiatsu • le shiatsu
• das Shiatsu • el shiatsu
• lo shiatsu

yoga • le yoga • das Yoga • el yoga • lo yoga

chiropractic • la chiropractie
• die Chiropraktik • la
quiropráctica • la chiropratica

osteopathy • l'ostéopathie
• die Osteopathie • la
osteopatía • l'osteopatia

reflexology • la réflexiologie
• die Reflexzonenmassage • la
reflexología • la riflessologia

meditation • la méditation
• die Meditation • la
meditación • la meditazione

counsellor • le conseiller
• der Berater • el terapeuta
• l'assistente socio-psicologico

group therapy • la thérapie de groupe • die Gruppentherapie
• la terapia de grupo • la terapia di gruppo

reiki • le reiki • das Reiki
• el reiki • il reiki

acupuncture • l'acuponcture
• die Akupunktur • la
acupuntura • l'agopuntura

ayurveda • la médecine
ayurvédique • das Ayurveda • la
ayurveda • la medicina aiurvedica

• hypnotherapy
• l'hypnothérapie
• die Hypnotherapie • la
hipnoterapia • l'ipnositerapia

essential oils • les huiles
essentielles • die ätherischen
Öle • los aceites esenciales
• gli oli essenziali

herbalism • l'herboristerie
• die Kräuterheilkunde • el
herbolario • l'erbalismo

aromatherapy • l'aromathérapie
• die Aromatherapie • la
aromaterapia • l'aromaterapia

homeopathy • l'homéopathie
• die Homöopathie • la
homeopatía • l'omeopatia

acupressure • l'acupression
• die Akupressur • la
acupresión • l'agopressione

therapist • la thérapeute • die Therapeutin
• la terapeuta • la terapista

psychotherapy • la psychothérapie
• die Psychotherapie • la
psicoterapia • la psicoterapia

crystal healing	naturopathy	relaxation	herb
la guérison par cristaux	la naturopathie	la relaxation	l'herbe
die Kristalltherapie	die Naturheilkunde	die Entspannung	das Heilkraut
la cristaloterapia	la naturopatía	la relajación	la hierba
la cristalloterapia	la naturopatia	il rilassamento	l'erba
hydrotherapy	feng shui	stress	supplement
l'hydrothérapie	le feng shui	le stress	le supplément
die Wasserbehandlung	das Feng Shui	der Stress	die Ergänzung
la hidroterapia	el feng shui	el estrés	el suplemento
l'idroterapia	il feng shui	lo stress	l'integratore

home
la maison
das Haus
la casa
la casa

house • la maison • das Haus • la casa • la casa

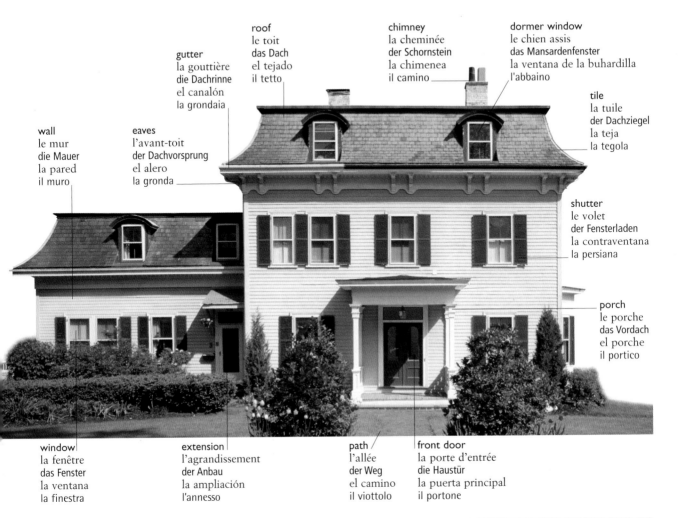

roof
le toit
das Dach
el tejado
il tetto

chimney
la cheminée
der Schornstein
la chimenea
il camino

dormer window
le chien assis
das Mansardenfenster
la ventana de la buhardilla
l'abbaino

gutter
la gouttière
die Dachrinne
el canalón
la grondaia

wall
le mur
die Mauer
la pared
il muro

eaves
l'avant-toit
der Dachvorsprung
el alero
la gronda

tile
la tuile
der Dachziegel
la teja
la tegola

shutter
le volet
der Fensterladen
la contraventana
la persiana

porch
le porche
das Vordach
el porche
il portico

window
la fenêtre
das Fenster
la ventana
la finestra

extension
l'agrandissement
der Anbau
la ampliación
l'annesso

path
l'allée
der Weg
el camino
il viottolo

front door
la porte d'entrée
die Haustür
la puerta principal
il portone

detached	**townhouse**	**garage**	**floor**	**burglar alarm**	**rent (v)**
individuelle	la maison de deux étages	le garage	l'étage	l'alarme	louer
Einzel(haus)	das dreistöckige Haus	die Garage	das Stockwerk	die Alarmanlage	mieten
no adosado	la vivienda urbana	el garaje	el piso	la alarma antirrobo	alquilar
unifamiliare	la casa di città	il garage	il piano	l'allarme antifurto	affittare
semidetached	**bungalow**	**attic**	**courtyard**	**letterbox**	**rent**
mitoyenne	la pavillon	le grenier	la cour	la boîte aux lettres	le loyer
Doppel(haus)	der Bungalow	der Dachboden	der Hof	der Briefkasten	die Miete
adosado por un lado	la vivienda de una planta	el ático	el patio	el buzón	el alquiler
bifamiliare	il bungalow	l'attico	il cortile	la cassetta per le lettere	l'affitto
terraced	**basement**	**room**	**porch light**	**landlord**	**tenant**
attenante	le sous-sol	la chambre	la lampe d'entrée	le propriétaire	le locataire
Reihen(haus)	das Kellergeschoss	das Zimmer	die Haustürlampe	der Vermieter	der Mieter
adosado	el sótano	la habitación	la luz del porche	el propietario	el inquilino
a schiera	il seminterrato	la stanza	la luce del portico	il padrone di casa	l'inquilino

entrance • l'entrée • der Eingang • la entrada • l'ingresso

flat • l'appartement
• die Wohnung • el piso
• l'appartamento

hand rail
la main courante
das Geländer
el pasamanos
il corrimano

landing
le palier
der Treppenabsatz
el descansillo
il pianerottolo

banister
la rampe
das Treppengeländer
la barandilla
la ringhiera

staircase
l'escalier
die Treppe
la escalera
le scale

hallway • le vestibule • die Diele • el vestíbulo • l'entrata

balcony • le balcon
• der Balkon • el balcón
• il balcone

block of flats • l'immeuble
• der Wohnblock • el edificio
• il palazzo

intercom • l'interphone
• die Sprechanlage • el interfono
• il citofono

doorbell • la sonnette
• die Türklingel • el timbre
• il campanello

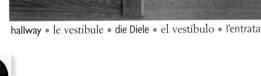

doormat • le paillasson
• der Fußabtreter • el felpudo
• lo zerbino

door knocker • le marteau
de porte • der Türklopfer
• la aldaba • il battente

key • la clef • der Schlüssel
• la llave • la chiave

door chain • la chaîne de
sûreté • die Türkette
• la cadena • la catenella

lock • la serrure • das
Schloss • la cerradura
• la serratura

bolt • le verrou • der
Türriegel • el cerrojo
• il chiavistello

lift • l'ascenseur • der Fahrstuhl
• el ascensor • l'ascensore

internal systems • les systèmes domestiques • die Hausanschlüsse • las instalaciones internas • i sistemi interni

blade • l'aile • der Flügel • la hoja • la pala

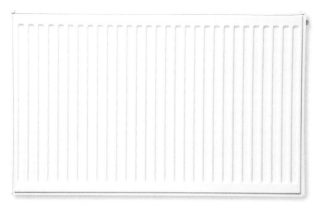

fan • le ventilateur • der Ventilator • el ventilador • il ventilatore

radiator • le radiateur • der Heizkörper • el radiador • il calorifero

heater • l'appareil de chauffage • der Heizofen • la estufa • la stufa

convector heater • le convecteur • der Heizlüfter • el calentador de convección • la stufa a convezione

---

electricity • l'électricité • die Elektrizität • la electricidad • l'elettricità

earthing • la mise à la terre • die Erdung • la toma de tierra • la messa a terra

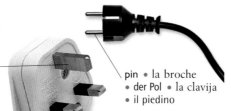

pin • la broche • der Pol • la clavija • il piedino

neutral • neutre • neutral • neutro • neutro

live • sous tension • geladen • con corriente • in tensione

energy saving bulb • l'ampoule basse consommation • die Energiesparbirne • la bombilla de ahorro de energía • la lampadina a risparmio energetico

plug • la prise • der Stecker • el enchufe macho • la spina

wires • les fils • die Leitung • los cables • i fili

voltage la tension die Spannung el voltaje la tensione	fuse le fusible die Sicherung el fusible il fusibile	socket la prise de courant die Steckdose el enchufe hembra la presa	direct current le courant continu der Gleichstrom la corriente continua la corrente continua	transformer le transformateur der Transformator el transformador il trasformatore
amp l'ampère das Ampère el amperio l'ampere	fuse box la boîte à fusibles der Sicherungskasten la caja de los fusibles la valvoliera	switch l'interrupteur der Schalter el interruptor l'interruttore	electricity meter le compteur d'électricité der Stromzähler el contador de la luz il contatore di corrente	mains supply le réseau d'électricité das Stromnetz el suministro de electricidad l'alimentazione di rete
power le courant der Strom la corriente eléctrica l'elettricità	generator la génératrice der Generator el generador il generatore	alternating current le courant alternatif der Wechselstrom la corriente alterna la corrente alternata	power cut la coupure de courant der Stromausfall el corte de luz l'interruzione di corrente	

plumbing • la plomberie • die Installation • la fontanería • l'impianto idraulico

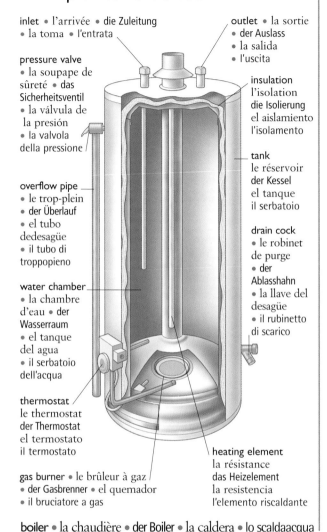

inlet • l'arrivée • die Zuleitung • la toma • l'entrata

pressure valve
• la soupape de sûreté • das Sicherheitsventil
• la válvula de la presión
• la valvola della pressione

overflow pipe
• le trop-plein
• der Überlauf
• el tubo dedesagüe
• il tubo di troppopieno

water chamber
• la chambre d'eau • der Wasserraum
• el tanque del agua
• il serbatoio dell'acqua

thermostat
le thermostat
der Thermostat
el termostato
il termostato

gas burner • le brûleur à gaz
• der Gasbrenner • el quemador
• il bruciatore a gas

outlet • la sortie
• der Auslass
• la salida
• l'uscita

insulation
l'isolation
die Isolierung
el aislamiento
l'isolamento

tank
le réservoir
der Kessel
el tanque
il serbatoio

drain cock
• le robinet de purge
• der Ablasshahn
• la llave del desagüe
• il rubinetto di scarico

heating element
la résistance
das Heizelement
la resistencia
l'elemento riscaldante

boiler • la chaudière • der Boiler • la caldera • lo scaldaacqua

sink • l'évier • die Spüle • el fregador • l'acquaio

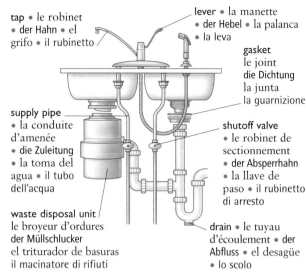

tap • le robinet
der Hahn • el grifo • il rubinetto

supply pipe
• la conduite d'amenée
• die Zuleitung
• la toma del agua • il tubo dell'acqua

waste disposal unit
le broyeur d'ordures
der Müllschlucker
el triturador de basuras
il macinatore di rifiuti

lever • la manette
• der Hebel • la palanca
• la leva

gasket
le joint
die Dichtung
la junta
la guarnizione

shutoff valve
• le robinet de sectionnement
• der Absperrhahn
• la llave de paso • il rubinetto di arresto

drain • le tuyau d'écoulement • der Abfluss • el desagüe
• lo scolo

toilet • les W.-C. • das WC • el retrete • il water

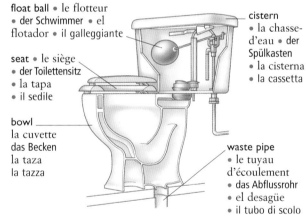

float ball • le flotteur
• der Schwimmer • el flotador • il galleggiante

seat • le siège
• der Toilettensitz
• la tapa
• il sedile

bowl
la cuvette
das Becken
la taza
la tazza

cistern
• la chasse-d'eau • der Spülkasten
• la cisterna
• la cassetta

waste pipe
• le tuyau d'écoulement
• das Abflussrohr
• el desagüe
• il tubo di scolo

waste disposal • l'enlèvement de déchets • die Abfallentsorgung • la eliminación de desechos • lo smaltimento dei rifiuti

bottle
la bouteille
die Flasche
la botella
la bottiglia

pedal
la pédale
der Trethebel
el pedal
il pedale

lid
le couvercle
der Deckel
la tapa
il coperchio

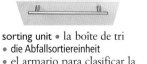

recycling bin • la boîte à déchets recyclables • der Recyclingbehälter
• el cubo para reciclar
• il contenitore di riciclaggio

rubbish bin • la poubelle
• der Abfalleimer • el cubo de la basura • la pattumiera

sorting unit • la boîte de tri
• die Abfallsortiereinheit
• el armario para clasificar la basura • l'unità di smistamento

organic waste • les déchets bios • der Bio-Abfall
• los despercicios orgánicos
• i rifiuti organici

living room • le salon • das Wohnzimmer • el cuarto de estar • il salotto

wall light
l'applique
die Wandlampe
el aplique
l'applique

fireplace
la cheminée
der Kamin
la chimenea
il caminetto

ceiling
le plafond
die Decke
el techo
il soffitto

vase
le vase
die Vase
el jarrón
il vaso

cushion
le coussin
das Sofakissen
el cojín
il cuscino

lamp
la lampe
die Lampe
la lámpara
la lampada

coffee table
la table basse
der Couchtisch
la mesa de café
il tavolino

sofa
le canapé
das Sofa
el sofá
il divano

floor
le sol
der Fußboden
el suelo
il pavimento

frame
le cadre
der Bilderrahmen
el marco
la cornice

painting
le tableau
das Gemälde
el cuadro
il quadro

curtain • le rideau • der Vorhang • la cortina • la tenda

net curtain • le brise-bise • die Gardine • el visillo • la tendina

venetian blind • le store vénitien • die Jalousie • el estor de láminas • la veneziana

roller blind • le store • das Rollo • el estor • l'avvolgibile

moulding • la moulure • der Stuck • la moldura • la cornice

armchair • le fauteuil • der Sessel • el sillón • la poltrona

bookshelf
la bibliothèque
das Bücherregal
la estantería
la libreria

sofabed
le canapé-lit
die Bettcouch
el sofá-cama
il divano letto

rug
le tapis
der Teppich
la alfombra
il tappeto

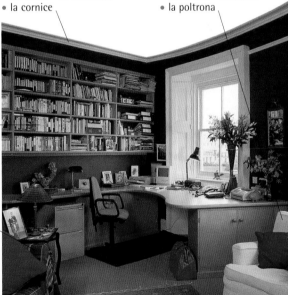

study • le bureau • das Arbeitszimmer • el despacho • lo studio

dining room • la salle à manger • das Esszimmer • el comedor • la sala da pranzo

pepper
le poivre
der Pfeffer
la pimienta
il pepe

salt
le sel
das Salz
la sal
il sale

table
la table
der Tisch
la mesa
il tavolo

crockery
la vaisselle
das Geschirr
la vajilla
i piatti

cutlery
les couverts
das Besteck
los cubiertos
le posate

chair
la chaise
der Stuhl
la silla
la sedia

back
le dossier
die Lehne
el respaldo
lo schienale

seat
le siège
die Sitzfläche
el asiento
il sedile

leg
le pied
das Bein
la pata
la gamba

lay the table (v)	**place mat**	**lunch**	**full**	**host**	Can I have some more, please?
mettre la table	le napperon	le déjeuner	rassasié	l'hôte	Encore un peu, s'il vous plaît?
den Tisch decken	das Set	das Mittagessen	satt	der Gastgeber	Könnte ich bitte noch ein bisschen haben?
poner la mesa	el mantel individual	la comida	lleno	el anfitrión	¿Puedo repetir, por favor?
apparecchiare	il sottopiatto	il pranzo	sazio	il padrone di casa	Posso averne ancora, per favore?
serve (v)	**tablecloth**	**dinner**	**portion**	**hostess**	I've had enough, thank you.
servir	la nappe	le dîner	la portion	l'hôtesse	Non merci, j'en ai eu assez.
servieren	die Tischdecke	das Abendessen	die Portion	die Gastgeberin	Ich bin satt, danke.
servir	el mantel	la cena	la ración	la anfitriona	Estoy lleno, gracias.
servire	la tovaglia	la cena	la porzione	la padrona di casa	Sono sazio, grazie.
eat (v)	**breakfast**	**hungry**	**meal**	**guest**	That was delicious.
manger	le petit déjeuner	(avoir) faim	le repas	l'invité	C'était délicieux.
essen	das Frühstück	hungrig	das Essen	der Gast	Das war lecker.
comer	el desayuno	hambriento	la comida	el invitado	Estaba buenísimo.
mangiare	la colazione	affamato	il pasto	l'ospite	Era squisito.

crockery and cutlery • la vaisselle et les couverts • das Geschirr und das Besteck • la vajilla y los cubiertos • le stoviglie e le posate

teaspoon • la cuiller à café • der Teelöffel • la cucharilla de café • il cucchiaino

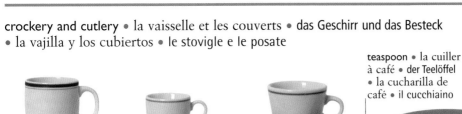

mug • la grande tasse • der Becher • la taza • la tazza

coffee cup • la tasse à café • die Kaffeetasse • la taza de café • la tazzina da caffè

teacup • la tasse à thé • die Teetasse • la taza de té • la tazza da tè

plate • l'assiette • der Teller • el plato • il piatto

bowl • le bol • die Schüssel • el bol • la ciotola

wine glass • le verre à vin • das Weinglas • la copa de vino • il calice da vino

tumbler le verre das Wasserglas el vaso il bicchiere

cafetière • la cafetière • die Cafetière • la cafetera de émbolo • la caffettiera

teapot • la théière • die Teekanne • la tetera • la teiera

jug • le pot • das Kännchen • la jarra • la brocca

egg cup • le coquetier • der Eierbecher • la huevera • il portauovo

glassware • la verrerie • die Glaswaren • la cristalería • la cristalleria

napkin ring le rond de serviette der Serviettenring el servilletero il portatovagliolo

side plate l'assiette à dessert der Beilagenteller el plato del pan il piattino

dinner plate l'assiette plate der Essteller el plato llano il piatto piano

soup bowl l'assiette à soupe der Suppenteller el plato sopero il piatto fondo

soup spoon • la cuiller à soupe • der Suppenlöffel • la cuchara sopera • il cucchiaio da minestra

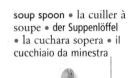

napkin la serviette die Serviette la servilleta il tovagliolo

fork • la fourchette • die Gabel • el tenedor • la forchetta

spoon la cuiller der Löffel la cuchara il cucchiaio

knife le couteau das Messer el cuchillo il coltello

place setting • le couvert • das Gedeck • el cubierto • il coperto

kitchen • la cuisine • die Küche • la cocina • la cucina

shelves
l'étagère
das Küchenregal
los estantes
le mensole

splashback
le revêtement
der Spritzschutz
el frente de la cocina
l'alzatina paraspruzzi

tap
le robinet
der Wasserhahn
el grifo
il rubinetto

sink
l'évier
das Spülbecken
el fregadero
il lavandino

drawer
le tiroir
die Schublade
el cajón
il cassetto

extractor
la hotte
der Dunstabzug
el extractor
la cappa

ceramic hob • la
table de cuisson
céramique • das
Glaskeramikkochfeld
• la placa vitro-
cerámica • il
fornello di ceramica

worktop
• le plan de
travail • die
Arbeitsfläche
• la encimera
• il piano di
lavoro

oven • le four
• der Backofen
• el horno
• il forno

cabinet
le placard
der Küchenschrank
el armario
l'armadietto

---

appliances • les appareils ménagers • die Küchengeräte • los electrodomésticos • gli elettrodomestici

microwave oven • le micro-ondes
• die Mikrowelle • el horno
microondas • il forno a microonde

kettle • la bouilloire
électrique • der
Elektrokessel • el
hervidor • il bollitore

toaster • le grille-
pain • der Toaster
• el tostador • il
tostapane

mixing bowl
le bol du mixeur
die Mixerschüssel
el cuenco mezclador
il recipiente

blade
la lame
das Messer
la cuchilla
la lama

food processor • le
robot ménager • die
Küchenmaschine • el robot
de cocina • il tritatutto

lid
le couvercle
der Deckel
la tapa
il coperchio

blender • le mixeur
• der Mixer • la
licuadora • il frullatore

dishwasher • le lave-
vaisselle • die Spülmaschine
• el friegaplatos • la
lavastoviglie

ice maker
- le freezer
- das Eisfach
- la máquina de los cubitos
- il fabbrica-ghiaccio

freezer
le congélateur
das Gefrierfach
el congelador
il congelatore

refrigerator
le frigidaire
der Kühlschrank
el frigorífico
il frigorifero

shelf
la clayette
der Rost
el estante
la mensola

crisper • le bac à légumes • das Gemüsefach • el cajón de las verduras • il cassetto per la verdura

fridge-freezer • le réfrigérateur-congélateur • der Gefrier-Kühlschrank • el frigorífico congelador • il frigocongelatore

hob la table de cuisson das Kochfeld la placa il piano di cottura	**freeze (v)** congeler einfrieren congelar congelare
draining board l'égouttoir das Abtropfbrett el escurridor lo scolapiatti	**defrost (v)** décongeler auftauen descongelar scongelare
burner le brûleur der Brenner el quemador il fornello	**steam (v)** cuire à la vapeur dämpfen cocer al vapor cuocere al vapore
rubbish bin la poubelle der Mülleimer el cubo de basura la pattumiera	**sauté (v)** sauter anbraten saltear saltare in padella

cooking • la cuisine • das Kochen • cocinar • cucinare

peel (v) • éplucher • schälen • pelar • sbucciare

slice (v) • couper • schneiden • cortar • affettare

grate (v) • râper • reiben • rallar • grattugiare

pour (v) • verser • gießen • echar • versare

mix (v) • mélanger • verrühren • mezclar • mescolare

whisk (v) • battre • schlagen • batir • sbattere

boil (v) • bouillir • kochen • hervir • bollire

fry (v) • frire • braten • freír • friggere

roll (v) • abaisser à rouleau • ausrollen • extender con el rodillo • spianare

stir (v) • remuer • rühren • remover • rimestare

simmer (v) • mijoter • köcheln lassen • cocer a fuego lento • cuocere a fuoco lento

poach (v) • pocher • pochieren • escalfar • affogare

bake (v) • cuire au four • backen • cocer al horno • cuocere al forno

roast (v) • rôtir • braten • asar • arrostire

grill (v) • griller • grillen • asar a la parrilla • cuocere alla griglia

kitchenware • les ustensiles de cuisine • die Küchengeräte
• los utensilios de cocina • gli utensili da cucina

chopping board
la planche à hache
das Hackbrett
la tabla para cortar
il tagliere

bread knife • le couteau
à pain • das Brotmesser
• el cuchillo de sierra
• il coltello da pane

kitchen knife
le couteau de cuisine
das Küchenmesser
el cuchillo de cocina
il coltello da cucina

cleaver • le fendoir
• das Hackmesser
• el hacha de cocina
• la mannaia

knife sharpener
• l'aiguisoir • der Messer-
schärfer • el afilador
• l'affilacoltelli

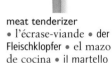

meat tenderizer
• l'écrase-viande • der
Fleischklopfer • el mazo
de cocina • il martello

skewer • la broche • der Spieß • el pincho
• lo spiedino

peeler • l'épluche-
légume • der Schäler
• el mondador • il
pelapatate

apple corer
le vide-pomme
der Apfelstecher
el descorazonador
il cavatorsoli

grater • la râpe • die
Reibe • el rallador
• la grattugia

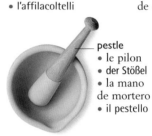

mortar • le mortier
• der Mörser • el
mortero • il mortaio

pestle
• le pilon
• der Stößel
• la mano
de mortero
• il pestello

masher • le presse-
purée • der Kartoffel-
stampfer • el mazo
para puré de patatas
• lo schiacciapatate

can opener • l'ouvre-
boîte • der Dosenöffner
• el abrelatas
• l'apriscatole

bottle opener
l'ouvre-bouteille
der Flaschenöffner
el abrebotellas
l'apribottiglie

garlic press
le presse-ail
die Knoblauchpresse
el prensaajos
lo spremiaglio

serving spoon
• la cuiller à servir
• der Servierlöffel • la
cuchara de servir • il
cucchiaio da portata

fish slice • la truelle
• der Pfannenwender
• la pala para pescado
• la paletta forata

colander • la
passoire • das Sieb
• el escurridor
• lo scolapasta

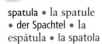

spatula • la spatule
• der Spachtel • la
espátula • la spatola

wooden spoon • la
cuiller en bois • der
Holzlöffel • la cuchara
de madera • il
cucchiaio di legno

slotted spoon
l'écumoire
der Schaumlöffel
la espumadera
la schiumarola

ladle • la louche
• der Schöpflöffel • el
cucharón • il mestolo

carving fork • la fourchette à découper
• die Tranchiergabel • el tenedor para
trinchar • il forchettone

scoop • la cuiller à glace
• der Portionierer • la
cuchara para helado
• il cucchiaio dosatore

whisk • le fouet
• der Schneebesen
• el batidor de
varillas • la frusta

sieve • la passoire
• das Sieb • el colador
• il colino

lid • le couvercle • der Deckel • la tapa • il coperchio

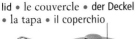

non-stick • anti-adhérent • kunststoffbeschichtet • antiadherente • antiaderente

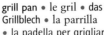

frying pan • la poêle • die Bratpfanne • la sartén • la padella

saucepan • la casserole • der Kochtopf • el cazo • la pentola

grill pan • le gril • das Grillblech • la parrilla • la padella per grigliare

wok • le wok • der Wok • el wok • il wok

earthenware dish • le fait-tout • der Schmortopf • la cazuela de barro • la casseruola di terracotta

glass • en verre • Glas- • de cristal • di vetro

ovenproof • allant au four • feuerfest • resistente al horno • pirofilo

mixing bowl • le grand bol • die Rührschüssel • el cuenco • la scodella

soufflé dish • le moule à soufflé • die Souffléform • el molde para suflé • lo stampo per soufflé

gratin dish • le plat à gratin • die Auflaufform • la fuente para gratinar • il piatto da gratin

ramekin • le ramequin • das Auflaufförmchen • el molde individual • lo stampo

casserole dish • la cocotte • die Kasserolle • la cazuela • la casseruola

baking cakes • la pâtisserie • das Kuchenbacken • la repostería • la cottura dei dolci

scales • la balance • die Haushaltswaage • la báscula de cocina • la bilancia

measuring jug • le pot gradué • der Messbecher • la jarra graduada • il bricco misuratore

cake tin • le moule à gâteaux • die Kuchenform • el molde para bizcocho • lo stampo per dolci

pie tin • la tourtière • die Pastetenform • el molde redondo • lo stampo per torte

flan tin • le moule à tarte • die Obstkuchen-form • la flanera • lo stampo per flan

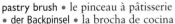

pastry brush • le pinceau à pâtisserie • der Backpinsel • la brocha de cocina • il pennello da cucina

rolling pin • le rouleau pâtissier • das Nudelholz • el rodillo de cocina • il matterello

piping bag • la poche à douille • der Spritzbeutel • la manga pastelera • la tasca da pasticciere

muffin tray • le moule à muffins • die Törtchen-form • el molde para magdalenas • la teglia per pasticcini

baking tray • la plaque à gâteaux • das Kuchenblech • la bandeja de horno • la placca da forno

cooling rack • la grille de refroidissement • das Abkühlgitter • la rejilla • la gratella

oven glove • le gant isolant • der Topfhandschuh • la manopla de cocina • il guanto da forno

apron • le tablier • die Schürze • el delantal • il grembiule

bedroom • la chambre • das Schlafzimmer • el dormitorio • la camera da letto

wardrobe
l'armoire
der Kleiderschrank
el armario
l'armadio

bedside lamp
la lampe de chevet
die Nachttischlampe
la lámpara de la mesilla
l'abat-jour

headboard
la tête de lit
das Kopfende
el cabecero
la testata

bedside table
la table de nuit
der Nachttisch
la mesilla de noche
il comodino

chest of drawers
la commode
die Kommode
la cómoda
il cassettone

drawer
le tiroir
die Schublade
el cajón
il cassetto

bed
le lit
das Bett
la cama
il letto

mattress
le matelas
die Matratze
el colchón
il materasso

bedspread
le couvre-lit
die Tagesdecke
la colcha
il copriletto

pillow
l'oreiller
das Kopfkissen
la almohada
il guanciale

hot-water bottle
• la bouillotte • die
Wärmflasche • la bolsa
de agua caliente
• la borsa calda

clock radio • le radio-
réveil • der Radiowecker
• la radio despertador
• la radiosveglia

alarm clock • le réveil
• der Wecker • el
reloj despertador
• la sveglia

box of tissues • la boîte
de kleenex • die
Papiertaschentuchschachtel
• la caja de pañuelos
de papel • la scatola
di fazzolettini

coat hanger • le cintre
• der Kleiderbügel • la
percha • la gruccia

bed linen • le linge de lit • die Bettwäsche • la ropa de cama • la biancheria da letto

pillowcase
la taie d'oreiller
der Kissenbezug
la funda de la almohada
la federa

sheet
le drap
das Bettlaken
la sábana
il lenzuolo

valance
la frange de lit
der Volant
el cubrecanapé
la balza

mirror
le miroir
der Spiegel
el espejo
lo specchio

dressing table
la coiffeuse
der Frisiertisch
el tocador
la toeletta

floor
le sol
der Fußboden
el suelo
il pavimento

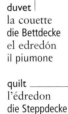

duvet
la couette
die Bettdecke
el edredón
il piumone

quilt
l'édredon
die Steppdecke
la colcha
la trapunta

blanket
la couverture
die Decke
la manta
la coperta

single bed le lit simple das Einzelbett la cama individual il letto singolo	**footboard** le pied de lit das Fußende el estribo la pedana del letto	**insomnia** l'insomnie die Schlaflosigkeit el insomnio l'insonnia	**wake up** *(v)* se réveiller aufwachen despertarse svegliarsi	**set the alarm** *(v)* mettre le réveil den Wecker stellen poner el despertador mettere la sveglia
double bed le grand lit das Doppelbett la cama de matrimonio il letto matrimoniale	**spring** le ressort die Sprungfeder el muelle la molla	**go to bed** *(v)* se coucher ins Bett gehen acostarse andare a letto	**get up** *(v)* se lever aufstehen levantarse alzarsi	**snore** *(v)* ronfler schnarchen roncar russare
electric blanket la couverture chauffante die Heizdecke la manta eléctrica la termocoperta	**carpet** le tapis der Teppich la moqueta il tappeto	**go to sleep** *(v)* s'endormir einschlafen dormirse addormentarsi	**make the bed** *(v)* faire le lit das Bett machen hacer la cama fare il letto	**built-in wardrobe** l'armoire encastrée der Einbauschrank el armario empotrado l'armadio a muro

english • français • deutsch • español • italiano

bathroom • la salle de bain • das Badezimmer • el cuarto de baño • la stanza da bagno

towel rail
le porte-serviettes
der Handtuchhalter
el toallero
il portasciugamani

shower door
la porte de douche
die Duschtür
la puerta de la ducha
la porta della doccia

cold tap
le robinet d'eau froide
der Kaltwasserhahn
el grifo de agua fría
il rubinetto dell'acqua fredda

hot tap
le robinet d'eau chaude
der Heißwasserhahn
el grifo de agua caliente
il rubinetto dell'acqua calda

shower head
le pommeau de douche
der Duschkopf
la alcachofa de la ducha
il soffione della doccia

washbasin
le lavabo
das Waschbecken
el lavabo
il lavandino

shower
la douche
die Dusche
la ducha
la doccia

plug
la bonde
der Stöpsel
el tapón
il tappo

drain
le tuyau d'écoulement
der Abfluss
el desagüe
lo scolo

toilet seat
le siège des toilettes
der Toilettensitz
la tapa del wáter
il sedile

bathtub • la baignoire
• die Badewanne • la bañera
• la vasca

toilet
les toilettes
die Toilette
el wáter
il water

bidet • le bidet • das Bidet
• el bidé • il bidè

toilet brush
la brosse
die Toilettenbürste
la escobilla del wáter
la spazzola da water

medicine cabinet
la pharmacie de ménage
die Hausapotheke
el armario de las medicinas
l'armadietto dei medicinali

bath mat
le tapis de bain
die Bademmatte
la alfombrilla de baño
lo scendibagno

dental hygiene • l'hygiène dentaire • die Zahnpflege • la higiene dental • l'igiene dentale

toilet roll
le rouleau de papier hygiénique
die Rolle Toilettenpapier
el rollo de papel higiénico
la carta igienica

shower curtain
le rideau de douche
der Duschvorhang
la cortina de ducha
la tenda da doccia

toothbrush • la brosse à
dents • die Zahnbürste
• el cepillo de dientes
• lo spazzolino da denti

dental floss
le fil dentaire
die Zahnseide
el hilo dental
il filo interdentale

take a shower *(v)*
prendre une douche
duschen
darse una ducha
farsi la doccia

take a bath *(v)*
prendre un bain
baden
darse un baño
farsi il bagno

toothpaste • le dentifrice
• die Zahnpasta • la pasta
de dientes • il dentifricio

mouthwash • l'eau dentifrice
• das Mundwasser • el
enjuague bucal • il collutorio

sponge • l'éponge • der Schwamm • la esponja • la spugna

pumice stone • la pierre ponce • der Bimsstein • la piedra pómez • la pomice

back brush • la brosse pour le dos • die Rückenbürste • el cepillo para la espalda • la spazzola

deodorant • le déodorant • das Deo • el desodorante • il deodorante

soap dish
le porte-savon
die Seifenschale
la jabonera
il portasapone

soap • le savon • die Seife • el jabón • il sapone

shower gel
le gel douche
das Duschgel
el gel de ducha
il gel per la doccia

face cream • la crème pour le visage • die Gesichtscreme • la crema para la cara • la crema per il viso

bubble bath • le bain moussant • das Schaumbad • el gel de baño • il bagnoschiuma

hand towel
la serviette
das Handtuch
la toalla de lavabo
l'asciugamano piccolo

bath towel
la serviette de bain
das Badetuch
la toalla de baño
l'asciugamano grande

towels • les serviettes • die Handtücher • las toallas • gli asciugamani

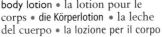

body lotion • la lotion pour le corps • die Körperlotion • la leche del cuerpo • la lozione per il corpo

talcum powder • le talc • der Körperpuder • los polvos de talco • il talco

bathrobe • le peignoir • der Bademantel • el albornoz • l'accappatoio

---

shaving • le rasage • das Rasieren • el afeitado • la rasatura

electric razor
le rasoir électrique
der Elektrorasierer
la maquinilla eléctrica
il rasoio elettrico

razor blade
la lame de rasoir
die Rasierklinge
la hoja de afeitar
la lametta

shaving foam • la mousse à raser • der Rasierschaum • la espuma de afeitar • la schiuma da barba

disposable razor • le rasoir jetable • der Einwegrasierer • la cuchilla de afeitar desechable • il rasoio monouso

aftershave • l'after-shave • das Rasierwasser • el aftershave • il dopobarba

---

nursery • la chambre d'enfants • das Kinderzimmer • la habitación de los niños • la camera dei bambini

baby care • les soins de bébé • **die Säuglingspflege** • el cuidado del bebé • l'igiene del neonato

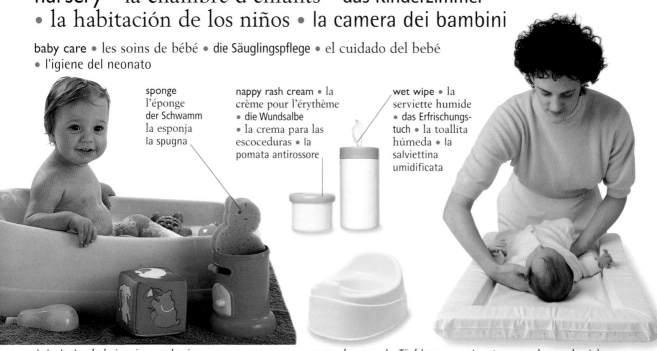

sponge
l'éponge
der Schwamm
la esponja
la spugna

nappy rash cream • la crème pour l'érythème • die Wundsalbe • la crema para las escoceduras • la pomata antirossore

wet wipe • la serviette humide • das Erfrischungstuch • la toallita húmeda • la salviettina umidificata

baby bath • la baignoire en plastique • die Babywanne • la bañera de plástico • la vaschetta

potty • le pot • das Töpfchen • el orinal • il vasino

changing mat • le matelas à langer • die Wickelmatte • el cambiador • il materassino

sleeping • le coucher • **das Schlafen** • la hora de dormir • dormire

mobile
le mobile
das Mobile
el móvil
la giostrina

bars
les barreaux
die Gitterstäbe
los barrotes
le sbarre

bumper
le protège-barreaux
der Kopfschutz
la chichonera
il paracolpi

mattress • le matelas • die Matratze • el colchón • il materasso

cot • le lit d'enfant • das Kinderbett • la cuna • il lettino

sheet
le drap
das Laken
la sábana
il lenzuolo

blanket • la couverture • die Decke • la manta • la coperta

fleece • la couverture laineuse • die Flauschdecke • el vellón • la felpa

bedding • la literie • das Bettzeug • la ropa de cama • la biancheria da letto

moses basket • le moïse • das Körbchen • el moisés • il portabebè

rattle • le hochet • die Rassel • el sonajero • il sonaglio

playing • le jeu • das Spielen • los juegos • il gioco

doll • la poupée • die Puppe • la muñeca • la bambola

soft toy • le jouet en peluche • das Kuscheltier • el muñeco de peluche • il giocattolo di pezza

doll's house • la maison de poupée • das Puppenhaus • la casa de muñecas • la casa delle bambole

playhouse • la maison pliante • das Spielhaus • la casa de juguete • la casa da gioco

teddy bear • l'ours en peluche • der Teddy • el oso de peluche • l'orsacchiotto

toy
le jouet
das Spielzeug
el juguete
il giocattolo

ball
la balle
der Ball
la pelota
la palla

toy basket • le panier à jouets • der Spielzeugkorb • el cesto de los juguetes • il cesto dei giocattoli

playpen • le parc • der Laufstall • el parque • il box

safety • la sécurité • die Sicherheit • la seguridad • la sicurezza

child lock • la serrure de sécurité • die Kindersicherung • el cierre de seguridad • il fermo di sicurezza

baby monitor • le moniteur • die Babysprechanlage • el escuchabebés • l'interfono

stair gate • la barrière d'escalier • das Treppengitter • la barrera de seguridad • lo sbarramento

eating • le manger • das Essen • la comida • il pasto

high chair • la chaise haute • der Kinderstuhl • la trona • il seggiolone

teat • la tétine • der Sauger • la tetina • la tettarella

drinking cup
la tasse
der Babybecher
la taza
la tazza per bere

bottle • le biberon • die Babyflasche • el biberón • il biberon

going out • la sortie • das Ausgehen • el paseo • la passeggiata

pushchair • la poussette • der Sportwagen • la silleta de paseo • il passeggino

hood
la capote
das Verdeck
la capota
la capote

pram • le landau • der Kinderwagen • el cochecito de niños • la carrozzina

carrycot • le couffin • das Tragebettchen • el capazo • la culla portatile

nappy
la couche
die Windel
el pañal
il pannolino

changing bag • le sac • die Babytasche • la bolsa del bebé • la borsa per il cambio

baby sling • le porte-bébé • die Babytrageschlinge • la mochila de bebé • il marsupio

utility room • la buanderie • der Allzweckraum • el lavadero • la lavanderia

laundry • le linge • die Wäsche • la colada • il bucato

dirty washing
le linge sale
die schmutzige Wäsche
la ropa sucia
i panni sporchi

clean clothes
le linge propre
die saubere Wäsche
la ropa limpia
i vestiti puliti

laundry basket
• le panier à linge
• der Wäschekorb • el
cesto de la colada
• il cesto della
biacheria da lavare

washing machine
• le lave-linge • die
Waschmaschine • la
lavadora • la lavatrice

washer-dryer • le lave-
linge séchant • der
Waschtrockner • la
lavadora secadora
• la lavasciuga

tumble dryer
• le sèche-linge • der
Trockner • la secadora
• l'asciugabiancheria

linen basket • le panier
à linge • der Wäschekorb
• el cesto de la ropa
de plancha • il cesto
della biancheria pulita

clothes line
la corde à linge
die Wäscheleine
la cuerda para tender la ropa
la corda per bucato

iron • le fer à repasser
• das Bügeleisen
• la plancha
• il ferro da stiro

clothes peg
la pince à linge
die Wäscheklammer
la pinza para la ropa
la molletta

dry (v) • sécher • trocknen • secar • asciugare

ironing board • la planche à repasser • das Bügelbrett
• la tabla de la plancha • l'asse da stiro

load (v)	spin (v)	iron (v)	How do I operate the washing machine?
charger	essorer	repasser	Comment fonctionne le lave-linge?
füllen	schleudern	bügeln	Wie benutze ich die Waschmaschine?
cargar	centrifugar	planchar	¿Cómo funciona la lavadora?
caricare	centrifugare	stirare	Come funziona la lavatrice?
rinse (v)	spin dryer	fabric conditioner	What is the setting for coloureds/whites?
rincer	l'essoreuse	le produit assouplissant	Quel est le programme pour les couleurs/le blanc?
spülen	die Wäscheschleuder	der Weichspüler	Welches Programm nehme ich für farbige/weiße Wäsche?
aclarar	la centrifugadora	el suavizante	¿Cuál es el programa para la ropa de color/blanca?
sciacquare	la centrifuga	l'ammorbidente	Qual è il programma per i tessuti colorati/bianchi?

english • français • deutsch • español • italiano

cleaning equipment • l'équipement d'entretien • die Reinigungsartikel • el equipo de limpieza • gli accessori per la pulizia

suction hose • le tuyau flexible • der Saugschlauch • el tubo de la aspiradora • il tubo di aspirazione

brush la balayette der Handfeger el cepillo la spazzola

dust pan • la pelle • die Müllschaufel • el recogedor • la paletta

bleach • l'eau de Javel • das Reinigungsmittel • la lejía • la varechina

bucket le seau der Eimer el cubo il secchio

powder la poudre das Pulver en polvo en polvere

liquid le liquide die Flüssigkeit líquido liquido

duster • le chiffon • das Staubtuch • el trapo del polvo • lo spolverino

vacuum cleaner • l'aspirateur • der Staubsauger • la aspiradora • l'aspirapolvere

mop • le balai laveur • der Mopp • la fregona • la scopa lavapavimenti

detergent • le détergent • das Waschmittel • el detergente • il detergente

polish • la cire • die Politur • la cera • la cera

activities • les activités • die Tätigkeiten • las acciones • le attività

clean (v) • nettoyer • putzen • limpiar • pulire

wash (v) • laver • spülen • fregar • lavare

wipe (v) • essuyer • wischen • pasar la bayeta • asciugare

scrub (v) • laver à la brosse • schrubben • restregar • fregare

scrape (v) • racler • kratzen • raspar • raschiare

broom le balai der Besen la escoba la scopa

sweep (v) • balayer • fegen • barrer • spazzare

dust (v) • épousseter • Staub wischen • limpiar el polvo • spolverare

polish (v) • cirer • polieren • sacar brillo • lucidare

workshop • l'atelier • die Heimwerkstatt • el taller • il laboratorio

chuck
le mandrin
das Bohrfutter
el cabezal
il mandrino

drill bit
la mèche
der Bohrer
la broca
la punta

battery pack
la pile
die Batterie
la batería
la batteria

jigsaw • la scie sauteuse • die Stichsäge • la sierra de vaivén • la sega da traforo

rechargeable drill • la perceuse rechargeable • der Bohrer mit Batteriebetrieb • el taladro inalámbrico • il trapano ricaricabile

electric drill • la perceuse électrique • der Elektrobohrer • el taladro eléctrico • il trapano elettrico

glue gun • le pistolet à colle • die Leimpistole • la pistola para encolar • la pistola per colla

clamp • le serre-joint • die Zwinge • la abrazadera • il morsetto

blade • la lame • das Blatt • la cuchilla • la lama

vice • l'étau • der Schraubstock • el torno de banco • la morsa

sander • la ponceuse • die Schleifmaschine • la lijadora • la levigatrice

circular saw • la scie circulaire • die Kreissäge • la sierra circular • la sega circolare

workbench • l'établi • die Werkbank • el banco de trabajo • il banco da lavoro

wood glue
la colle à bois
der Holzleim
la cola de carpintero
la colla da legno

tool rack
• le porte-outils
• das Werkzeuggestell
• el organizador de las herramientas
• la rastrelliera per gli arnesi

router
la guimbarde
der Grundhobel
la guimbarda
la contornitrice

bit brace
le vilebrequin
die Bohrwinde
el taladro manual
il girabacchino

wood shavings
les copeaux
die Holzspäne
las virutas de madera
i trucioli

extension lead
le prolongateur
die Verlängerungsschnur
el alargador
la prolunga

techniques • les techniques • die Fertigkeiten • las técnicas • le tecniche

cut (v) • découper • schneiden • cortar • tagliare

saw (v) • scier • sägen • serrar • segare

drill (v) • percer • bohren • taladrar • forare

hammer (v) • marteler • hämmern • clavar con el martillo • martellare

plane (v) • raboter • hobeln • alisar • piallare

turn (v) • tourner • drechseln • tornear • tornire

solder
la soudure
der Lötzinn
el hilo de estaño
la lega per saldatura

carve (v) • sculpter • schnitzen • tallar • incidere

solder (v) • souder • löten • soldar • saldare

materials • les matériaux • die Materialien • los materiales • i materiali

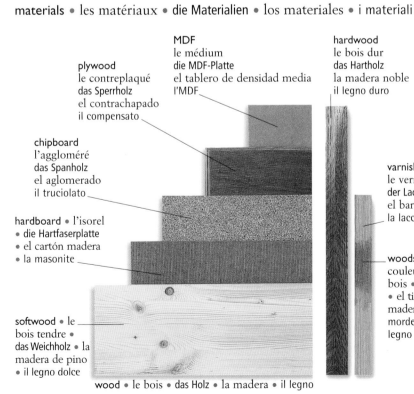

plywood
le contreplaqué
das Sperrholz
el contrachapado
il compensato

chipboard
l'aggloméré
das Spanholz
el aglomerado
il truciolato

hardboard • l'isorel
• die Hartfaserplatte
• el cartón madera
• la masonite

softwood • le
bois tendre •
das Weichholz • la
madera de pino
• il legno dolce

wood • le bois • das Holz • la madera • il legno

MDF
le médium
die MDF-Platte
el tablero de densidad media
l'MDF

hardwood
le bois dur
das Hartholz
la madera noble
il legno duro

varnish
le vernis
der Lack
el barniz
la lacca

woodstain • la
couleur pour
bois • die Beize
• el tinte para
madera • il
mordente per
legno

wire
le fil de fer
der Draht
el alambre
il filo

cable • le câble • das Kabel
• el cable • il cavo

stainless steel
l'inox
der rostfreie Stahl
el acero inoxidable
l'acciaio inossidabile

galvanised
galvanisé
galvanisiert
galvanizado
zincato

metal • le métal • das Metall
• el metal • il metallo

toolbox • la boîte à outils • der Werkzeugkasten • la caja de las herramientas • la scatola degli attrezzi

spanner
la clef
der Schraubenschlüssel
la llave de boca
la chiave

adjustable spanner
• la clef à molette
• der verstellbare Schrauben-
schlüssel • la llave inglesa
• la chiave regolabile

hammer • le marteau
• der Hammer • el martillo
• il martello

needle-nose pliers • la pince plate
• die Flachzange • las tenazas de
alambre • le pinze ad ago

socket wrench • la clef à pipe • der Steckschlüssel
• la llave de tubo • la chiave a tubo

screwdriver bits
• les embouts de
tournevis • die
Schraubenziehereinsätze
• los cabezales de
destornillador • la
punte per cacciavite

screwdriver
le tournevis
der Schraubenzieher
el destornillador
il cacciavite

spirit level
le niveau
die Wasserwaage
el nivel
la livella

washer
le joint
der Dichtungsring
la arandela
la rondella

nut
l'écrou
die Mutter
la tuerca
il dado

tape measure • le mètre • das
Metermaß • la cinta métrica
• il metro

knife
le couteau
der Schneider
el cúter
il coltello

bull-nose pliers • la pince universelle
• die Kombinationszange • los alicates
• le pinze tonde

socket • la douille • die Tülle
• el encaje • la bussola

Allen key • la clef • der Schlüssel
• la llave • la chiave

---

drill bits • les forets • die Bohrer • las brocas • le punte

metal bit • le foret à métaux
• der Metallbohrer • la broca para
metal • la punta per metalli

flat wood bit • le foret à bois plat
• der Flachholzbohrer • la broca para
madera • la punta piana per legno

reamer
l'alésoir
die Reibahle
el escariador
l'alesatore

carpentry bits
• les forets de bois
• die Holzbohrer
• las brocas para
madera • le punte
da falegnameria

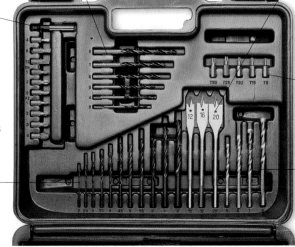

phillips screwdriver • le tournevis cruciforme
• der Kreuzschlitzschraubenzieher • el
destornillador de estrella • il cacciavite a croce

head • la tête
• der Nagelkopf • la
cabeza • la testa

security bit
le foret de sécurité
der Sicherheitsbohrer
la broca de seguridad
la punta di sicurezza

nail • le clou • der
Nagel • el clavo
• il chiodo

masonry bit
le foret de maçonnerie
der Mauerwerkbohrer
la broca de albañilería
la punta per muratura

screw • la vis • die
Schrauben • el tornillo
• la vite

wire strippers • la pince à dénuder • die Entisolierzange • el pelacables • la pinza spelafilo

wire cutters • la pince coupante • der Drahtschneider • el cortaalambres • la pinza tagliafilo

insulating tape le ruban isolant das Isolierband la cinta aislante il nastro isolante

soldering iron le fer à souder der Lötkolben el soldador il saldatoio

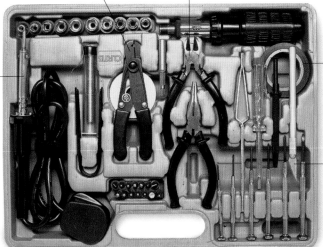

scalpel le scalpel das Skalpell el escalpelo il bisturi

fretsaw • la scie à chantourner • die Schweifsäge • la sierra de calar • la sega da traforo

solder la soudure der Lötzinn el hilo de estaño le lega per saldatura

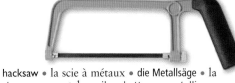

tenon saw • la scie à dosseret • die Profilsäge • el serrucho de costilla • la sega per tenoni

safety goggles • les lunettes de sécurité • die Schutzbrille • las gafas de seguridad • gli occhiali protettivi

plane • le rabot • der Hobel • el cepillo • la pialla

handsaw • la scie égoïne • der Fuchsschwanz • el serrucho • il seghetto

mitre block • la boîte à onglets • die Gehrungslade • la caja para cortar en inglete • la cassetta guidalama per ugnature

wire wool • la paille de fer • die Stahlwolle • la lana de acero • la lana d'acciaio

hacksaw • la scie à métaux • die Metallsäge • la sierra para metales • il seghetto per metalli

hand drill • la perceuse manuelle • der Handbohrer • el taladro manual • il trapano manuale

wrench • la clef serre-tube • die Rohrzange • las tenazas • la chiave inglese

sandpaper • le papier de verre • das Schmirgelpapier • el papel de lija • la carta vetrata

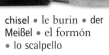

chisel • le burin • der Meißel • el formón • lo scalpello

plunger • la ventouse • der Sauger • el desatascador • lo sturalavandini

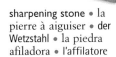

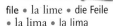

file • la lime • die Feile • la lima • la lima

sharpening stone • la pierre à aiguiser • der Wetzstahl • la piedra afiladora • l'affilatore

pipe cutter • le coupe-tube • der Rohrab-schneider • el cortatuberías • il tagliatubi

decorating • la décoration • das Tapezieren • la decoración • la decorazione

scissors • les ciseaux • die Tapezierschere • las tijeras • le forbici

craft knife • le cutter • das Tapeziermesser • el cúter • il coltello da pacchi

plumb line • le fil à plomb • das Senkblei • la cuerda de plomada • il filo a piombo

scraper • le grattoir • der Spachtel • el raspador • il raschietto

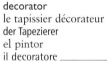

decorator
le tapissier décorateur
der Tapezierer
el pintor
il decoratore

wallpaper
le papier peint
die Tapete
el papel pintado
la carta da parati

stepladder
l'escabeau
die Trittleiter
la escalera de mano
la scala a libretto

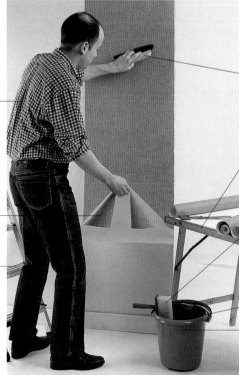

wallpaper brush
• la brosse à tapisser
• die Tapezierbürste
• la brocha de empapelador
• la spazzola

pasting table
la table à encoller
der Tapeziertisch
la mesa de encolar
il tavolo da lavoro

pasting brush
la brosse à encoller
die Kleisterbürste
la brocha de encolar
il pennello da colla

wallpaper paste • la colle à tapisser • der Tapetenkleister • la cola para empapelar • la colla da parati

bucket
le seau
der Eimer
el cubo
il secchio

wallpaper (v) • tapisser • tapezieren • empapelar • tappezzare

strip (v) • décoller • abziehen • arrancar • staccare

fill (v) • mastiquer • spachteln • rellenar • otturare

sand (v) • poncer • schmirgeln • lijar • scartavetrare

plaster (v) • plâtrer • verputzen • enyesar • intonacare

hang (v) • poser • anbringen • empapelar • incollare

tile (v) • carreler • kacheln • alicatar • piastrellare

roller
le rouleau
der Roller
el rodillo
il rullo

paint tray • le bac à peinture • die Wanne • la bandeja para la pintura • la vaschetta per la vernice

paint • la peinture • die Farbe • la pintura • la vernice

brush
la brosse
die Streichbürste
la brocha
il pennello

sponge • l'éponge • der Schwamm • la esponja • la spugna

masking tape • le papier cache • das Abdeckband • la cinta adhesiva protectora • il nastro adesivo coprente

sandpaper • le papier de verre • das Schmirgelpapier • el papel de lija • la carta vetrata

paint tin
le pot de peinture
der Farbtopf
la lata de pintura
il barattolo di vernice

overalls
les bleus
der Overall
el mono
la tuta

turpentine
la térébenthine
das Terpentin
la trementina
la trementina

dustsheet
la couverture de protection
das Abdecktuch
el protector
il telo di protezione

filler • le mastic • die Spachtelmasse • la masilla • lo stucco

white spirit • le white-spirit • das Verdünnungsmittel • el aguarrás • l'acquaragia

paint (v) • peindre • anstreichen • pintar • dipingere

plaster	gloss	embossed paper	undercoat	sealant
le plâtre	brillant	le papier gaufré	la couche de fond	l'enduit
der Gips	Glanz-	das Relieftapete	die Grundierung	das Versiegelungsmittel
el yeso	con brillo	el papel estampado en relieve	la primera mano	el sellante
l'intonaco	lucido	la carta a rilievo	la mano di fondo	il sigillante
varnish	mat	lining paper	top coat	solvent
le vernis	mat	le papier d'apprêt	la dernière couche	le solvant
der Lack	matt	das Einsatzpapier	der Deckanstrich	das Lösungsmittel
el barniz	mate	el papel de apresto	la última mano	el disolvente
la vernice trasparente	opaco	la carta di fondo	la mano finale	il solvente
emulsion	stencil	primer	preservative	grout
la peinture mate	le pochoir	l'apprêt	l'agent de conservation	le mastic
die Emulsionsfarbe	die Schablone	die Grundfarbe	der Schutzanstrich	der Fugenkitt
la pintura al agua	la plantilla	la imprimación	el conservante	el cemento blanco
la pittura	lo stampino	la vernice di base	il conservante	la malta

garden • le jardin • der Garten • el jardín • il giardino

garden styles • les styles de jardin • die Gartentypen • los estilos de jardín • i tipi di giardino

patio garden • le patio • der Patio • la terraza ajardinada • il giardino a patio

formal garden • le jardin à la française • der architektonische Garten • el jardín clásico • il giardino all'italiana

cottage garden • le jardin paysan • der Bauerngarten • el jardín campestre • il giardino all'inglese

herb garden • le jardin d'herbes aromatiques • der Kräutergarten • el jardín de plantas herbáceas • il giardino di erbe

roof garden • le jardin sur le toit • der Dachgarten • el jardín en la azotea • il giardino pensile

rock garden • la rocaille • der Steingarten • la rocalla • il giardino di rocce

courtyard • la cour • der Hof • el patio • il cortile

water garden • le jardin d'eau • der Wassergarten • el jardín acuático • il giardino acquatico

garden features • les ornements de jardin • die Gartenornamente • los adornos para el jardín • gli ornamenti per il giardino

hanging basket • le panier suspendu • die Blumenampel • la cesta colgante • il cesto sospeso

trellis • le treillis • das Spalier • la espaldera • il graticcio

pergola • la pergola • die Pergola • la pérgola • la pergola

paving
le pavé
die Platten
la terraza
la pavimentazione

path
l'allée
der Weg
el camino
il sentiero

compost heap
le tas de compost
der Komposthaufen
el montón de abono compuesto
la concimaia

gate
le portail
das Tor
la puerta
il cancello

flowerbed
le parterre
das Blumenbeet
el parterre
l'aivola

shed
la cabane
der Schuppen
el cobertizo
il capanno

lawn
la pelouse
der Rasen
el césped
il prato

greenhouse
la serre
das Gewächshaus
el invernadero
la serra

pond
le bassin
der Teich
el estanque
il laghetto

fence
la clôture
der Zaun
la valla
il recinto

hedge
la haie
die Hecke
el seto
la siepe

arch
l'arceau
der Bogen
el arco
l'arco

vegetable garden
le potager
der Gemüsegarten
el huerto
l'orto

herbaceous border
la bordure de plantes herbacées
die Staudenrabatte
el arriate de plantas herbáceas
il bordo erbaceo

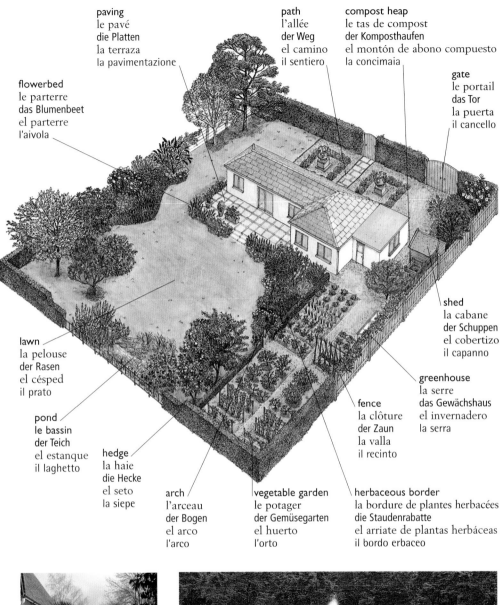

soil • le sol • der Boden • la tierra • il terreno

topsoil • la terre • die Erde • la capa superior de la tierra • lo strato superficiale

sand • le sable • der Sand • la arena • la sabbia

chalk • la chaux • der Kalk • la creta • il calcare

silt • le vase • der Schlick • el cieno • il limo

clay • l'argile • der Lehm • la arcilla • l'argilla

decking • les planches • die Planken • el entarimado • il tavolato

fountain • la fontaine • der Springbrunnen • la fuente • la fontana

garden plants • les plantes de jardin • die Gartenpflanzen • las plantas de jardín • le piante da giardino

types of plants • les genres de plantes • die Pflanzenarten • los tipos de plantas • i tipi di piante

annual • annuel • einjährig • anual • annuale

biennial • bisannuel • zweijährig • bienal • biennale

perennial • vivace • mehrjährig • perenne • perenne

bulb • le bulbe • die Zwiebel • el bulbo • il bulbo

fern • la fougère • der Farn • el helecho • la felce

rush • le jonc • die Binse • el junco • il giunco

bamboo • le bambou • der Bambus • el bambú • il bambù

weeds • les mauvaises herbes • das Unkraut • las malas hierbas • le erbacce

herb • l'herbe • das Kraut • la hierba • le erbe aromatica

water plant • la plante aquatique • die Wasserpflanze • la planta acuática • la pianta acquatica

tree • l'arbre • der Baum • el árbol • l'albero

palm • le palmier • die Palme • la palmera • la palma

conifer • le conifère • der Nadelbaum • la conífera • la conifera

evergreen • à feuilles persistantes • immergrün • de hoja perenne • sempreverde

deciduous • à feuilles caduques • der Laubbaum • de hoja caduca • a foglie caduche

topiary • la topiaire • der Formschnitt • las plantas podadas con formas • l'arte topiaria

alpine • la plante alpestre • die Alpenpflanze • la planta alpestre • le piante da roccia

succulent • la plante grasse • die Fettpflanze • la planta suculenta • la pianta grassa

cactus • le cactus • der Kaktus • el cactus • il cactus

potted plant • la plante en pot • die Topfpflanze • la planta de maceta • la pianta da vaso

shade plant • la plante d'ombre • die Schattenpflanze • la planta de sombra • la pianta d'ombra

climber
la plante grimpante
die Kletterpflanze
la planta trepadora
il rampicante

flowering shrub
l'arbuste à fleurs
der Zierstrauch
el arbusto de flor
l'arbusto da fiore

ground cover
• la couverture du sol • der Bodendecker • la planta para cubrir suelo • la pianta copriterreno

creeper
la plante rampante
die Kriechpflanze
la planta trepadora
la pianta strisciante

ornamental
ornemental
Zier-
ornamental
ornamentale

grass
l'herbe
das Gras
el césped
l'erba

garden tools • les outils de jardin • die Gartengeräte • las herramientas de jardinería • gli attrezzi da giardino

compost • le terreau
• die Komposterde
• el abono compuesto
• il terriccio

lawn rake
le balai à gazon
der Laubrechen
el rastrillo para el césped
la scopa di ferro

seeds • les graines
• die Samen • las
semillas • i semi

bone meal • la cendre
d'os • die Knochenasche
• la harina de huesos
• la farina di ossa

spade • la bêche
• der Spaten
• la pala
• la vanga

fork • la fourche
• die Gabel
• la horca
• il forcone

long-handled shears • la
grande cisaille • die Schere
• la podadera de mango
largo • le forbici tagliabordi

rake • le râteau
• der Rechen
• el rastrillo
• il rastrello

hoe • la houe
• die Hacke
• la azada
• la zappa

gravel • le gravier
• der Kies • la grava
• la ghiaia

grass bag
le sac à herbe
der Grasfangsack
la bolsa para la hierba
il raccoglierba

motor
le moteur
der Motor
el motor
il motore

handle
le bras
der Griff
el asa
il manico

trug • le panier de jardinier
• der Gartenkorb • la cesta de
jardinero • il cestello

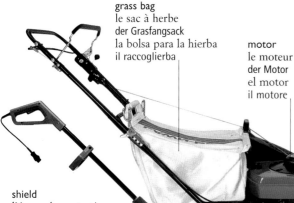

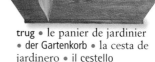

shield
l'écran de protection
der Schutz
el protector
la protezione

stand
le support
der Ständer
el soporte
il sostegno

trimmer • la tondeuse
• der Schneider • el
guarnecedor • il tagliabordi

lawnmower • la tondeuse
à gazon • der Rasenmäher
• el cortacésped • il tosaerba

wheelbarrow • la brouette
• der Schubkarren • la carretilla
• la carriola

hand fork • la petite fourche • die Handgabel • la horquilla • la forchetta

trowel • le déplantoir • die Pflanzschaufel • el desplantador • la paletta

blade
la lame
das Messer
la hoja
la lama

shears • la cisaille • die Heckenschere • la cizalla • le forbici da giardino

hand saw • la scie à main • die Handsäge • la sierra de mano • la sega

secateurs • le sécateur • die Rosenschere • las tijeras de podar • la cesoia

seed tray • le germoir • der Setzkasten • el semillero • il semenzaio

pesticide
le pesticide
das Pestizid
el pesticida
il pesticida

gardening gloves
les gants de jardinage
die Gartenhandschuhe
los guantes de jardín
i guanti da giardinaggio

twine
la ficelle
der Zwirn
el hilo de bramante
lo spago

labels
les étiquettes
die Pflanzenschildchen
las etiquetas
le etichette

twist ties
les attaches
die Befestigungen
el alambre
le fettucce

ring ties
les anneaux
die Ringbefestigungen
las anillas
gli anelli

canes
les cannes
die Gartenstöcke
las cañas
le canne

sieve
le tamis
das Sieb
la criba
il setaccio

plant pot
le pot à fleurs
der Blumentopf
la maceta
il vaso da fiori

rubber boots • les bottes • die Gummistiefel • las botas de goma • le galosce

watering • l'arrosage • das Gießen • el riego • l'annaffiatura

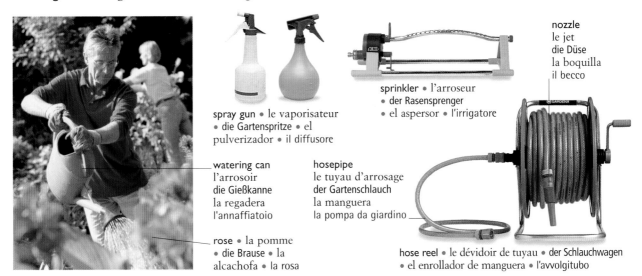

spray gun • le vaporisateur • die Gartenspritze • el pulverizador • il diffusore

watering can
l'arrosoir
die Gießkanne
la regadera
l'annaffiatoio

rose • la pomme • die Brause • la alcachofa • la rosa

hosepipe
le tuyau d'arrosage
der Gartenschlauch
la manguera
la pompa da giardino

sprinkler • l'arroseur • der Rasensprenger • el aspersor • l'irrigatore

nozzle
le jet
die Düse
la boquilla
il becco

hose reel • le dévidoir de tuyau • der Schlauchwagen • el enrollador de manguera • l'avvolgitubo

gardening • le jardinage • die Gartenarbeit • la jardinería • il giardinaggio

lawn
la pelouse
der Rasen
el césped
il prato

flowerbed
le parterre
das Blumenbeet
el parterre
l'aiuola

lawnmower
la tondeuse
der Rasenmäher
el cortacésped
il tosaerba

hedge
la haie
die Hecke
el seto
la siepe

stake
le tuteur
die Stange
la estaca
il tutore

mow (v) • tondre • mähen • cortar el césped • tagliare l'erba

turf (v) • gazonner • mit Rasen bedecken • poner césped • ricoprire di zolle erbose

spike (v) • piquer • stechen • hacer agujeros con la horquilla • inforcare

rake (v) • ratisser • harken • rastrillar • rastrellare

trim (v) • tailler • stutzen • podar • spuntare

dig (v) • bêcher • graben • cavar • scavare

sow (v) • semer • säen • sembrar • seminare

top dress (v) • fumer en surface • mit Kopfdünger düngen • abonar en la superficie • concimare a spandimento

water (v) • arroser • gießen • regar • annaffiare

train *(v)* • palisser • ziehen • guiar • far crescere

deadhead *(v)* • enlever les fleurs fanées • köpfen • quitar las flores muertas • togliere i fiori appassiti

spray *(v)* • asperger • sprühen • rociar • spruzzare

cane
la canne
der Stock
la caña
la canna

graft *(v)* • greffer • pfropfen • injertar • innestare

cutting
la coupe
der Ableger
el esqueje
la talea

propagate *(v)* • propager • vermehren • propagar • propagare

prune *(v)* • élaguer • beschneiden • podar • potare

stake *(v)* • mettre un tuteur • hochbinden • apuntalar • legare a un tutore

transplant *(v)* • transplanter • umpflanzen • transplantar • trapiantare

weed *(v)* • désherber • jäten • escardar • sradicare le erbacce

mulch *(v)* • pailler • mulchen • cubrir la tierra • coprire con un strato protettivo

harvest *(v)* • récolter • ernten • cosechar • raccogliere

cultivate *(v)* cultiver züchten cultivar coltivare	landscape *(v)* dessiner gestalten diseñar architettare	fertilize *(v)* fertiliser düngen abonar concimare	sieve *(v)* tamiser sieben cribar setacciare	organic biologique biodynamisch biológico biologico	seedling le semis der Sämling el plantón il semenzale	subsoil le sous-sol der Untergrund el subsuelo il sottosuolo
tend *(v)* soigner hegen cuidar curare	pot up *(v)* mettre en pot eintopfen plantar en tiesto invasare	pick *(v)* cueillir pflücken arrancar cogliere	aerate *(v)* retourner auflockern airear aerare	drainage le drainage die Entwässerung el drenaje lo scolo	fertilizer l'engrais der Dünger el abono il concime	weedkiller l'herbicide der Unkrautvernichter el herbicida il diserbante

services
les services
die Dienstleistungen
los servicios
i servizi

emergency services • les services d'urgence • die Notdienste • los servicios de emergencia • i servizi di emergenza

ambulance • l'ambulance • der Krankenwagen • la ambulancia • l'ambulanza

ambulance • l'ambulance • der Krankenwagen • la ambulancia • l'ambulanza

stretcher
le brancard
die Tragbahre
la camilla
la barella

paramedic • l'infirmier du SAMU • der Rettungssanitäter • el ambulancero • il paramedico

police • la police • die Polizei • la policía • la polizia

badge
le badge
die Kennmarke
la placa
il distintivo

uniform
l'uniforme
die Uniform
el uniforme
l'uniforme

truncheon
la matraque
der Gummiknüppel
la porra
il manganello

gun
le pistolet
die Pistole
la pistola
la pistola

handcuffs
les menottes
die Handschellen
las esposas
le manette

police officer • le policier • der Polizist • el agente de policía • l'agente

lights
les feux
das Licht
las luces
le luci

siren
la sirène
die Sirene
la sirena
la sirena

police car • la voiture de police • das Polizeiauto • el coche de policía • l'auto della polizia

police station • le poste de police • die Polizeiwache • la estación de policía • la stazione di polizia

inspector	burglary	complaint	arrest
l'inspecteur	le cambriolage	la plainte	l'arrestation
der Inspektor	der Einbruchdiebstahl	die Beschwerde	die Festnahme
el comisario	el robo	la denuncia	el arresto
il commissario	il furto	la denuncia	l'arresto
detective	assault	investigation	police cell
l'officier de police	l'agression	l'enquête	la cellule
der Kriminalbeamte	die Körperverletzung	die Ermittlung	die Polizeizelle
el detective	la agresión	la investigación	la celda
l'investigatore	l'aggressione	l'indagine	la cella
crime	fingerprint	suspect	charge
le crime	l' empreinte	le suspect	l'accusation
das Verbrechen	der Fingerabdruck	der Verdächtige	die Anklage
el crimen	la huella dactilar	el sospechoso	el cargo
il reato	l'impronta digitale	il sospetto	l'accusa

english • français • deutsch • español • italiano

fire brigade • les pompiers • die Feuerwehr • los bomberos • i vigili del fuoco

helmet • la casque
• der Schutzhelm • el
casco • il casco

smoke
la fumée
der Rauch
el humo
il fumo

hose
le tuyau
der Schlauch
la manguera
l'idrante

cradle
la nacelle
der Auslegerkorb
la cesta
la gabbia

water jet
le jet d'eau
der Wasserstrahl
el chorro de agua
il getto d'acqua

fire fighters • les
sapeurs-pompiers
• die Feuerwehrleute
• los bomberos
• i vigili del fuoco

boom
la flèche
der Ausleger
el brazo
il braccio

ladder
l'échelle
die Leiter
la escalera
la scala

cab
la cabine
die Fahrerkabine
la cabina
la cabina

fire • l'incendie • der Brand • el incendio • l'incendio

fire station • le poste
d'incendie • die Feuerwache
• el parque de bomberos
• la caserma dei vigili del fuoco

fire escape • l'escalier de
secours • die Feuertreppe • la
salida de incendios • la scala
di sicurezza

fire engine • la voiture de pompiers • das Löschfahrzeug
• el coche de bomberos • l'autopompa

smoke alarm • le
détecteur de fumée
• der Rauchmelder
• el detector de humos
• l'allarme antifumo

fire alarm • l'avertisseur
d'incendie • der
Feuermelder • la alarma
contra incendios
• l'allarme antincendio

axe • la hache • das
Beil • el hacha • l'ascia

fire extinguisher
• l'extincteur • der
Feuerlöscher • el
extintor • l'estintore

hydrant • la borne
d'incendie • der
Hydrant • la boca
de agua • l'idrante

I need the police/fire brigade/ambulance.
La police/les pompiers/une ambulance, s'il vous plaît.
Die Polizei/die Feuerwehr/einen Krankenwagen, bitte.
Necesito la policía/los bomberos/una ambulancia.
Ho bisogno della polizia/dei vigili del fuoco/di un'ambulanza.

There's a fire at…
Il y a un incendie à…
Es brennt in…
Hay un incendio en…
C'è un incendio a…

There's been an accident.
Il y a eu un accident.
Es ist ein Unfall passiert.
Ha habido un accidente.
C'è stato un incidente.

Call the police!
Appelez la police!
Rufen Sie die Polizei!
¡Llame a la policía!
Chiamate la polizia!

---

english • français • deutsch • español • italiano

bank • la banque • die Bank • el banco • la banca

customer
le client
der Kunde
el cliente
il cliente

window
le guichet
der Schalter
la ventanilla
lo sportello

cashier
le caissier
der Kassierer
el cajero
il cassiere

leaflets
les dépliants
die Broschüren
los folletos
i dépliants

counter
le comptoir
der Schalter
el mostrador
il banco

paying-in slips
les fiches de versement
die Einzahlungsscheine
las hojas de ingreso
i moduli di versamento

debit card
la carte bancaire
die EC-Karte
la tarjeta de débito
la carta di debito

stub
le talon
der Abschnitt
la matriz
la matrice

account number
le numéro de compte
die Kontonummer
el número de cuenta
il numero di conto

signature
la signature
die Unterschrift
la firma
la firma

amount
le montant
der Betrag
la cantidad
l'importo

cheque
le chèque
der Scheck
el cheque
l'assegno

bank manager • le directeur d'agence • der Filialleiter • el director de banco • il direttore

credit card • la carte de crédit • die Kreditkarte • la tarjeta de crédito • la carta di credito

chequebook • le carnet de chèques • das Scheckheft • el talonario de cheques • il libretto degli assegni

savings l'épargne die Spareinlagen los ahorros i risparmi	**mortgage** l'hypothèque die Hypothek la hipoteca l'ipoteca	**payment** le paiement die Zahlung el pago il pagamento	**pay in** (v) verser einzahlen ingresar versare	**current account** le compte courant das Girokonto la cuenta corriente il conto corrente
tax l'impôt die Steuer los impuestos l'imposta	**overdraft** le découvert die Kontoüberziehung el descubierto lo scoperto	**direct debit** le prélèvement der Einzugsauftrag la domiciliación bancaria l'addebito diretto	**bank transfer** le virement bancaire die Banküberweisung la transferencia bancaria il bonifico bancario	**savings account** le compte d'épargne das Sparkonto la cuenta de ahorros il conto di risparmio
loan le prêt das Darlehen el préstamo il prestito	**interest rate** le taux d'intérêt der Zinssatz el tipo de interés il tasso d'interesse	**withdrawal slip** la fiche de retrait das Abhebungsformular la hoja de reintegro il modulo di prelievo	**bank charge** les frais bancaire die Bankgebühr la comisión bancaria la commissione bancaria	**pin number** le code secret der PIN-Kode el pin il pin

coin
la pièce
die Münze
la moneda
la moneta

note
le billet
der Schein
el billete
la banconota

screen
l'écran
der Bildschirm
la pantalla
lo schermo

key pad
le clavier
das Tastenfeld
el teclado
la tastiera

card slot
la fente
der Kartenschlitz
la ranura de la tarjeta
la fessura per la carta

money • l'argent • das Geld
• el dinero • il denaro

cash machine • le distributeur • der Geldautomat
• el cajero automático • la cassa automatica

foreign currency • les devises étrangères • die ausländische Währung • las divisas • la valuta estera

traveller's cheque
le traveller
der Reisescheck
el cheque de viaje
il travel cheque

bureau de change • le bureau de change • die
Wechselstube • la oficina de cambio • l'ufficio
di cambio

exchange rate
le taux de change
der Wechselkurs
el tipo de cambio
il tasso di cambio

cash (v)	shares
encaisser	les actions
einlösen	die Aktien
cobrar	las acciones
incassare	le azioni
denomination	dividends
la valeur	les dividendes
der Nennwert	die Gewinnanteile
el valor nominal	los dividendos
la denominazione	i dividendi
commission	accountant
la commission	le comptable
die Provision	der Wirtschaftsprüfer
la comisión	el contable
la commissione	il contabile
investment	portfolio
l'investissement	le portefeuille
die Kapitalanlage	das Portefeuille
la inversión	la cartera
l'investimento	il portafoglio
stocks	equity
les titres	l'action
die Wertpapiere	die Stammaktie
las acciones	el patrimonio neto
i titoli	il capitale netto

Can I change this please?
Est-ce que je peux changer ça, s'il vous plaît?
Könnte ich das bitte wechseln?
¿Podría cambiar esto por favor?
Posso cambiare questo?

What's today's exchange rate?
Quel est le taux de change aujourd'hui?
Wie ist der heutige Wechselkurs?
¿A cuánto está el cambio hoy?
Qual è il tasso di cambio oggi?

finance • la finance • die Geldwirtschaft • las finanzas • la finanza

share price
le prix des actions
der Aktienpreis
el valor de las acciones
il corso per azione

stockbroker
l'agent de la bourse
der Börsenmakler
el agente de bolsa
il broker

financial advisor • la conseillère
financière • die Finanzberaterin
• la asesora financiera
• la consulente finanziaria

stock exchange • la bourse • die Börse
• la bolsa de valores • la borsa valori

communications • les communications • die Kommunikation • las comunicaciones • le comunicazioni

postal worker
le postier
der Postbeamte
el empleado de correos
l'impiegato delle poste

window
le guichet
der Schalter
la ventanilla
lo sportello

scales
la balance
die Waage
la báscula
la bilancia

counter
le guichet
der Schalter
el mostrador
il banco

post office • la poste • die Post • la oficina de correos • l'ufficio postale

postmark
le tampon de la poste
der Poststempel
el matasellos
il timbro postale

stamp
le timbre
die Briefmarke
el sello
il francobollo

address
l'adresse
die Adresse
la dirección
l'indirizzo

postal code
le code postal
die Postleitzahl
el código postal
il codice di avviamento postale

TO: Mr. Bragges de Singh
308 Deansford Road
Bexhill
SW19 8JL
England

envelope • l'enveloppe • der Umschlag • el sobre • la busta

postman • le facteur
• der Briefträger • el cartero
• il postino

letter	return address	delivery	fragile	do not bend (v)
la lettre	l'expéditeur	la distribution	fragile	ne pas plier
der Brief	der Absender	die Zustellung	zerbrechlich	nicht falten
la carta	el remite	el reparto	frágil	no doblar
la lettera	il mittente	la consegna	fragile	non piegare
by airmail	signature	postage	mailbag	this way up
par avion	la signature	le tarif d'affranchissement	le sac postal	dessus
per Luftpost	die Unterschrift	die Postgebühr	der Postsack	oben
por avión	la firma	el franqueo	la saca postal	hacia arriba
posta aerea	la firma	l'affrancatura	il sacco postale	alto
registered post	collection	postal order	telegram	fax
l'envoi en recommandé	la levée	le mandat postal	le télégramme	le fax
das Einschreiben	die Leerung	die Postanweisung	das Telegramm	das Fax
el correo certificado	la recogida	el giro postal	el telegrama	el fax
la posta raccomandata	la raccolta	il vaglia postale	il telegramma	il fax

english • français • deutsch • español • italiano

postbox • la boîte aux lettres • der Briefkasten • el buzón • la buca delle lettere

letterbox • la boîte aux lettres • der Hausbriefkasten • el buzón • la cassetta delle lettere

parcel • le colis • das Paket • el paquete • il pacco

courier • le service de messagerie • der Kurierdienst • el mensajero • il corriere

telephone • le téléphone • das Telefon • el teléfono • il telefono

handset
le combiné
der Hörer
el auricular
il ricevitore

base station
la base
die Basis
la base
la base

answering machine
le répondeur
der Anrufbeantworter
el contestador automático
la segreteria telefonica

cordless phone • le téléphone sans fil • das schnurlose Telefon • el teléfono inalámbrico • il telefono senza fili

video phone • le visiophone • das Fernsehtelefon • el videoteléfono • il videotelefono

telephone box • la cabine téléphonique • die Telefonzelle • la cabina telefónica • la cabina telefonica

keypad
le clavier
das Tastenfeld
el teclado
la tastiera

coin return
le rendu de monnaie
die Münzrückgabe
las monedas devueltas
le monete non utilizzate

receiver
le combiné
der Hörer
el auricular
il ricevitore

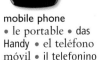

smartphone • le smartphone • das Smartphone • el teléfono inteligente • lo smartphone

mobile phone • le portable • das Handy • el teléfono móvil • il telefonino

payphone • le téléphone public • der Münzfernsprecher • el teléfono público • il telefono pubblico

app	answer (v)	operator	Can you give me the number for...?
l'appli	répondre	le téléphoniste	Pouvez-vous me donner le numéro pour…?
die app	abheben	die Vermittlung	Können Sie mir die Nummer für…geben?
la aplicación	contestar	el operador	¿Me podría dar el número de…?
l'app	rispondere	l'operatore	Può darmi il numero per...?
passcode	text	engaged/busy	What is the dialling code for...?
le mot de passe	le SMS	occupé	Quel est l'indicatif pour...?
der passcode	die SMS	besetzt	Was ist die Vorwahl für…?
la clave de acceso	el mensaje de texto (SMS)	comunicando	¿Cuál es el prefijo para llamar a…?
il codice d'accesso	il messaggio (SMS)	occupato	Qual è il prefisso per...?
dial (v)	voice message	disconnected	
composer	le message vocal	coupé	
wählen	die Sprachmitteilung	unterbrochen	
marcar	el mensaje de voz	apagado	
comporre	il messaggio vocale	staccato	

hotel • l'hôtel • das Hotel • el hotel • l'albergo

lobby • le hall • die Empfangshalle • el vestíbulo • l'ingresso

guest
le client
der Gast
el huésped
l'ospite

room key
la clef de la chambre
der Zimmerschlüssel
la llave de la habitación
la chiave della camera

messages
les messages
die Nachrichten
los mensajes
i messaggi

pigeonhole
le casier
das Fach
la casilla
la casella

receptionist
la réceptionniste
die Empfangsdame
la recepcionista
l'addetta alla ricezione

register
le registre
das Gästebuch
el registro
il registro

counter
le comptoir
der Schalter
el mostrador
il banco

reception • la réception • der Empfang • la recepción • la ricezione

luggage
les bagages
das Gepäck
el equipaje
il bagaglio

trolley
le diable
der Kofferkuli
el carrito
il carrello

porter • le porteur • der Hoteldiener
• el botones • il facchino

lift • l'ascenseur • der Fahrstuhl
• el ascensor • l'ascensore

room number • le numéro de
chambre • die Zimmernummer
• el número de la habitación
• il numero della camera

rooms • les chambres • die Zimmer • los habitaciones • le camere

single room • la chambre
simple • das Einzelzimmer
• la habitación individual
• la camera singola

double room • la chambre
double • das Doppelzimmer
• la habitación doble
• la camera doppia

twin room • la chambre à
deux lits • das Zweibettzimmer
• la habitación con dos
camas individuales
• la camera a due letti

private bathroom
la salle de bain privée
das Privatbadezimmer
el cuarto de baño privado
il bagno privato

english • français • deutsch • español • italiano

services • les services • die Dienstleistungen • los servicios • i servizi

maid service • le service de ménage • die Zimmerreinigung • el servicio de limpieza • il servizio di pulizia

laundry service • le service de blanchisserie • der Wäschedienst • el servicio de lavandería • il servizio di lavanderia

breakfast tray • le plateau à petit déjeuner • das Frühstückstablett • la bandeja del desayuno • il vassoio della colazione

room service • le service d'étage • der Zimmerservice • el servicio de habitaciones • il servizio in camera

mini bar • le minibar • die Minibar • el minibar • il minibar

restaurant • le restaurant • das Restaurant • el restaurante • il ristorante

gym • la salle de sport • der Fitnessraum • el gimnasio • la palestra

swimming pool • la piscine • das Schwimmbad • la piscina • la piscina

---

full board
la pension complète
die Vollpension
la pensión completa
la pensione completa

half board
la demi-pension
die Halbpension
la media pensión
la mezza pensione

bed and breakfast
la chambre avec le petit déjeuner
die Übernachtung mit Frühstück
la habitación con desayuno incluido
la pensione con colazione

Do you have any vacancies?
Avez-vous une chambre de libre?
Haben Sie ein Zimmer frei?
¿Tiene alguna habitación libre?
Avete una camera libera?

I have a reservation.
J'ai une réservation.
Ich habe ein Zimmer reserviert.
Tengo una reserva.
Ho una prenotazione

I'd like a single room.
Je voudrais une chambre simple.
Ich möchte ein Einzelzimmer.
Quiero una habitación individual.
Vorrei una camera singola

I'd like a room for three nights.
Je voudrais une chambre pour trois nuits.
Ich möchte ein Zimmer für drei Nächte.
Quiero una habitación para tres días.
Vorrei una camera per tre notti.

What is the charge per night?
C'est combien par nuit?
Was kostet das Zimmer pro Nacht?
¿Cuánto cuesta la habitación por día?
Quanto costa la camera a notte?

When do I have to vacate the room?
Quand est-ce que je dois quitter la chambre?
Wann muss ich das Zimmer räumen?
¿Cuándo tengo que dejar la habitación?
Quando devo lasciare la stanza?

shopping
les courses
der Einkauf
las compras
gli acquisti

shopping centre • le centre commercial • das Einkaufszentrum • el centro comercial • il centro commerciale

atrium
l'atrium
das Atrium
el atrio
l'atrio

sign
l'enseigne
das Schild
el letrero
l'insegna

lift
l'ascenseur
der Fahrstuhl
el ascensor
l'ascensore

second floor
le deuxième étage
die zweite Etage
la segunda planta
il secondo piano

first floor
le premier étage
die erste Etage
la primera planta
il primo piano

escalator
l'escalier
 mécanique
die Rolltreppe
la escalera
 mecánica
la scala mobile

ground floor
le rez-de-chaussée
das Erdgeschoss
la planta baja
il piano terra

customer
le client
der Kunde
el cliente
il cliente

children's department	customer services	changing rooms	How much is this?
le rayon enfants	le service après-vente	les cabines d'essayage	C'est combien?
die Kinderabteilung	der Kundendienst	die Anprobe	Was kostet das?
la sección infantil	el servicio al cliente	los probadores	¿Cuánto cuesta esto?
il reparto bambini	l'assistenza ai clienti	i camerini	Quanto costa questo?
luggage department	store directory	baby changing facilities	May I exchange this?
le rayon bagages	le guide	les soins de bébés	Est-ce que je peux changer ça?
die Gepäckabteilung	die Anzeigetafel	der Wickelraum	Kann ich das umtauschen?
la sección de equipajes	el directorio	el cuarto para cambiar a los bebés	¿Puedo cambiar esto?
il reparto bagagli	la guida al negozio	spazio con fasciatoio	Posso cambiare questo?
shoe department	sales assistant	toilets	
le rayon chaussures	le vendeur	les toilettes	
die Schuhabteilung	der Verkäufer	die Toiletten	
la sección de zapatería	el dependiente	los aseos	
il reparto calzature	il commesso	le toilettes	

department store • le grand magasin • das Kaufhaus • los grandes almacenes • il grande magazzino

men's wear • les vêtements pour hommes • die Herrenbekleidung • la ropa de caballero • l'abbigliamento da uomo

women's wear • les vêtements pour femmes • die Damenoberbekleidung • la ropa de señora • l'abbigliamento da donna

lingerie • la lingerie • die Damenwäsche • la lencería • la biancheria intima

perfumery • la parfumerie • die Parfümerie • la perfumería • la profumeria

beauty • la beauté • die Schönheitspflege • los productos de belleza • la bellezza

linen • le linge de maison • die Wäsche • la ropa de hogar • la biancheria

home furnishings • l'ameublement • die Möbel • el mobiliario para el hogar • l'arredamento per la casa

haberdashery • la mercerie • die Kurzwaren • la mercería • la merceria

kitchenware • la vaisselle • die Küchengeräte • el menaje de hogar • gli articoli da cucina

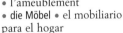
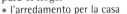

china • la porcelaine • das Porzellan • las vajillas • la porcellana

• electrical goods • l'électroménager • die Elektroartikel • los aparatos eléctricos • gli articoli elettronici

lighting • l'éclairage • die Lampen • la iluminación • l'illuminazione

sports • les articles de sport • die Sportartikel • los artículos deportivos • gli articoli sportivi

toys • les jouets • die Spielwaren • la juguetería • i giocattoli

stationery • la papeterie • die Scheibwaren • la papelería • la cancelleria

food hall • l'alimentation • die Lebensmittelabteilung • el supermercado • il reparto alimentari

supermarket • le supermarché • der Supermarkt • el supermercado • il supermercato

aisle • l'allée • der Gang • el pasillo • il passaggio

shelf • l'étàgere • das Warenregal • el estante • lo scaffale

conveyer belt
le tapis roulant
das Laufband
la cinta transportadora
il nastro convogliatore

cashier
le caissier
der Kassierer
el cajero
il cassiere

offers
les promotions
die Angebote
las ofertas
le offerte

checkout • la caisse • die Kasse • la caja • la cassa

customer
le client
der Kunde
el cliente
il cliente

till
la caisse
die Kasse
la caja
la cassa

shopping bag
la sac à provisions
die Einkaufstasche
la bolsa de la compra
la busta della spesa

groceries
les provisions
die Lebensmittel
la compra
la spesa

handle
l'anse
der Henkel
el asa
il manico

trolley • le caddie • der Einkaufswagen • el carro • il carrello

basket • le panier • der Einkaufskorb • la cesta • il cestino

780863 185779

bar code • le code barres • der Strichkode • el código de barras • il codice a barre

scanner • le lecteur optique • der Scanner • el escáner • il lettore ottico

bakery • la boulangerie • die Backwaren • la panadería • il pane

dairy • la crémerie • die Milchprodukte • los lácteos • i latticini

breakfast cereals les céréales die Getreideflocken los cereales i cereali da colazione

tinned food les conserves die Konserven las conservas lo scatolame

confectionery • la confiserie • die Süßwaren • la confitería • i dolci

vegetables • les légumes • das Gemüse • la verdura • le verdure

fruit • les fruits • das Obst • la fruta • la frutta

meat and poultry • la viande et la volaille • das Fleisch und das Geflügel • la carne y las aves • la carne e il pollame

fish • le poisson • der Fisch • el pescado • il pesce

deli • la charcuterie • die Feinkost • la charcutería • i salumi

frozen food • les produits surgelés • die Gefrierware • los congelados • i surgelati

convenience food les plats cuisinés die Fertiggerichte los platos preparados i cibi pronti

drinks • les boissons • die Getränke • las bebidas • le bibite

household products • les produits d'entretien • die Haushaltswaren • los productos de limpieza • i casalinghi

toiletries • les articles de toilette • die Toilettenartikel • los artículos de aseo • gli articoli da toilette

baby products • les articles pour bébés • die Babyprodukte • los artículos para el bebé • i prodotti per bambini

electrical goods l'électroménager die Elektroartikel los electrodomésticos gli articoli elettrici

pet food • la nourriture pour animaux • das Tierfutter • la comida para animales • il cibo per animali

magazines • les magazines • die Zeitschriften • las revistas • le riviste

english • français • deutsch • español • italiano

chemist • la pharmacie • die Apotheke • la farmacia • la farmacia

dental care
le soin dentaire
die Zahnpflege
el cuidado dental
i prodotti per i denti

feminine hygiene
l'hygiène féminine
die Monatshygiene
la higiene femenina
l'igiene femminile

deodorants
les déodorants
die Deos
los desodorantes
i deodoranti

vitamins
les cachets de vitamines
die Vitamintabletten
las vitaminas
le vitamine

dispensary
l'officine
die Apotheke
el dispensario
il dispensario

pharmacist
le pharmacien
der Apotheker
el farmacéutico
il farmacista

cough medicine
le médicament pour la toux
das Hustenmedikament
el jarabe para la tos
la medicina per la tosse

herbal remedies
l'herboristerie
das Kräuterheilmittel
los remedios de herbolario
i rimedi fitoterapici

skin care
les soins de la peau
die Hautpflege
el cuidado de la piel
i prodotti per la pelle

aftersun • l'après-soleil • die After-Sun-Lotion • la loción para después del sol • il doposole

sunscreen • l'écran solaire • die Sonnenschutzcreme • la crema protectora • la crema schermo

sunblock • l'écran total • der Sonnenblock • la crema protectora total • la crema schermo totale

insect repellent • le produit anti-insecte • das Insektenschutzmittel • el repelente de insectos • l'insettifugo

wet wipe • la serviette humide • das Reinigungstuch • la toallita húmeda • la salviettina umidificata

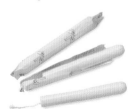

tissue • le kleenex • das Papiertaschentuch • el pañuelo de papel • il fazzolettino

sanitary towel • la serviette hygiénique • die Damenbinde • la compresa • l'assorbente

tampon • le tampon • der Tampon • el tampón • il tampone

panty liner • le protège-slip • die Slipeinlage • el salvaslip • i salvaslip

measuring spoon
la cuiller pour mesurer
der Messlöffel
la cuchara medidora
il cucchiaio dosatore

instructions
le mode d'emploi
die Gebrauchsanweisung
el modo de empleo
le istruzioni

capsule • la capsule • die
Kapsel • la cápsula • la
capsula

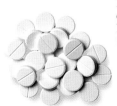

pill • la pilule • die Pille
• la píldora • la compressa

syrup • le sirop • der Saft
• el jarabe • lo sciroppo

inhaler • l'inhalateur
• der Inhalierstift • el inhalador
• l'inalatore

cream • la crème • die Creme
• la crema • la pomata

ointment • la pommade • die
Salbe • la pomada • l'unguento

gel • le gel • das Gel • el gel
• il gel

suppository • le suppositoire
• das Zäpfchen • el supositorio
• la supposta

dropper
le compte-gouttes
der Tropfer
el cuentagotas
il contagocce

needle
l'aiguille
die Nadel
la aguja
l'ago

drops • les gouttes • die
Tropfen • las gotas • le gocce

syringe • la seringue
• die Spritze • la jeringuilla
• la siringa

spray • le spray • der Spray
• el spray • lo spray

powder • la poudre
• der Puder • los polvos
• la polvere

iron	multivitamins	disposable	medicine	painkiller
le fer	le médicament multivitamine	jetable	le médicament	l'analgésique
das Eisen	das Multivitaminmittel	Wegwerf-desechable	das Medikament	das Schmerzmittel
el hierro	el complejo vitamínico	monouso	el medicamento	el analgésico
il ferro	la multivitamina		la medicina	l'antidolorifico
calcium	side-effects	soluble	laxative	sedative
le calcium	les effets secondaires	soluble	le laxatif	le sédatif
das Kalzium	die Nebenwirkungen	löslich	das Abführmittel	das Beruhigungsmittel
el calcio	los efectos secundarios	soluble	el laxante	el calmante
il calcio	gli effetti collaterali	solubile	il lassativo	il sedativo
magnesium	expiry date	dosage	diarrhoea	sleeping pill
le magnésium	la date d'expiration	la posologie	la diarrhée	le somnifère
das Magnesium	das Verfallsdatum	die Dosierung	der Durchfall	die Schlaftablette
el magnesio	la fecha de caducidad	la dosis	la diarrea	el somnífero
il magnesio	la data di scadenza	il dosaggio	la diarrea	il sonnifero
insulin	travel sickness pills	medication	throat lozenge	anti-inflammatory
l'insuline	les cachets antinaupathiques	la médication	la pastille pour la gorge	l'anti-inflammatoire
das Insulin	die Reisekrankheitstabletten	die Verordnung	die Halspastille	der Entzündungshemmer
la insulina	las píldoras para el mareo	la medicación	la pastilla para la garganta	el antiinflamatorio
l'insulina	le pasticche per il mal d'auto	il medicamento	la pasticca per la gola	l'antinfiammatorio

florist • le fleuriste • das Blumengeschäft • la floristería • il fioraio

flowers
les fleurs
die Blumen
las flores
i fiori

gladiolus
le glaïeul
die Gladiole
el gladiolo
il gladiolo

lily
le lis
die Lilie
la azucena
il giglio

iris
l'iris
die Iris
el iris
l'iris

acacia
l'acacia
die Akazie
la acacia
l'acacia

daisy
la marguerite
die Margerite
la margarita
la margherita

carnation
l'œillet
die Nelke
el clavel
il garofano

chrysanthemum
le chrysanthème
die Chrysantheme
el crisantemo
il crisantemo

pot plant
la plante en pot
die Topfpflanze
la maceta
la pianta da vaso

gypsophila
la gypsophile
das Schleierkraut
la gypsofila
la gipsofila

stocks • la giroflée
• die Levkoje • el alhelí
• la violacciocca

gerbera • le gerbera
• die Gerbera • la
gerbera • la gerbera

foliage • le feuillage
• die Blätter • el follaje
• il fogliame

rose • la rose • die
Rose • la rosa • la rosa

freesia • le freesia
• die Freesie • la fresia
• la fresia

vase • le vase • die Blumenvase • el jarrón • il vaso

orchid • l'orchidée • die Orchidee • la orquídea • l'orchidea

peony • la pivoine • die Pfingstrose • la peonía • la peonia

bunch
la botte
der Strauß
el ramo
il mazzetto

stem
la tige
der Stengel
el tallo
lo stelo

daffodil • la jonquille • die Osterglocke • el narciso • il narciso

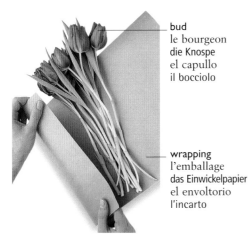

bud
le bourgeon
die Knospe
el capullo
il bocciolo

wrapping
l'emballage
das Einwickelpapier
el envoltorio
l'incarto

tulip • la tulipe • die Tulpe • el tulipán • il tulipano

arrangements • les compositions florales • die Blumenarrangements • los arreglos • gli arrangiamenti

ribbon
le ruban
das Band
la cinta
il nastro

bouquet • le bouquet • das Bukett • el ramo • il mazzo di fiori

dried flowers • les fleurs séchées • die Trockenblumen • las flores secas • i fiori secchi

pot-pourri • le pot-pourri • das Duftsträußchen • el popurrí • il pot-pourri

wreath • la couronne • der Kranz • la corona • la corona

garland • la guirlande de fleurs • die Blumengirlande • la guirnalda • la ghirlanda

Can I have a bunch of… please. Je voudrais un bouquet de…, SVP. Ich möchte einen Strauß…, bitte. ¿Me da un ramo de… por favor? Mi dà un mazzo di… per favore?	How long will these last? Elles tiennent combien de temps? Wie lange halten sie? ¿Cuánto tiempo durarán éstos? Quanto dureranno?
Can I have them wrapped? Pouvez-vous les emballer? Können Sie die Blumen bitte einwickeln? ¿Me los puede envolver? Me li può incartare?	Are they fragrant? Est-ce qu'elles sentent bon? Duften sie? ¿Huelen? Sono profumati?
Can I attach a message? Je peux y attacher un message? Kann ich eine Nachricht mitschicken? ¿Puedo adjuntar un mensaje? Posso allegare un messaggio?	Can you send them to…? Pouvez-vous les envoyer à…? Können Sie die Blumen an…schicken? ¿Los puede enviar a…? Li può mandare a…?

newsagent • le marchand de journaux • der Zeitungshändler • el vendedor de periódicos • l'edicola

cigarettes
les cigarettes
die Zigaretten
los cigarrillos
le sigarette

packet of cigarettes
le paquet de cigarettes
das Päckchen Zigaretten
el paquete de tabaco
il pacchetto di sigarette

stamps
les timbres
die Briefmarken
los sellos
i francobolli

postcard • la carte postale • die Postkarte • la tarjeta postal • la cartolina

comic • la bande dessinée • das Comicheft • el tebeo • il giornalino a fumetti

magazine • le magazine • die Zeitschrift • la revista • la rivista

newspaper • le journal • die Zeitung • el periódico • il giornale

---

smoking • fumer • das Rauchen • fumar • fumare

tobacco • le tabac • der Tabak • el tabaco • il tabacco

lighter • le briquet • das Feuerzeug • el mechero • l'accendino

stem
le tuyau
der Stiel
el tubo
il bocchino

bowl
le fourneau
der Kopf
la cazoleta
il fornello

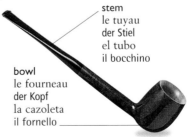

pipe • la pipe • die Pfeife • la pipa • la pipa

cigar • le cigare • die Zigarre • el puro • il sigaro

confectioner • le confiseur • der Konditor • el vendedor de golosinas • il confettiere

box of chocolates
la boîte de chocolats
die Schachtel Pralinen
la caja de bombones
la scatola di cioccolatini

snack bar
la friandise
die Nascherei
la barrita
la merendina

crisps
les chips
die Chips
las patatas fritas
le patatine

milk chocolate
le chocolat au lait
die Milchschokolade
el chocolate con leche
il cioccolato al latte

caramel
le caramel
der Karamell
el caramelo
il caramello

plain chocolate
le chocolat noir
die bittere Schokolade
el chocolate negro
il cioccolato fondente

truffle
la truffe
der Trüffel
la trufa
il tartufo

white chocolate
le chocolat blanc
die weiße Schokolade
el chocolate blanco
il cioccolato bianco

biscuit
le biscuit
der Keks
la galleta
il biscotto

pick and mix
les bonbons assortis
die bunte Mischung
las golosinas a granel
la caramelle assortite

boiled sweets
les bonbons
die Bonbons
los caramelos duros
le caramelle

sweet shop • la confiserie • das Süßwarengeschäft • la tienda de golosinas
• il negozio di dolciumi

confectionery • la confiserie • die Süßwaren • las golosinas • i dolciumi

chocolate • le chocolat
• die Praline • el bombón
• il cioccolatino

chocolate bar • la tablette de
chocolat • die Tafel Schokolade
• la tableta de chocolate
• la tavoletta di cioccolata

sweets • les bonbons
• die Bonbons • los caramelos
• le caramelle

lollipop • la sucette
• der Lutscher • la piruleta
• il lecca lecca

toffee • le caramel • das Toffee
• el toffee • la caramella mou

nougat • le nougat • der
Nugat • el turrón • il torrone

marshmallow • la guimauve
• das Marshmallow • la nube
• la caramella gommosa

mint • le bonbon à la menthe
• das Pfefferminz • la pastilla
de menta • la mentina

chewing gum • le chewing-
gum • der Kaugummi
• el chicle • la gomma
da masticare

jellybean • la dragée à la
gelée • der Geleebonbon
• el caramelo blando
• la caramella di gelatina

fruit gum • le bonbon au
fruit • der Fruchtgummi
• la gominola • la caramella
alla frutta

 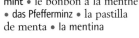

liquorice • le réglisse
• die Lakritze • el regaliz
• la liquirizia

other shops • les autres magasins • andere Geschäfte • las otras tiendas • gli altri negozi

baker's • la boulangerie • die Bäckerei • la panadería • il panificio

cake shop • la pâtisserie • die Konditorei • la confitería • la pasticceria

butcher's • la boucherie • die Metzgerei • la carnicería • la macelleria

fishmonger's • la poissonnerie • das Fischgeschäft • la pescadería • la pescheria

greengrocer's • le marchand de légumes • der Gemüseladen • la verdulería • il fruttivendolo

grocer's • l'épicerie • das Lebensmittelgeschäft • el ultramarinos • la drogheria

shoe shop • le magasin de chaussures • das Schuhgeschäft • la zapatería • il negozio di calzature

hardware shop • la quincaillerie • die Eisenwaren-handlung • la ferretería • il negozio di ferramenta

antiques shop • le magasin d'antiquités • der Antiquitätenladen • la tienda de antigüedades • il negozio di antiquariato

gift shop • la boutique de cadeaux • der Geschenkartikel-laden • la tienda de artículos de regalo • il negozio di articoli da regalo

travel agent's • l'agence de voyage • das Reisebüro • la agencia de viajes • l'agenzia di viaggi

jeweller's • la bijouterie • das Juweliergeschäft • la joyería • la gioielleria

book shop • la librairie
• der Buchladen • la librería
• la libreria

record shop • le magasin de
disques • das Plattengeschäft
• la tienda de discos
• il negozio di dischi

off licence • le magasin de
vins et spiritueux • die
Weinhandlung • la tienda de
licores • il negozio di liquori

pet shop • l'animalerie
• die Tierhandlung • la
pajarería • il negozio
di animali

furniture shop • le magasin
de meubles • das
Möbelgeschäft • la tienda de
muebles • il negozio di mobili

boutique • la boutique
• die Boutique • la boutique
• la boutique

estate agent's l'agent immobilier der Immobilienmakler la agencia inmobiliaria l'agenzia immobiliare	camera shop le magasin d'appareils photos das Fotogeschäft la tienda de fotografía il negozio di articoli fotografici
garden centre la pépinière das Gartencenter el vivero il centro di giardinaggio	second-hand shop le marchand d'occasion der Gebrauchtwarenhändler la tienda de artículos usados il negozio dell'usato
dry cleaner's le pressing die Reinigung la tintorería il lavasecco	health food shop le magasin bio das Reformhaus la herboristería il negozio dietetico
launderette la laverie automatique der Waschsalon la lavandería la lavanderia	art shop la boutique d'art die Kunsthandlung la tienda de materiales de arte il negozio di articoli per l'arte

tailor's • le tailleur • die
Schneiderei • la sastrería
• la sartoria

hairdresser's • le salon de
coiffure • der Frisiersalon • la
peluquería • il parrucchiere

market • le marché • der Markt • el mercado • il mercato

food
la nourriture
die Nahrungsmittel
los alimentos
il cibo

meat • la viande • das Fleisch • la carne • la carne

lamb
l'agneau
das Lamm
el cordero
l'agnello

butcher
le boucher
der Metzger
el carnicero
il macellaio

meat hook
l'allonge
der Fleischerhaken
el gancho
il gancio

scales
la balance
die Waage
el peso
la bilancia

knife sharpener
le fusil
der Messerschärfer
el afilador
l'affilacoltelli

bacon • le bacon • der Speck
• el bacon • la pancetta

sausages • les saucisses • die
Würstchen • las salchichas • le salsicce

liver • le foie • die Leber
• el hígado • il fegato

pork le porc das Schweinefleisch el cerdo il maiale	**venison** la venaison das Wild el venado il cervo	**offal** les abats die Innereien las asaduras le frattaglie	**free range** de ferme aus Freilandhaltung de granja ruspante	**red meat** la viande rouge das rote Fleisch la carne roja la carne rossa
beef le bœuf das Rindfleisch la vaca il manzo	**rabbit** le lapin das Kaninchen el conejo il coniglio	**cured** salé gepökelt curado stagionato	**organic** naturel biologisch kontrolliert biológico biologico	**lean meat** la viande maigre das magere Fleisch la carne magra la carne magra
veal le veau das Kalbfleisch la ternera il vitello	**tongue** la langue de bœuf die Zunge la lengua la lingua	**smoked** fumé geräuchert ahumado affumicato	**white meat** la viande blanche das weiße Fleisch la carne blanca la carne bianca	**cooked meat** la viande cuite das gekochte Fleisch el fiambre la carne cotta

cuts • les morceaux de viande • die Fleischsorten • los cortes • i tagli

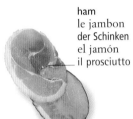
ham
le jambon
der Schinken
el jamón
il prosciutto

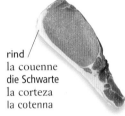
rind
la couenne
die Schwarte
la corteza
la cotenna

slice • la tranche • die Scheibe • la loncha • la fetta

rasher • la tranche de lard • die Speckscheibe • la loncha • la fetta

mince • la viande hachée • das Hackfleisch • la carne picada • la carne macinata

fillet • le filet • das Filet • el solomillo • il filetto

rump steak • le rumsteck • das Rumpsteak • el filete de cadera • la bistecca di culaccio

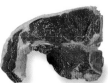

fat
le gras
das Fett
la grasa
il grasso

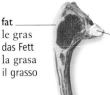

bone
l'os
der Knochen
el hueso
l'osso

kidney
le rognon
die Niere
el riñón
il rognone

sirloin steak • le bifteck d'aloyau • das Lendensteak • el filete de lomo • il controfiletto di manzo

rib • la côte de bœuf • das Rippenstück • la costilla • la costata

chop • la côtelette • das Kotelett • la chuleta • la costoletta

joint • le gigot • die Keule • el asado • l'arrosto

heart • le cœur • das Herz • el corazón • il cuore

poultry • la volaille • das Geflügel • las aves • il pollo

skin
la peau
die Haut
la piel
la pelle

breast
le blanc
die Brust
la pechuga
il petto

game
le gibier
das Wild
la carne de caza
la cacciagione

leg
la cuisse
das Bein
la pata
la zampa

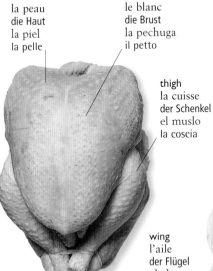

thigh
la cuisse
der Schenkel
el muslo
la coscia

dressed chicken
le poulet préparé
das bratfertige Huhn
el pollo preparado
il pollo preparato

pheasant • le faisan • der Fasan • el faisán • il fagiano

quail • la caille • die Wachtel • la codorniz • la quaglia

wing
l'aile
der Flügel
el ala
l'ala

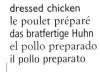

turkey • la dinde • die Pute • el pavo • il tacchino

chicken • le poulet • das Hähnchen • el pollo • il pollo

duck • le canard • die Ente • el pato • l'anatra

goose • l'oie • die Gans • la oca • l'oca

fish • le poisson • der Fisch • el pescado • il pesce

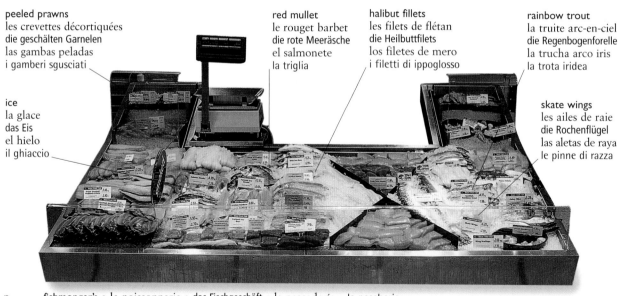

peeled prawns
les crevettes décortiquées
die geschälten Garnelen
las gambas peladas
i gamberi sgusciati

red mullet
le rouget barbet
die rote Meeräsche
el salmonete
la triglia

halibut fillets
les filets de flétan
die Heilbuttfilets
los filetes de mero
i filetti di ippoglosso

rainbow trout
la truite arc-en-ciel
die Regenbogenforelle
la trucha arco iris
la trota iridea

ice
la glace
das Eis
el hielo
il ghiaccio

skate wings
les ailes de raie
die Rochenflügel
las aletas de raya
le pinne di razza

fishmonger's • la poissonnerie • das Fischgeschäft • la pescadería • la pescheria

monkfish • la lotte
• die Quappe • el rape
• la rana pescatrice

mackerel • le maquereau
• die Makrele • la caballa
• lo sgombro

trout • la truite • die
Forelle • la trucha
• la trota

swordfish • l'espadon • der Schwertfisch
• el pez espada • il pesce spada

Dover sole • la sole
• die Seezunge • el
lenguado • la sogliola
di Dover

lemon sole • la limande-
sole • die Rotzunge
• la platija • la sogliola
limanda

haddock • l'aiglefin
• der Schellfisch • el
abadejo • l'eglefino

sardine • la sardine
• die Sardine • la
sardina • la sardina

skate • la raie • der
Rochen • la raya
• la razza

whiting • le merlan • der
Weißfisch • la pescadilla
• il merlano

sea bass • le bar • der Seebarsch
• la lubina • la spigola

salmon • le saumon • der Lachs • el salmón
• il salmone

cod • la morue • der Kabeljau • el bacalao
• il merluzzo

sea bream • la daurade
• der Seebrassen • el
besugo • l'orata

tuna • le thon • der Tunfisch • el atún • il tonno

seafood • les fruits de mer • die Meeresfrüchte • el marisco • i frutti di mare

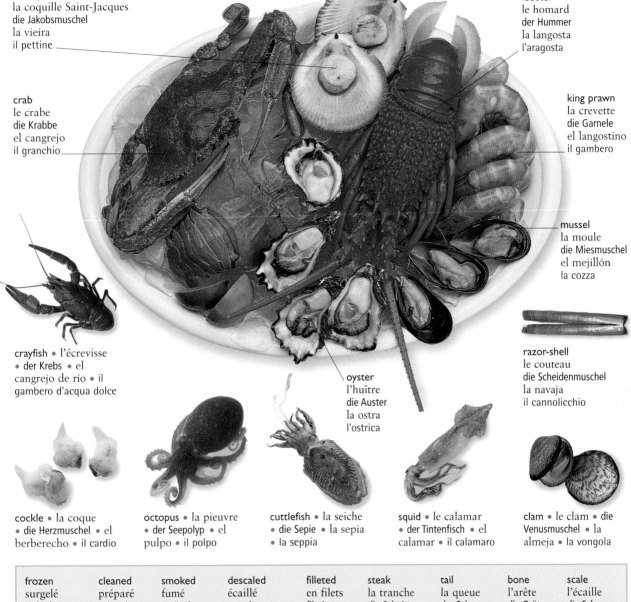

scallop
la coquille Saint-Jacques
die Jakobsmuschel
la vieira
il pettine

lobster
le homard
der Hummer
la langosta
l'aragosta

crab
le crabe
die Krabbe
el cangrejo
il granchio

king prawn
la crevette
die Garnele
el langostino
il gambero

mussel
la moule
die Miesmuschel
el mejillón
la cozza

crayfish • l'écrevisse
• der Krebs • el
cangrejo de río • il
gambero d'acqua dolce

razor-shell
le couteau
die Scheidenmuschel
la navaja
il cannolicchio

oyster
l'huître
die Auster
la ostra
l'ostrica

cockle • la coque
• die Herzmuschel • el
berberecho • il cardio

octopus • la pieuvre
• der Seepolyp • el
pulpo • il polpo

cuttlefish • la seiche
• die Sepie • la sepia
• la seppia

squid • le calamar
• der Tintenfisch • el
calamar • il calamaro

clam • le clam • die
Venusmuschel • la
almeja • la vongola

frozen	cleaned	smoked	descaled	filleted	steak	tail	bone	scale
surgelé	préparé	fumé	écaillé	en filets	la tranche	la queue	l'arête	l'écaille
tiefgefroren	zubereitet	geräuchert	entschuppt	filetiert	die Schnitte	der Schwanz	die Gräte	die Schuppe
congelado	limpio	ahumado	sin escamas	en filetes	la rodaja	la cola	la espina	la escama
congelato	pulito	affumicato	desquamato	a filetti	la trancia	la coda	la spina	la squama

fresh	salted	skinned	boned	fillet	loin	Will you clean it for me?
frais	salé	sans peau	sans arêtes	le filet	la longe	Pouvez-vous le préparer pour moi?
frisch	gesalzen	enthäutet	entgrätet	das Filet	die Lende	Können Sie ihn mir fertig zubereiten?
fresco	salado	sin piel	sin espinas	el filete	el lomo	¿Me lo puede limpiar?
fresco	salato	spellato	spinato	il filetto	il lombo	Me lo pulisce?

vegetables 1 • les légumes 1 • das Gemüse 1 • las verduras 1 • la verdura 1

seed
la graine
der Samen
la semilla
il seme

broad bean • la fève
• die dicke Bohne
• la haba • la fava

runner bean
le haricot grimpant
die Stangenbohne
la judía verde
il fagiolino

French bean • le
haricot vert • die
grüne Bohne • la judía
verde • il fagiolino

garden pea • le petit
pois • die grüne Erbse
• el guisante • il pisello

pod
la gousse
die Schote
la vaina
il baccello

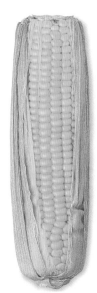

bean sprout • le germe
de soja • die
Sojabohnensprosse
• los brotes de soja
• il germoglio di soia

bamboo • le bambou
• der Bambus • el
bambú • il bambù

okra • l'okra • die
Okra • el quingombó
• l'okra

sweetcorn • le maïs
• der Mais • el maíz
dulce • il granturco

chicory • l'endive
• der Chicorée • la
endibia • la cicoria

fennel • le fenouil
• der Fenchel • el
hinojo • il finocchio

palm hearts • les cœurs
de palmier • die
Palmherzen • los palmitos
• i cuori di palma

celery • le céleri
• der Stangensellerie
• el apio • il sedano

leaf	floret	tip	organic	Do you sell organic vegetables?
la feuille	la fleurette	la pointe	biologique	Est-ce que vous vendez des légumes bios?
das Blatt	das Röschen	die Spitze	biodynamisch	Verkaufen Sie Biogemüse?
la hoja	la cabezuela	la punta	biológico	¿Vende verduras biológicas?
la foglia	il germoglio	la punta	biologico	Vendete verdure biologiche?
stalk	kernel	heart	plastic bag	Are these grown locally?
le trognon	le grain	le cœur	le sac en plastique	Est-ce qu'ils sont cultivés dans la région?
der Strunk	der Kern	das Herz	die Plastiktüte	Werden sie in dieser Gegend angebaut?
el tallo	la almendra	el centro	la bolsa de plástico	¿Son productos locales?
lo stelo	il nocciolo	il cuore	la busta di plastica	Queste sono della zona?

rocket • la roquette • die Rauke • la roqueta • la rucola

watercress • le cresson • die Brunnenkresse • el berro • il crescione

radicchio • le radicchio • der Radicchio • el radicchio • il radicchio

brussel sprout • le chou de Bruxelles • der Rosenkohl • la col de bruselas • il cavolino di Bruxelles

swiss chard • la bette • der Mangold • la acelga • la bietola

kale • le chou frisé • der Grünkohl • la col rizada • il cavolo riccio

sorrel • l'oseille • der Garten-Sauerampfer • la acedera • l'acetosa

endive • la chicorée • die Endivie • la escarola • l'indivia

dandelion • le pissenlit • der Löwenzahn • el diente de león • il dente di leone

spinach • les épinards • der Spinat • la espinaca • gli spinaci

kohlrabi • le chou-rave • der Kohlrabi • el colinabo • il cavolo rapa

pak-choi • le chou chinois • der Chinakohl • la acelga china • la bieta

lettuce • la laitue • der Salat • la lechuga • la lattuga

broccoli • le brocoli • der Brokkoli • el brócoli • il broccolo

cabbage • le chou • der Kohl • la col • il cavolo

spring greens • le chou précoce • der Frühkohl • la berza • la verza

vegetables 2 • les légumes 2 • das Gemüse 2 • las verduras 2 • le verdure 2

turnip
le navet
die Rübe
el nabo
la rapa

artichoke
l'artichaut
die Artischocke
la alcachofa
il carciofo

radish
le radis
das Radieschen
el rábano
il ravanello

cauliflower
le chou-fleur
der Blumenkohl
la coliflor
il cavolfiore

asparagus
l'asperge
der Spargel
el espárrago
l'asparago

potato
• la omme de terre
• die artoffel
• la patata
• la patata

onion
l'oignon
die Zwiebel
la cebolla
la cipolla

pepper
le poivron
die Paprika
el pimiento
il peperone

chilli • le piment • die Peperoni
• la guindilla • il peperoncino

sweetcorn
le maïs
der Mais
el maíz
il mais

marrow
la courge
der Gartenkürbis
el calabacín gigante
la zucca

cherry tomato la tomate cerise die Kirschtomate el tomate cherry il pomodo ciliegino	**celeriac** le céleri der Sellerie el apio-nabo il sedano rapa	**frozen** surgelé tiefgefroren congelado congelato	**bitter** amer bitter amargo amaro	Can I have one kilo of potatoes please? Puis-je avoir un kilo de pommes de terre s'il vous plaît? Könnte ich bitte ein Kilo Kartoffeln haben? ¿Me da un kilo de patatas, por favor? Mi dà un chilo di patate per favore?
carrot la carotte die Karotte la zanahoria la carota	**taro root** le taro die Tarowurzel la raíz del taro la radice di taro	**raw** cru roh crudo crudo	**firm** ferme fest firme sodo	**What's the price per kilo?** C'est combien le kilo? **Was kostet ein Kilo?** ¿Cuánto vale el kilo? Quanto costa al chilo?
breadfruit le fruit de l'arbre à pain die Brotfrucht el fruto del pan il frutto dell'albero del pane	**water chestnut** la châtaigne d'eau die Wasserkastanie la castaña de agua la castagna d'acqua	**hot** (spicy) épicé scharf picante piccante	**flesh** la pulpe das Fleisch la pulpa la polpa	**What are those called?** Ils s'appellent comment? **Wie heißen diese?** ¿Cómo se llaman ésos? Quelli come si chiamano?
new potato la pomme de terre nouvelle die neue Kartoffel la patata nueva la patata novella	**cassava** le manioc der Maniok la mandioca la cassava	**sweet** sucré süß dulce dolce	**root** la racine die Wurzel la raíz la radice	

sweet potato
la patate douce
die Süßkartoffel
el boniato
la patata dolce

yam • l'igname • die
Jamswurzel • el ñame
• l'igname

beetroot • la
betterave • die Rote
Bete • la remolacha
• la barbabietola

swede • le rutabaga
• die Kohlrübe • el
nabo sueco • la
rapa svedese

Jerusalem artichoke
le topinambour
der Topinambur
el topinambur
il topinambur

horseradish • le raifort
• der Meerrettich
• el rábano picante
• il rafano

parsnip • le panais
• die Pastinake • la
chirivía • la pastinaca

ginger • le gingembre
• der Ingwer • el
jengibre • lo zenzero

aubergine • l'aubergine
• die Aubergine
• la berenjena
• la melanzana

tomato • la tomate
• die Tomate • el
tomate • il pomodoro

clove
la gousse
die Zehe
el diente
lo spicchio

spring onion • la ciboule
• die Frühlingszwiebel • la
cebolleta • la cipollina

leek • le poireau
• der Lauch • el
puerro • il porro

shallot • l'échalote
• die Schalotte • el
chalote • lo scalogno

garlic • l'ail • der
Knoblauch • el ajo
• l'aglio

truffle
la truffe
die Trüffel
la trufa
il tartufo

mushroom • le champignon
• der Pilz • el champiñón
• il fungo

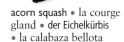

cucumber
• le concombre
• die Gurke • el
pepino • il cetriolo

courgette • la
courgette • die Zucchini
• el calabacín
• la zucchina

butternut squash
la courge musquée
der Butternusskürbis
la calabaza
la zucca Butternut

acorn squash • la courge
gland • der Eichelkürbis
• la calabaza bellota
• la zucca a ghianda

pumpkin • la
citrouille • der Kürbis
• la calabaza
• la zucca

fruit 1 • le fruit 1 • das Obst 1 • la fruta 1 • la frutta 1

citrus fruit • les agrumes • die Zitrusfrüchte • los cítricos • gli agrumi

orange • l'orange • die Orange • la naranja • l'arancia

clementine • la clémentine • die Klementine • la mandarina clementina • la clementina

ugli fruit • le tangelo • die Tangelo • el ugli • il mapo

pith
• la peau blanche
• die weiße Haut • la médula
• la scorza interna

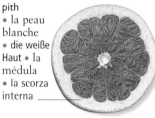

grapefruit • le pamplemousse • die Grapefruit • el pomelo • il pompelmo

segment
le quartier
der Schnitz
el gajo
lo spicchio

tangerine • la mandarine • die Mandarine • la mandarina • il mandarino

satsuma • la satsuma • die Satsuma • la mandarina satsuma • il satsuma

zest
le zeste
die Schale
la corteza
la scorza

lime • le citron vert • die Limone • la lima • la limetta

lemon • le citron • die Zitrone • el limón • il limone

kumquat • le kumquat • die Kumquat • el kumquat • l'arancino cinese

stoned fruit • les fruits à noyau • das Steinobst • la fruta con hueso • la frutta con nocciolo

peach • la pêche • der Pfirsich • el melocotón • la pesca

nectarine • la nectarine • die Nektarine • la nectarina • la pesca noce

apricot • l'abricot • die Aprikose • el albaricoque • l'albicocca

plum • la prune • die Pflaume • la ciruela • la prugna

cherry • la cerise • die Kirsche • la cereza • la ciliegia

pear • la poire • die Birne • la pera • la pera

apple • la pomme • der Apfel • la manzana • la mela

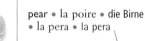
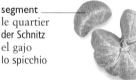

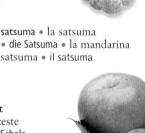

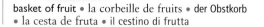

basket of fruit • la corbeille de fruits • der Obstkorb • la cesta de fruta • il cestino di frutta

english • français • deutsch • español • italiano

berries and melons • les fruits rouges et les melons • das Beerenobst und die Melonen • las bayas y los melones • i frutti di bosco e i meloni

strawberry • la fraise
• die Erdbeere • la fresa
• la fragola

raspberry • la framboise
• die Himbeere • la frambuesa
• il lampone

melon • le melon
• die Melone • el melón
• il melone

grapes • les raisins
• die Weintrauben • la uva
• l'uva

blackberry • la mûre
• die Brombeere • la mora
• la mora

redcurrant • la groseille
• die Johannisbeere • la grosella • il ribes rosso

cranberry • la canneberge
• die Preiselbeere • el arándano rojo • l'ossicocco

blackcurrant • le cassis
• die schwarze Johannisbeere
• la grosella negra
• il ribes nero

rind
l'écorce
die Schale
la corteza
la buccia

seed
le pépin
der Kern
la pepita
il seme

flesh
la pulpe
das Fruchtfleisch
la pulpa
la polpa

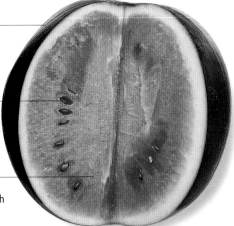

blueberry • la myrtille
• die Heidelbeere
• el arándano • il mirtillo

white currant • la groseille blanche • die weiße Johannisbeere • la grosella blanca • il ribes bianco

watermelon • la pastèque • die Wassermelone • la sandía
• l'anguria

loganberry • la loganberry
• die Loganbeere • la frambuesa
Logan • la mora-lampone

gooseberry • la groseille à maquereau • die Stachelbeere
• la grosella espinosa
• l'uva spina

rhubarb	sour	crisp	seedless	Are they ripe?
la rhubarbe	aigre	croquant	sans pépins	Est-ce qu'ils sont mûrs?
der Rhabarber	sauer	knackig	kernlos	Sind sie reif?
el ruibarbo	amargo	fresco	sin semillas	¿Están maduros?
il rabarbaro	agre	croccante	senza semi	Sono maturi?
fibre	fresh	rotten	juice	May I try one?
la fibre	frais	pourri	le jus	Je peux goûter?
die Faser	frisch	faul	der Saft	Könnte ich eine probieren?
la fibra	fresco	podrido	el jugo	¿Puedo probar uno?
la fibra	fresco	marcio	il succo	Posso assaggiarne uno?
sweet	juicy	pulp	core	How long will they keep?
sucré	juteux	la pulpe	le trognon	Ils se gardent combien de temps?
süß	saftig	das Fruchtmark	das Kerngehäuse	Wie lange halten sie sich?
dulce	jugoso	la pulpa	el corazón	¿Hasta cuándo durarán?
dolce	sugoso	la polpa	il torsolo	Per quanto tempo si mantengono?

fruit 2 • les fruits 2 • das Obst 2 • la fruta 2 • la frutta 2

mango
la mangue
die Mango
el mango
il mango

pineapple
l'ananas
die Ananas
la piña
l'ananas

avocado
l'avocat
die Avocado
el aguacate
l'avocado

papaya
la papaye
die Papaya
la papaya
la papaia

peach
la pêche
der Pfirsich
el melocotón
la pesca

lychee
le litchi
die Litschi
el lichi
il litchi

pip
le pépin
der Kern
la pepita
il seme

kiwifruit
le kiwi
die Kiwi
el kiwi
il kiwi

cape gooseberry
le physalis
die Kapstachelbeere
el phisicallis
l'alchechengi

skin
la peau
die Schale
la piel
la buccia

quince • le coing • die
Quitte • el membrillo
• la mela cotogna

passion fruit • le fruit
de la passion • die
Passionsfrucht • el
maracuyá • il frutto
della passione

banana • la banane
• die Banane • el
plátano • la banana

guava • la goyave
• die Guave • la
guayaba • la guaiava

pomegranate
• la grenade • der
Granatapfel • la granada
• la melagrana

persimmon • le kaki
• die Kaki • el caqui
• il cachi

feijoa • le feijoa
• die Feijoa • la feijoa
• il feijoa

prickly pear • la figue
de Barbarie • die
Kaktusfeige • el higo
chumbo • il fico d'india

starfruit • la carambole
• die Sternfrucht
• la carambola
• la carambola

tamarillo • le tamarillo
• die Tamarillo
• el tomate de árbol
• il tamarillo

nuts and dried fruit • les noix et les fruits secs • die Nüsse und das Dörrobst • los frutos secos • le noci e la frutta secca

pine nut • le pignon • die Piniennuss • el piñón • il pinolo

pistachio • la pistache • die Pistazie • el pistacho • il pistacchio

cashewnut • la noix de cajou • die Cashewnuss • el anacardo • l'anacardio

peanut • la cacahouète • die Erdnuss • el cacahuete • l'arachide

hazelnut • la noisette • die Haselnuss • la avellana • la nocciola

brazilnut • la noix du Brésil • die Paranuss • la nuez de Brasil • la mandorla brasiliana

pecan • la noix pacane • die Pecannuss • la pacana • la noce pecan

almond • l'amande • die Mandel • la almendra • la mandorla

walnut • la noix • die Walnuss • la nuez • la noce

chestnut • le marron • die Esskastanie • la castaña • la castagna

macadamia le macadamia die Macadamianuss la macadamia la noce di macadamia

fig • la figue • die Feige • el higo • il fico

date • la datte • die Dattel • el dátil • il dattero

prune • le pruneau • die Backpflaume • la ciruela pasa • la prugna secca

shell
la coquille
die Schale
la cáscara
il guscio

flesh
la chair
das Fruchtfleisch
la pulpa
la polpa

sultana • le raisin de Smyrne • die Sultanine • la pasa sultana • l'uva sultanina

raisin • le raisin sec • die Rosine • la pasa • l'uvetta

currant • le raisin de Corinthe • die Korinthe • la pasa de Corinto • l'uva passa

coconut • la noix de coco • die Kokosnuss • el coco • la noce di cocco

green	hard	kernel	salted	roasted	tropical fruit	shelled
vert	dur	l'amande	salé	grillé	les fruits tropicaux	décortiqué
grün	hart	der Kern	gesalzen	geröstet	die Südfrüchte	geschält
verde	duro	la almendra	salado	tostado	las frutas tropicales	pelado
verde	duro	il nocciolo	salato	arrostito	la frutta tropicale	sgusciato
ripe	soft	desiccated	raw	seasonal	candied fruit	whole
mûr	mou	séché	cru	de saison	le fruit confit	complet
reif	weich	getrocknet	roh	Saison-	die kandierten Früchte	ganz
maduro	blando	desecado	crudo	de temporada	la fruta escarchada	entero
maturo	morbido	essiccato	crudo	stagionale	la frutta candita	intero

grains and pulses • les céréales et les légumes secs
• die Getreidearten und die Hülsenfrüchte • los granos y las legumbres
• le granaglie e i legumi secchi

grains • les céréales • das Getreide • los granos • le granaglie

wheat • le blé
• der Weizen • el
trigo • il grano

oats • l'avoine
• der Hafer • la avena
• l'avena

barley • l'orge
• die Gerste • la
cebada • l'orzo

millet • le millet
• die Hirse • el mijo
• il miglio

corn • le maïs
• der Mais • el maíz
• il mais

quinoa • le quinoa
• die Reismelde • la
quinoa • la quinoa

seed	fresh	easy cook
la graine	frais	facile à cuisiner
der Samen	frisch	leicht zu kochen
la semilla	fresco	de fácil cocción
il seme	fresco	cottura facile
husk	fragranced	wholegrain
la balle	parfumé	complet
die Hülse	aromatisch	Vollkorn-
la cáscara	perfumado	integral
la pula	profumato	integrale
kernel	cereal	long-grain
le grain	la céréale	à grains longs
der Kern	die Getreideflocken	Langkorn-
el grano	los cereales	largo
il seme	il cereale	a chicco lungo
dry	soak (v)	short-grain
sec	laisser tremper	à grains ronds
trocken	einweichen	Rundkorn-
seco	poner a remojo	corto
secco	mettere a bagno	a chicco corto

rice • le riz • der Reis • el arroz • il riso

white rice • le riz blanc
• der weiße Reis • el arroz
largo • il riso bianco

brown rice • le riz complet
• der Naturreis • el arroz
integral • il riso integrale

wild rice • le riz sauvage
• der Wasserreis • el arroz
salvaje • il riso selvatico

pudding rice • le riz rond
• der Milchreis • el arroz
bomba • il riso da budino

processed grains • les céréales traitées
• die verarbeiteten Getreidearten • los granos
procesados • i cereali trattati

couscous • le couscous
• der Kuskus • el cuscús
• il cuscus

cracked wheat • le blé écrasé
• der Weizenschrot • el trigo
partido • il grano spezzato

semolina • la semoule
• der Grieß • la sémola
• la semola

bran • le son • die Kleie
• el salvado • la crusca

beans and peas • les haricots et les pois • die Bohnen und die Erbsen • las alubias y los guisantes • i fagioli e i piselli

lima beans • les gros haricots blancs • die Mondbohnen • el frijol blanco • i fagioli bianchi

navy beans • les haricots blancs • die weißen Bohnen • el frijol blanco chico • i fagioli cannellini

kidney beans • les haricots rouges • die roten Bohnen • el frijol rojo • i fagioli di Spagna

aduki beans • les adzukis • die Adzuki-bohnen • el frijol morado • i fagioli aduki

fava beans • les fèves • die Saubohnen • las habas • le fave

soybeans • les graines de soja • die Sojabohnen • la semilla de soja • i semi di soia

black-eyed peas • les haricots à œil noir • die Teparybohnen • el frijol de ojo negro • i fagioli dall'occhio nero

pinto beans • les haricots pinto • die Pintobohnen • el frijol pinto • i fagioli borlotti

mung beans • les haricots mung • die Mungbohnen • el frijol mung • i fagioli mung

flageolet beans • les flageolets • die französischen Bohnen • el frijol flageolet • i fagioli nani

brown lentils • les lentilles • die braunen Linsen • la lenteja castellana • le lenticchie marroni

red lentils • les lentilles rouges • die roten Linsen • la lenteja roja • le lenticchie rosse

peas • les petits pois • die grünen Erbsen • los chícharos • i piselli

chick peas • les pois chiches • die Kichererbsen • los garbanzos • i ceci

split peas • les pois cassés • die getrockneten Erbsen • los chícharos secos • i piselli spaccati

seeds • les graines • die Körner • las semillas • i semi

pumpkin seed • la graine de potiron • der Kürbiskern • la pipa de calabaza • il seme di zucca

mustard seed • le grain de moutarde • das Senfkorn • la mostaza en grano • il seme di mostarda

caraway • la graine de carvi • der Kümmel • el carvi • il seme di carvi

sesame seed • la graine de sésame • das Sesamkorn • la semilla de sésamo • il seme di sesamo

sunflower seed • la graine de tournesol • der Sonnenblumenkern • la pipa de girasol • il seme di girasole

herbs and spices • les herbes et les épices • die Kräuter und Gewürze • las hierbas y las especias • le erbe aromatiche e le spezie

spices • les épices • die Gewürze • las especias • le spezie

vanilla • la vanille • die Vanille • la vainilla • la vaniglia

nutmeg • la noix de muscade • die Muskatnuss • la nuez moscada • la noce moscata

mace • le macis • die Muskatblüte • la macis • il macis

turmeric • le curcuma • die Kurkuma • la cúrcuma • la curcuma

cumin • le cumin • der Kreuzkümmel • el comino • il cumino

bouquet garni • le bouquet garni • die Kräutermischung • el ramillete aromático • il mazzetto odoroso

allspice • le poivre de la Jamaïque • der Piment • la pimienta de Jamaica • il pepe della Giamaica

peppercorn • le grain de poivre • das Pfefferkorn • la pimienta en grano • il grano di pepe

fenugreek • le fenugrec • der Bockshornklee • el heno griego • il fieno greco

chilli • le piment • der Chili • la guindilla • il peperoncino rosso

whole
en morceaux
ganz
entero
intero

crushed
écrasé
zerstoßen
machacado
tritato

saffron • le safran • der Safran • el azafrán • lo zafferano

cardamom • la cardamome • der Kardamom • el cardamono • il cardamomo

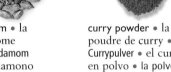

curry powder • la poudre de curry • das Currypulver • el curry en polvo • la polvere di curry

ground
en poudre
gemahlen
molido
macinato

paprika • le paprika • der Paprika • el pimentón • la paprica

flakes
en flocons
geraspelt
laminado
a scaglie

garlic • l'ail • der Knoblauch • el ajo • l'aglio

herbs • les herbes • die Kräuter • las hierbas • le erbe aromatiche

sticks
les bâtons
die Stangen
las ramas
i bastoncini

cinnamon • la cannelle
• der Zimt • la canela
• la cannella

lemon grass
• la citronnelle
• das Zitronengras • la
citronela • la citronella

cloves • le clou de
girofle • die
Gewürznelke • los clavos
• i chiodi di garofano

star anise • l'anis
étoilé • der Sternarnis
• el anís estrellado
• l'anice stellato

ginger • le gingembre
• der Ingwer • el
jengibre • lo zenzero

fennel • le fenouil • der
Fenchel • el hinojo • il
finocchio

chives • la ciboulette
• der Schnittlauch • los
cebollinos • l'erba
cipollina

tarragon • l'estragon
• der Estragon • el
estragón • il
dragoncello

oregano • l'origan
• der Oregano • el
orégano • l'origano

fennel seeds
les graines de fenouil
die Fenchelsamen
las semillas de hinojo
i semi di finocchio

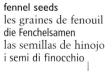

mint • la menthe
• die Minze • la menta
• la menta

marjoram • la
marjolaine • der
Majoran • la mejorana
• la maggiorana

coriander • la coriandre
• der Koriander • el
cilantro • il coriandolo

bay leaf • la feuille de
laurier • das Lorbeerblatt
• el laurel • l'alloro

thyme • le thym • der
Thymian • el tomillo
• il timo

basil • le basilic • das
Basilikum • la albahaca
• il basilico

dill • l'aneth • der Dill
• el eneldo • l'aneto

parsley • le persil
• die Petersilie • el
perejil • il prezzemolo

sage • la sauge
• der Salbei • la salvia
• la salvia

rosemary • le romarin
• der Rosmarin • el
romero • il rosmarino

bottled foods • les aliments en bouteilles • die Nahrungsmittel in Flaschen • los alimentos embotellados • i cibi imbottigliati

cork
le bouchon
der Korken
el corcho
il tappo

sunflower oil
• l'huile de
tournesol • das
Sonnenblumenöl
• el aceite de
girasol • l'olio di
semi di girasole

walnut oil • l'huile de noix
• das Walnussöl • el aceite
de nueces • l'olio di noce

grapeseed oil • l'huile de pépins
de raisin • das Traubenkernöl
• el aceite de semillas de uva
• l'olio di semi d'uva

almond oil • l'huile
d'amande • das
Mandelöl • el aceite
de almendras
• l'olio di mandorla

sesame seed oil
• l'huile de sésame
• das Sesamöl • el
aceite de sésamo
• l'olio di sesamo

hazelnut oil • l'huile
de noisette • das
Haselnussöl • el aceite
de avellanas • l'olio
di noccioline

olive oil • l'huile
d'olive • das Olivenöl
• el aceite de oliva
• l'olio d'oliva

herbs • les herbes
• die Kräuter
• las hierbas
• le erbe
aromatiche

flavoured oil • l'huile
parfumée • das
aromatische Öl • el
aceite aromatizado
• l'olio aromatizzato

oils • les huiles • die Öle • los aceites • gli oli

sweet spreads • les produits à tartiner • der süße Aufstrich • las confituras • le confetture

honeycomb • le gâteau
de miel • die Honigwabe
• el panal • il favo

set honey
le miel solide
der feste Honig
la miel compacta
il miele condensato

jar • le pot • das Glas
• el tarro • il barattolo

lemon curd • la pâte à
tartiner au citron
• der Zitronenaufstrich
• la crema de limón
• la crema al limone

raspberry jam • la
confiture de framboises
• die Himbeerkonfitüre • la
mermelada de frambuesa
• la marmellata di lamponi

marmalade • la confiture
d'oranges • die
Orangenmarmelade • la
mermelada de naranja
• la marmellata di agrumi

clear honey • le miel
liquide • der flüssige
Honig • la miel líquida
• il miele sciolto

maple syrup • le
sirop d'érable
• der Ahornsirup • el
jarabe de arce • lo
sciroppo d'acero

condiments and spreads • les condiments • die Würzen • los condimentos • condimenti e cibi da spalmare

cider vinegar
le vinaigre de cidre
der Apfelweinessig
el vinagre de sidra
l'aceto di sidro

balsamic vinegar
le vinaigre balsamique
der Gewürzessig
el vinagre balsámico
l'aceto balsamico

bottle
la bouteille
die Flasche
la botella
la bottiglia

English mustard • la moutarde anglaise • der englische Senf • la mostaza inglesa • la senape

mayonnaise • la mayonnaise • die Majonäse • la mayonesa • la maionese

ketchup • le ketchup • der Ketchup • el ketchup • il ketchup

French mustard • la moutarde française • der französische Senf • la mostaza francesa • la mostarda

chutney • le chutney • das Chutney • el chutney • il chutney

malt vinegar
le vinaigre de malt
der Malzessig
el vinagre de malta
l'aceto di malto

wine vinegar
le vinaigre de vin
der Weinessig
el vinagre de vino
l'aceto di vino

sauce • la sauce • die Soße • la salsa • la salsa

wholegrain mustard • la moutarde en grains • der grobe Senf • la mostaza en grano • la mostarda con semi

vinegar • le vinaigre • der Essig • el vinagre • l'aceto

---

sealed jar • le bocal scellé • das Einmachglas • el tarro hermético • il barattolo a chiusura ermetica

vegetable oil	rapeseed oil
l'huile végétale	l'huile de colza
das Pflanzenöl	das Rapsöl
el aceite vegetal	el aceite de colza
l'olio vegetale	l'olio di colza
corn oil	cold-pressed oil
l'huile de maïs	l'huile pressée à froid
das Maiskeimöl	das kaltgepresste Öl
el aceite de maíz	el aceite de presión en frío
l'olio di mais	l'olio spremuto a freddo
groundnut oil	
l'huile d'arachide	
das Erdnussöl	
el aceite de cacahuete	
l'olio di arachide	

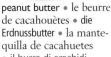

peanut butter • le beurre de cacahouètes • die Erdnussbutter • la mantequilla de cacahuetes • il burro di arachidi

chocolate spread • la pâte à tartiner au chocolat • der Schokoladenaufstrich • el chocolate para untar • la cioccolata spalmabile

preserved fruit • les fruits en bocaux • das eingemachte Obst • la fruta en conserva • la conserva di frutta

---

dairy produce • les produits laitiers • die Milchprodukte • los productos lácteos • i latticini

cheese • le fromage • der Käse • el queso • il formaggio

grated cheese
le fromage râpé
der geriebene Käse
el queso rallado
il formaggio grattugiato

rind
la croûte
die Rinde
la corteza
la crosta

semi-hard cheese
le fromage à pâte pressée non cuite
der mittelharte Käse
el queso semicurado
il formaggio semiduro

hard cheese • le fromage à pâte pressée
cuite • der Hartkäse • el queso curado
• il formaggio duro

semi-soft cheese • le
fromage à pâte semi-
molle • der halbfeste
Käse • el queso
cremoso semicurado
• il formaggio
semimorbido

cottage cheese • le
cottage • der Hütten-
käse • el requesón
• il formaggio molle
fresco

cream cheese • le
fromage à la crème
• der Rahmkäse
• el queso cremoso
• il formaggio cremoso

blue cheese
• le bleu • der
Blauschimmelkäse
• el queso azul
• il formaggio
erborinato

soft cheese • le fromage à pâte
molle • der Weichkäse • el queso
cremoso • il formaggio morbido

fresh cheese • le fromage frais • der Frischkäse
• el queso fresco • il formaggio fresco

milk • le lait • die Milch • la leche • il latte

whole milk
le lait entier
die Vollmilch
la leche entera
il latte intero

semi-skimmed milk
le lait demi-écrémé
die Halbfettmilch
la leche semidesnatada
il latte parzialmente scremato

skimmed milk
le lait écrémé
die Magermilch
la leche desnatada
il latte scremato

milk carton
le carton de lait
die Milchtüte
el cartón de leche
il cartone di latte

cow's milk • le lait de vache • die Kuhmilch • la leche de vaca • il latte di mucca

goat's milk • le lait
de chèvre
• die Ziegenmilch
• la leche de cabra
• il latte di capra

condensed milk
le lait condensé
die Kondensmilch
la leche condensada
il latte condensato

butter • le beurre • die Butter
• la mantequilla • il burro

margarine • la margarine
• die Margarine • la margarina
• la margarina

cream • la crème • die Sahne
• la nata • la panna

single cream • la crème allégée
• die fettarme Sahne • la nata
líquida • la panna liquida

double cream
la crème épaisse
die Schlagsahne
la nata para montar
la panna densa

whipped cream
la crème fouettée
die Schlagsahne
la nata montada
la panna montata

sour cream
la crème fraîche
die saure Sahne
la nata agria
la panna acida

yoghurt
le yaourt
der Joghurt
el yogur
lo yogurt

ice-cream
la glace
das Eis
el helado
il gelato

eggs • les œufs • die Eier • los huevos • le uova

yolk
le jaune d'œuf
das Eigelb
la yema
il tuorlo

egg white
le blanc d'œuf
das Eiweiß
la clara
la chiara

shell
la coquille
die Eierschale
la cáscara
il guscio

egg cup
le coquetier
der Eierbecher
la huevera
il porta uovo

boiled egg • l'œuf à la coque • das gekochte Ei
• el huevo pasado por agua • l'uovo alla coque

hen's egg • l'œuf de
poule • das Hühnerei
• el huevo de
gallina • l'uovo
di gallina

duck egg • l'œuf de
cane • das Entenei
• el huevo de pato
• l'uovo di anatra

goose egg • l'œuf
d'oie • das Gänseei
• el huevo de oca
• l'uovo d'oca

quail egg • l'œuf de caille
• das Wachtelei • el huevo de
codorniz • l'uovo di quaglia

pasteurized	fat free	salted	sheep's milk	lactose	milkshake
pasteurisé	sans matières grasses	salé	le lait de brebis	le lactose	le milk-shake
pasteurisiert	fettfrei	gesalzen	die Schafmilch	die Laktose	der Milchshake
pasteurizado	sin grasa	salado	la leche de oveja	la lactosa	el batido
pastorizzato	senza grassi	salato	il latte di pecora	il lattosio	il frullato
unpasteurized	powdered milk	unsalted	buttermilk	homogenised	frozen yoghurt
non pasteurisé	le lait en poudre	non salé	le babeurre	homogénéisé	le yaourt surgelé
unpasteurisiert	das Milchpulver	ungesalzen	die Buttermilch	homogenisiert	der gefrorene Joghurt
sin pasteurizar	la leche en polvo	sin sal	el suero de la leche	homogeneizado	el yogur helado
non pastorizzato	il latte in polvere	senza sale	il siero di latte	omogeneizzato	lo yogurt gelato

breads and flours • les pains et la farine • das Brot und das Mehl
• el pan y las harinas • il pane e le farine

sliced bread
le pain tranché
das Scheibenbrot
el pan de molde
il pane affettato

poppy seeds
les graines de pavot
der Mohn
las semillas de amapola
i semi di papavero

rye bread
le pain de seigle
das Roggenbrot
el pan de centeno
il pane di segale

baguette
la baguette
das Baguette
la baguette
il filone

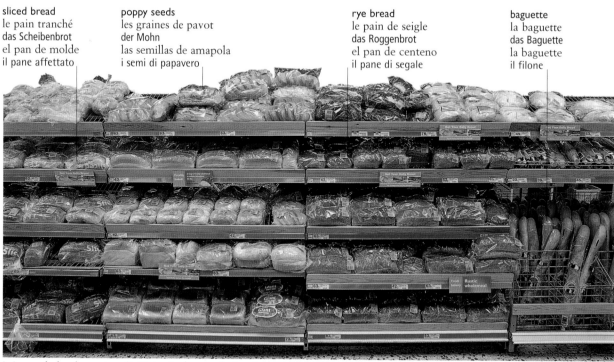

bakery • la boulangerie • die Bäckerei • la panadería • il panificio

making bread • faire du pain • Brot backen • haciendo pan • fare il pane

white flour • la farine
blanche • das Weizenmehl
• la harina blanca • la farina
bianca

brown flour • la farine
complète • das Roggenmehl
• la harina morena • la
farina nera

wholemeal flour • la farine
brute • das Vollkornmehl
• la harina integral
• la farina integrale

yeast • la levure • die Hefe
• la levadura • il lievito

dough
la pâte
der Teig
la masa
la pasta

sift (v) • tamiser • sieben
• cribar • setacciare

mix (v) • mélanger • verrühren
• mezclar • mescolare

knead (v) • pétrir • kneten
• amasar • impastare

bake (v) • faire cuir au four • backen
• hornear • cuocere al forno

crust
la croûte
die Kruste
la corteza
la crosta

loaf
le pain
der Laib
la hogaza
la pagnotta

slice
la tranche
die Scheibe
la rebanada
la fetta

white bread • le pain blanc • das Weißbrot • el pan blanco • il pane bianco

brown bread • le pain bis • das Graubrot • el pan moreno • il pane nero

wholemeal bread • le pain de son • das Vollkornbrot • el pan integral • il pane integrale

granary bread • le pain complet • das Mehrkornbrot • el pan con grano • il pane di granaio

corn bread • le pain de maïs • das Maisbrot • el pan de maíz • il pane di mais

soda bread • le pain à la bicarbonate de soude • das Sodabrot • el pan al bicarbonato sódico • il pane lievitato con bicarbonato di sodio

sourdough bread • le pain au levain • das Sauerteigbrot • el pan fermentado • il pane di lievito naturale

flatbread • le pain plat • das Fladenbrot • el pan sin levadura • la schiacciata

bagel • le petit pain américain • das Hefebrötchen • la rosquilla • il bagel

bap • le petit pain rond • das weiche Brötchen • el bollo • la pagnotella

roll • le petit pain • das Brötchen • el panecillo • il panino

fruit bread • le pain aux raisins secs • das Rosinenbrot • el plumcake • il pane alla frutta

seeded bread • le pain aux graines • das Körnerbrot • el pan con semillas • il pane con semi

naan bread • le naan • der Naan • el naan • il naan

pitta bread • le pita • das Pitabrot • el pan de pita • la pita

crispbread • le biscuit scandinave • das Knäckebrot • el biscote • i crackers

self-raising flour la farine avec la levure das Mehl mit Backpulver la harina con levadura la farina autolievitante	plain flour la farine sans levure das Mehl ohne Backpulver la harina blanca la farina semplice	prove (v) lever gehen lassen levar riposare	breadcrumbs la chapelure das Paniermehl el pan rallado le briciole	slicer la machine à couper der Brotschneider el rebanador l'affettatrice
strong flour la farine traitée das angereicherte Mehl la harina para pan la farina per il pane	rise (v) se lever aufgehen subir lievitare	glaze (v) glacer glasieren glasear glassare	flute la flûte die Flöte la barra il filoncino	baker le boulanger der Bäcker el panadero il panettiere

cakes and desserts • les gâteaux et les desserts • Kuchen und Nachspeisen • la repostería • i dolci e i dessert

éclair
l'éclair
das Eclair
el profiterol
il bignè

cream
la crème
die Sahne
la nata
la panna

filling
la garniture
die Füllung
el relleno
il ripieno

choux pastry
la pâte à choux
der Brandteig
la masa de profiteroles
il bignè ripieno

puff pastry
la pâte feuilletée
der Blätterteig
el hojaldre
la pasta sfoglia

filo pastry
la pâte de filo
der Blätterteig
la masa brisa
la pasta filo

fruit cake
le cake
der englische Kuchen
el plum-cake
il dolce alla frutta

fruit tart
la tarte aux fruits
das Obsttortelett
la tartaleta de fruta
la crostatina

meringue
la meringue
das Baiser
el merengue
la meringa

chocolate coated
enrobé de chocolat
mit Schokolade überzogen
cubierto de chocolate
ricoperto di cioccolato

muffin
le muffin
der Muffin
el muffin
il muffin

sponge cake
la madeleine
das Biskuittörtchen
la magdalena
il pan di Spagna

cakes • les gâteaux • das Gebäck • los pasteles • i dolci

crème patisserie la crème pâtissière die Konditorcreme la crema pastelera la crema pasticcera	bun le petit gâteau das Teilchen el bollo la focaccia	pastry la pâte der Teig la masa la pasta	rice pudding le riz au lait der Milchreis el arroz con leche il budino di riso	May I have a slice please? Est-ce que je peux avoir une tranche s'il vous plaît? Könnte ich bitte ein Stück haben? ¿Puedo tomar un trozo? Posso avere una fetta?
chocolate cake le gâteau au chocolat die Schokoladentorte el pastel de chocolate la torta al cioccolato	custard la crème anglaise der Vanillepudding las natillas la crema	slice la tranche das Stück el trozo la fetta	celebration la fête die Feier la celebración la festa	

chocolate chip • les pépites de chocolat • das Schokoladenstückchen • los trocitos de chocolate • il biscotto con scaglie di cioccolato

sponge fingers
les boudoirs
die Löffelbiskuits
las soletillas
i savoiardi

florentine
• le florentine
• der Florentiner
• la florentina
• il biscotto alle noci

trifle • le diplomate
• das Trifle • el postre de soletillas, gelatina de frutas y nata • la zuppa inglese

biscuits • les biscuits • die Kekse • las galletas • i biscotti

mousse • la mousse
• die Mousse • la mousse • il mousse

sorbet • le sorbet
• das Sorbett • el sorbete • il sorbetto

cream pie • la tarte à la crème • die Sahnetorte • el pastel de nata • la torta alla crema

crème caramel • la crème caramel • der Karamellpudding • el flan • il crème caramel

celebration cakes • les gâteaux de fête • die festlichen Kuchen • las tartas para celebraciones • le torte per celebrazioni

top tier
l'étage supérieur
der obere Kuchenteil
el último piso
il piano superiore

ribbon
le ruban
das Band
la cinta
il nastro

bottom tier
l'étage inférieur
der untere Kuchenteil
el primer piso
il piano inferiore

icing
le glaçage
der Zuckerguss
la alcorza
la glassa

marzipan
la pâte d'amandes
das Marzipan
el mazapán
il marzapane

decoration
la décoration
die Dekoration
la decoración
la decorazione

birthday candles
les bougies d'anniversaire
die Geburtstagskerzen
las velas de cumpleaños
le candeline

blow out (v)
souffler
ausblasen
apagar
soffiare

wedding cake • le gâteau de mariage • die Hochzeitstorte • la tarta nupcial • la torta nuziale

birthday cake • le gâteau d'anniversaire • der Geburtstagskuchen • la tarta de cumpleaños • la torta di compleanno

delicatessen • la charcuterie • die Feinkost • la charcutería • la salumeria

spicy sausage
le saucisson piquant
die pikante Wurst
el fiambre
la salsiccia piccante

vinegar
le vinaigre
der Essig
el vinagre
l'aceto

oil
l'huile
das Öl
el aceite
l'olio

flan • la quiche • die
Quiche • la quiche
• lo sformato

uncooked meat
la viande non cuite
das frische Fleisch
la carne fresca
la carne cruda

counter
le comptoir
die Theke
el mostrador
il banco

salami • le salami
• die Salami • el salami
• il salame

pepperoni • le pepperoni
• die Pepperoniwurst
• el salchichón
• il salame piccante

pâté • le pâté • die Pastete
• el paté • il pâté

mozzarella • la mozzarella
• der Mozzarella • la
mozzarella • la mozzarella

brie • le brie • der Brie
• el brie • il brie

goat's cheese • le fromage de
chèvre • der Ziegenkäse • el
queso de cabra • il formaggio
di capra

cheddar • le cheddar • der
Cheddar • el cheddar • il
cheddar

parmesan • le parmesan
• der Parmesan • el
parmesano • il parmigiano

camembert • le camembert
• der Camembert • el
camembert • il camembert

rind
la croûte
die Rinde
la corteza
la scorza

edam • l'édam • der
Edamer • el queso
de bola • l'edam

manchego • le manchego
• der Manchego • el
manchego • il manchego

pies • les pâtés en
croûte • die Pasteten
• los pasteles de carne
• i pasticci di carne

black olive
l'olive noire
die schwarze Olive
la aceituna negra
l'oliva nera

chilli
le piment
die Peperoni
la guindilla
il peperoncino

sauce
la sauce
die Soße
la salsa
la salsa

bread roll
le petit pain
das Brötchen
el panecillo
il panino

cooked meat
la viande cuite
das gekochte Fleisch
el fiambre
la carne cotta

green olive
l'olive verte
die grüne Olive
la aceituna verde
l'oliva verde

ham • le jambon
• der Schinken
• el jamón
• il prosciutto

sandwich counter • le comptoir sandwichs • die Sandwichtheke
• el mostrador de bocadillos • la paninoteca

smoked fish • le poisson
fumé • der Räucherfisch
• el pescado ahumado
• il pesce affumicato

capers • les câpres • die
Kapern • las alcaparras
• i capperi

chorizo • le chorizo
• die Chorizo • el chorizo
• il chorizo

in oil • à l'huile • in Öl • en aceite • sott'olio

in brine • en saumure • in Lake • en salmuera • in salamoia

marinated • mariné • mariniert • adobado • marinato

salted • salé • gepökelt • salado • salato

smoked • fumé • geräuchert • ahumado • affumicato

cured • séché • getrocknet • curado • trattato

Take a number please.
Prenez un numéro, s'il vous plaît.
Nehmen Sie bitte eine Nummer.
Coja un número, por favor.
Prenda un numero, per favore.

Can I try some of that please?
Est-ce que je peut goûter un peu de ça, s'il vous plaît?
Kann ich bitte etwas davon probieren?
¿Puedo probar un poco de eso?
Posso assaggiare un po' di quello, per favore?

May I have six slices of that please?
Je voudrais six tranches, s'il vous plaît.
Ich hätte gerne sechs Scheiben davon, bitte.
¿Me pone seis lonchas de aquél?
Mi dà sei fette di quello, per favore?

prosciutto • le prosciutto
• der Prosciutto • el jamón
serrano • il prosciutto crudo

stuffed olive • l'olive fourrée
• die gefüllte Olive • la aceituna
rellena • le olive ripiene

drinks • les boissons • die Getränke • las bebidas • le bevande

water • l' eau • das Wasser • el agua • l'acqua

bottled water
l'eau en bouteille
das Flaschenwasser
el agua embotellada
l'acqua in bottiglia

sparkling
gazeux
mit Kohlensäure
con gas
frizzante

tap water • l'eau du robinet • das Leitungswasser • el agua de grifo • l'acqua dal rubinetto

still
non gazeux
ohne Kohlensäure
sin gas
naturale

tonic water • le tonic • das Tonicwater la tónica • l'acqua tonica

soda water • le soda • das Sodawasser • la soda • la soda

mineral water • l'eau minérale • das Mineralwasser • el agua mineral • l'acqua minerale

hot drinks • les boissons chaudes • die heißen Getränke • las bebidas calientes • le bevande calde

teabag • le sachet de thé • der Teebeutel • la bolsita de té • la bustina di tè

loose leaf tea • les feuilles de thé • die Teeblätter • el té en hoja • il tè sciolto

tea • le thé • der Tee • el té • il tè

beans • les grains • die Bohnen • los granos • i chicchi

ground coffee
le café moulu
der gemahlene Kaffee
el café molido
il caffè macinato

coffee • le café • der Kaffee • el café • il caffè

hot chocolate • le chocolat chaud • die heiße Schokolade • el chocolate caliente • il cioccolato caldo

malted drink • la boisson maltée • das Malzgetränk • la bebida malteada • la bevanda al malto

soft drinks • les boissons non alcoolisées • die alkoholfreien Getränke • los refrescos • le bibite

straw • la paille • der Strohhalm • la pajita • la cannuccia

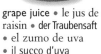

tomato juice • le jus de tomate • der Tomatensaft • el zumo de tomate • il succo di pomodoro

grape juice • le jus de raisin • der Traubensaft • el zumo de uva • il succo d'uva

lemonade • la limonade • die Limonade • la limonada • la limonata

orangeade • l'orangeade • die Orangeade • la naranjada • l'aranciata

cola • le coca • die Cola • la cola • la coca

alcoholic drinks • les boissons alcoolisées • die alkoholischen Getränke • las bebidas alcohólicas • le bevande alcoliche

gin • le gin • der Gin • la ginebra • il gin

can
la boîte
die Dose
la lata
la lattina

beer • la bière • das Bier • la cerveza • la birra

cider • le cidre • der Apfelwein • la sidra • il sidro

bitter • la bière anglaise • das halbdunkle Bier • la cerveza amarga • la birra amara

stout • la bière brune • der Stout • la cerveza negra • la birra scura

vodka • la vodka • der Wodka • el vodka • la vodka

whisky • le whisky • der Whisky • el whisky • il whisky

rum • le rhum • der Rum • el ron • il rum

brandy • le brandy • der Weinbrand • el coñac • il brandy

dry • sec • trocken • seco • secco

rosé
rosé
rosé
rosado
rosé

white
blanc
weiß
blanco
bianco

red
rouge
rot
tinto
rosso

port • le porto • der Portwein • el oporto • il porto

sherry • le sherry • der Sherry • el vino de jerez • lo sherry

campari • le campari • der Campari • el campari • il Campari

liqueur • la liqueur • der Likör • el licor • il liquore

tequila • la téquila • der Tequila • el tequila • la tequila

champagne • le champagne • der Champagner • el champán • lo champagne

wine • le vin • der Wein • el vino • il vino

eating out
sortir manger
auswärts essen
comer fuera
mangiare fuori

café • le café • das Café • la cafetería • il caffè

umbrella
le parasol
der Sonnenschirm
la sombrilla
l'ombrellone

awning
le store
die Markise
el toldo
la tenda

menu
le menu
die Speisekarte
la carta
il menù

terrace café • la terrasse de café • das Terrassencafé
• la terraza • il bar con terrazza

waiter
le serveur
der Kellner
el camarero
il cameriere

coffee machine
le percolateur
die Kaffeemaschine
la máquina del café
la macchina del caffè

table
la table
der Tisch
la mesa
il tavolo

snack bar • le snack • die Snackbar • el bar • lo snack bar

pavement café • la terrasse de café • das Straßencafé
• la cafetería con mesas fuera • il bar all'aperto

---

coffee • le café • der Kaffee • el café • il caffè

white coffee
le crème
der Kaffee mit Milch
el café con leche
il caffè macchiato

black coffee
le noir
der schwarze Kaffee
el café solo
il caffè nero

cocoa powder
le chocolat en poudre
das Kakaopulver
el cacao en polvo
la polvere di cacao

froth
la mousse
der Schaum
la espuma
la schiuma

filter coffee • le café filtre • der
Filterkaffee • el café de cafetera
eléctrica • il caffè filtrato

espresso • l'expresso
• der Espresso • el café
solo • l'espresso

cappuccino • le cappuccino
• der Cappuccino • el
cappuccino • il cappuccino

iced coffee • le café glacé
• der Eiskaffee • el café con
hielo • il caffè freddo

---

english • français • deutsch • español • italiano

tea • le thé • der Tee • el té • il tè

herbal tea
la tisane
der Kräutertee
la infusión
il tè alle erbe

camomile tea • la camomille • der Kamillentee • la manzanilla • la camomilla

green tea • le thé vert • der grüne Tee • el té verde • il tè verde

tea with milk • le thé au lait • der Tee mit Milch • el té con leche • il tè con latte

black tea • le thé nature • der schwarze Tee • el té solo • il tè nero

tea with lemon • le thé au citron • der Tee mit Zitrone • el té con limón • il tè al limone

mint tea • l'infusion de menthe • der Pfefferminztee • la menta poleo • il tè alla menta

iced tea • le thé glacé • der Eistee • el té con hielo • il tè freddo

juices and milkshakes • les jus et milk-shakes • die Säfte und Milchshakes • los zumos y los batidos • le spremute e i frappé

chocolate milkshake
le milk-shake au chocolat
der Schokoladenmilchshake
el batido de chocolate
il frappé al cioccolato

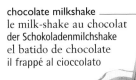

strawberry milkshake
le milk-shake à la fraise
der Erdbeermilchshake
el batido de fresa
il frappé alle fragole

orange juice • le jus d'orange • der Orangensaft • el zumo de naranja • il succo d'arancia

apple juice • le jus de pomme • der Apfelsaft • el zumo de manzana • il succo di mela

pineapple juice le jus d'ananas der Ananassaft el zumo de piña il succo d'ananas

tomato juice • le jus de tomate • der Tomatensaft • el zumo de tomate • il succo di pomodoro

coffee milkshake
le milk-shake au café
der Kaffeemilchshake
el batido de café
il frappé al caffè

food • la nourriture • das Essen • la comida • il cibo

brown bread
le pain bis
das Graubrot
el pan integral
il pane integrale

scoop
la boule
die Kugel
la bola
la pallina

toasted sandwich • le sandwich grillé • der getoastete Sandwich • el sandwich tostado • il tramezzino tostato

salad • la salade • der Salat • la ensalada • l'insalata

ice cream • la glace • das Eis • el helado • il gelato

pastry • la pâtisserie • das Gebäck • el pastel • la pasta

bar • le bar • die Bar • el bar • il bar

glasses
les verres
die Gläser
los vasos
i bicchieri

optic
la mesure
das Maß
el medidor óptico
il misurino

till
la caisse
die Kasse
la caja
la cassa

bartender
le barman
der Barkeeper
el camarero
il barista

beer tap
la pompe à biere
der Zapfhahn
el grifo de cerveza
lo spillatore di birra

coffee machine
le percolateur
die Kaffeemaschine
la máquina del café
la macchina del caffè

ice bucket
le seau à glace
der Eiskübel
la champanera
il portaghiaccio

bar stool
le tabouret de bar
der Barhocker
el taburete
lo sgabello

ashtray
le cendrier
der Aschbecher
el cenicero
il posacenere

coaster
le dessous de verre
der Untersetzer
el posavasos
il sottobicchiere

bar counter
le comptoir
die Theke
la barra
il banco

bottle opener
l'ouvre-bouteille
der Flaschenöffner
el abrebotellas
l'apribottiglie

lever
le levier
der Hebel
la palanca
la leva

tongs
les pinces
die Eiszange
las pinzas
le pinze

stirrer
l'agitateur
der Cocktailrührer
el agitador
il miscelatore

measure
le verre gradué
der Messbecher
el medidor
il misurino

corkscrew • le tire-bouchon • der Korkenzieher
• el sacacorchos • il cavatappi

cocktail shaker • le shaker à cocktails • der Cocktailshaker
• la coctelera • lo shaker

pitcher
le pichet
der Krug
la jarra
la brocca

ice cube
le glaçon
der Eiswürfel
el cubito de hielo
il cubetto di ghiaccio

gin and tonic • le gin tonic
• der Gin Tonic • el gin tonic
• il gin tonic

scotch and water • le scotch
à l'eau • der Scotch mit Wasser
• el whiskey escocés con
agua • il whisky con acqua

rum and coke • le rhum coca
• der Rum mit Cola • el ron
con Coca-Cola • il rum con
coca cola

vodka and orange • la vodka
à l'orange • der Wodka mit
Orangensaft • el vodka con
naranja • la vodka all'arancia

martini • le martini
• der Martini • el
martini • il martini

cocktail • le cocktail
• der Cocktail • el cóctel
• il cocktail

wine • le vin • der Wein
• el vino • il vino

beer • la bière • das Bier
• la cerveza • la birra

double
double
doppelt
doble
doppio

single
simple
einfach
sencillo
singolo

ice and lemon
citron et glaçons
Eis und Zitrone
con hielo y limón
con ghiaccio e limone

a shot • un coup • ein Schuss
• un trago • un bicchiere

measure • la mesure • das
Maß • la medida • la misura

without ice • sans glaçons
• ohne Eis • sin hielo • liscio

with ice • avec des glaçons
• mit Eis • con hielo • con
ghiaccio

---

bar snacks • les amuse-gueule • die Knabbereien • los aperitivos • gli stuzzichini

cashewnuts
les noix de cajou
die Cashewnüsse
los anacardos
gli anacardi

almonds
les amandes
die Mandeln
las almendras
le mandorle

peanuts
les cacahouètes
die Erdnüsse
los cacahuetes
le noccioline americane

crisps • les chips • die Kartoffelchips
• las patatas fritas • le patatine

nuts • les noix • die Nüsse • los
frutos secos • le noccioline

olives • les olives • die Oliven
• las aceitunas • le olive

restaurant • le restaurant • das Restaurant • el restaurante • il ristorante

table setting
le couvert
das Gedeck
el cubierto
il coperto

commis chef
le commis
der Hilfskoch
el ayudante del chef
l'aiuto cuoco

chef
le chef de cuisine
der Küchenchef
el chef
il cuoco

kitchen • la cuisine • die Küche • la cocina
• la cucina

glass
le verre
das Glas
la copa
il bicchiere

tray
le plateau
das Tablett
la bandeja
il vassoio

waiter • le garçon • der Kellner
• el camarero • il cameriere

lunch menu	**specials**	**price**	**tip**	**buffet**	**salt**
le menu du déjeuner	les spécialités	le prix	le pourboire	le buffet	le sel
das Mittagsmenü	die Spezialitäten	der Preis	das Trinkgeld	das Buffet	das Salz
el menú de la comida	los platos del día	el precio	la propina	el buffet	la sal
il menù del pranzo	i piatti del giorno	il prezzo	la mancia	il buffet	il sale
evening menu	**à la carte**	**bill**	**service included**	**bar**	**pepper**
le menu du soir	à la carte	l'addition	service compris	le bar	le poivre
das Abendmenü	à la carte	die Rechnung	Bedienung inbegriffen	die Bar	der Pfeffer
el menú de la cena	a la carta	la cuenta	servicio incluido	el bar	la pimienta
il menù della cena	a la carte	il conto	servizio compreso	il bar	il pepe
wine list	**sweet trolley**	**receipt**	**service not included**	**customer**	
la carte des vins	le plateau à desserts	le reçu	service non compris	le client	
die Weinkarte	der Dessertwagen	die Quittung	ohne Bedienung	der Kunde	
la lista de vinos	el carrito de los postres	el recibo	servicio no incluido	el cliente	
la lista dei vini	il carrello dei dolci	la ricevuta	servizio non compreso	il cliente	

english • français • deutsch • español • italiano

menu • la carte • die Speisekarte • la carta • il menù

child's meal • le menu d'enfant • die Kinderportion • el menú para niños • il menù per bambini

order (v) • commander • bestellen • pedir • ordinare

pay (v) • payer • bezahlen • pagar • pagare

courses • les plats • die Gänge • los platos • le portate

apéritif • l'apéritif • der Aperitif • el aperitivo • l'aperitivo

starter • l'entrée • die Vorspeise • el entrante • l'antipasto

soup • la soupe • die Suppe • la sopa • la minestra

main course • le plat principal • das Hauptgericht • el plato principal • il piatto principale

side order • l'accompagnement • die Beilage • el acompañamiento • il contorno

dessert • le dessert • der Nachtisch • el postre • il dessert

coffee • le café • der Kaffee • el café • il caffè

A table for two please.
Une table pour deux, s'il vous plaît.
Einen Tisch für zwei Personen, bitte.
Una mesa para dos, por favor.
Un tavolo per due, per favore.

Can I see the menu/winelist please?
La carte/la carte des vins, s'il vous plaît.
Die Speisekarte/Weinkarte, bitte.
¿Podría ver la carta/lista de vinos, por favor?
Posso vedere il menù\la lista dei vini, per favore?

Is there a fixed price menu?
Avez-vous un menu à prix fixe?
Haben Sie ein Tagesmenü?
¿Hay menú del día?
C'è un menù a prezzo fisso?

Do you have any vegetarian dishes?
Avez vous des plats végétariens?
Haben Sie vegetarische Gerichte?
¿Tiene platos vegetarianos?
Avete dei piatti vegetariani?

Could I have the bill/a receipt please?
L'addition/un reçu, s'il vous plaît.
Könnte ich bitte die Rechnung/eine Quittung haben?
¿Me podría traer la cuenta/un recibo?
Posso avere il conto\una ricevuta per favore?

Can we pay separately?
Pouvons-nous payer chacun notre part?
Können wir getrennt zahlen?
¿Podemos pagar por separado?
Possiamo pagare separatamente?

Where are the toilets, please?
Où sont les toilettes, s'il vous plaît?
Wo sind die Toiletten, bitte?
¿Dónde están los servicios, por favor?
Dove sono i bagni per favore?

---

fast food • la restauration rapide • der Schnellimbiss • la comida rápida • il fast food

straw
la paille
der Strohhalm
la pajita
la cannuccia

burger
le hamburger
der Hamburger
la hamburguesa
l'hamburger

soft drink
la boisson non-alcoolisée
das alkoholfreie Getränk
el refresco
la bibita

french fries
les frites
die Pommes frites
las patatas fritas
le patate fritte

paper napkin
la serviette en papier
die Papierserviette
la servilleta de papel
il tovagliolo di carta

tray
le plateau
das Tablett
la bandeja
il vassoio

burger meal • le hamburger avec des frites • der Hamburger mit Pommes frites • la hamburguesa con patatas fritas • il pasto con hamburger

pizza • la pizza • die Pizza • la pizza • la pizza

price list • le tarif • die Preisliste • la lista de precios • il listino

canned drink
la boisson en boîte
das Dosengetränk
la lata de bebida
la bibita in lattina

home delivery • la livraison à domicile • die Lieferung ins Haus • la entrega a domicilio • la consegna a domicilio

street stall • le marchand de hot-dogs • der Imbissstand • el puesto callejero • il venditore ambulante

pizza parlour
la pizzeria
die Pizzeria
la pizzería
la pizzeria

burger bar
le restaurant rapide
die Imbissstube
la hamburguesería
il fastfood

menu
la carte
die Speisekarte
el menú
il menù

eat-in
manger sur place
hier essen
para comer en el local
mangiare sul posto

take-away
à emporter
zum Mitnehmen
para llevar
asporto

re-heat *(v)*
réchauffer
aufwärmen
recalentar
riscaldare

tomato sauce
le ketchup
der Tomatenketchup
el ketchup
la salsa di pomodoro

Can I have that to go please?
À emporter, s'il vous plaît.
Ich möchte das mitnehmen.
¿Me lo pone para llevar?
Me lo dà da asporto?

Do you deliver?
Est-ce que vous livrez à domicile?
Liefern Sie ins Haus?
¿Entregan a domicilio?
Consegnate a domicilio?

bun
le petit pan
das Brötchen
el bollo
il panino

mustard
la moutarde
der Senf
la mostaza
la senape

sausage
la saucisse
die Wurst
la salchicha
il wurstel

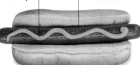

hamburger • le hamburger
• der Hamburger • la
hamburguesa • l'hamburger

chicken burger • le hamburger
au poulet • der Chickenburger
• la hamburguesa de pollo
• l'hamburger di pollo

veggie burger • le hamburger végétarien
• der vegetarische Hamburger • la hamburguesa
vegetariana • l'hamburger vegetariano

hot dog • le hot-dog
• das Hot Dog • el perrito
caliente • l'hot dog

filling
la garniture
die Füllung
el relleno
il ripieno

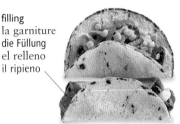

sandwich • le sandwich
• der Sandwich • el bocadillo
• il tramezzino

club sandwich • le sandwich
mixte • der Klubsandwich
• el club sandwich
• il tramezzino a strati

open sandwich • le canapé • das
belegte Brot • el sandwich abierto
• il tramezzino aperto

wrap • le taco • das
gefüllte Fladenbrot • el
taco • la piadina

sauce
la sauce
die Soße
la salsa
la salsa

savoury
salé
salzig
salado
salato

sweet
sucré
süß
dulce
dolce

kebab • le kébab • der Kebab
• el pincho moruno • il kebab

chicken nuggets • les beignets
de poulet • die Hähnchenstückchen
• las porciones de pollo
• i bocconcini di pollo

crêpes • les crêpes • die
Crêpes • la crêpe • la crepe

topping
la garniture
der Pizzabelag
los ingredientes
il condimento

fish and chips • le poisson avec
des frites • der Bratfisch mit Pommes
frites • el pescado y las patatas
fritas • il pesce con patatine

ribs • les côtes • die
Rippen • las costillas
• le costolette

fried chicken • le poulet frit
• das gebratene Hähnchen • el
pollo frito • il pollo fritto

pizza • la pizza
• die Pizza • la
pizza • la pizza

breakfast • le petit déjeuner • das Frühstück • el desayuno • la colazione

milk
le lait
die Milch
la leche
il latte

cereal
les céréales
die Getreideflocken
los cereales
il cereale

jam
la confiture
die Konfitüre
la mermelada
la marmellata

dried fruit
les fruit secs
das Dörrobst
la fruta desecada
la frutta secca

ham
le jambon
der Schinken
el jamón
il prosciutto

cheese
le fromage
der Käse
el queso
il formaggio

crispbread
le biscuit scandinave
das Knäckebrot
la galleta de centeno
il pane biscottato

breakfast buffet • le buffet du petit déjeuner • das Frühstücks-
buffet • el buffet de desayuno • il buffet della colazione

marmalade
la confiture d'oranges
die Orangenmarmelade
la mermelada de naranja
la marmellata di agrumi

pâté
le pâté
die Pastete
el paté
il pâté

butter
le beurre
die Butter
la mantequilla
il burro

fruit juice
le jus de fruit
der Obstsaft
el zumo de frutas
il succo di frutta

coffee
le café
der Kaffee
el café
il caffè

croissant
le croissant
das Croissant
el croissant
il cornetto

hot chocolate
le chocolat chaud
die Schokolade
el cacao
la cioccolata calda

tea
le thé
der Tee
el té
il tè

breakfast table • la table du petit déjeuner • der Frühstückstisch
• la mesa del desayuno • il tavolo della colazione

drinks • les boissons • die Getränke
• las bebidas • le bevande

brioche • la brioche • die Brioche • el pan dulce francés • la brioche

bread • le pain • das Brot • el pan • il pane

toast
le toast
der Toast
la tostada
il pane tostato

fried egg
l'œuf sur le plat
das Spiegelei
el huevo frito
l'uovo fritto

tomato
la tomate
die Tomate
el tomate
il pomodoro

black pudding
le boudin
die Blutwurst
la morcilla
il sanguinaccio

sausage
la saucisse
das Würstchen
la salchicha
la salsiccia

bacon
le bacon
der Frühstücksspeck
el bacon
la pancetta

English breakfast • le petit déjeuner anglais • das englische Frühstück • el desayuno inglés • la colazione all'inglese

kippers • les kippers • die Räucherheringe • los arenques ahumados • le aringhe affumicate

french toast • le pain perdu • das in Ei gebratene Brot • la torrija • il pane fritto all'uovo

yolk
le jaune d'œuf
das Eigelb
la yema
il tuorlo

boiled egg • l'œuf à la coque • das gekochte Ei • el huevo pasado por agua • l'uovo alla coque

scrambled eggs • les œufs brouillés • das Rührei • los huevos revueltos • le uova strapazzate

cream
la crème
die Sahne
la nata
la panna

pancakes • les crêpes • die Pfannkuchen • los crepes • le crêpes

waffles • les gaufres • die Waffeln • los gofres • i waffle

fruit yoghurt
le yaourt aux fruits
der Früchtejoghurt
el yogurt de frutas
lo yogurt alla frutta

porridge • le porridge • der Porridge • las gachas de avena • il porridge

fresh fruit • les fruits • das Obst • la fruta fresca • la frutta fresca

dinner • le repas • die Hauptmahlzeit • la comida principal • la cena

soup • le potage • die Suppe • la sopa • la minestra

broth • le bouillon • die Brühe • el caldo • la zuppa

stew • le ragoût • der Eintopf • el guiso • lo stufato

curry • le curry • das Curry • el curry • il curry

roast • le rôti • der Braten • el asado • l'arrosto

pie • la tourte • die Pastete • el pastel • il pasticcio

soufflé • le soufflé • das Soufflé • el soufflé • il soufflé

kebab • le chiche-kébab • der Schaschlik • el pincho • lo spiedino

meatballs • les boulettes de viande • die Fleischklöße • las albóndigas • le polpette

omelette • l'omelette • das Omelett • la tortilla • la frittata

noodles • les nouilles • die Nudeln • los fideos • i taglierini

stir fry • le sauté • das Schnellbratgericht • el revuelto • la frittura

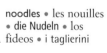

pasta • les pâtes • die Nudeln • la pasta • la pasta

rice • le riz • der Reis • el arroz • il riso

mixed salad • la salade composée • der gemischte Salat • la ensalada mixta • l'insalata mista

green salad • la salade verte • der grüne Salat • la ensalada verde • l'insalata verde

dressing • la vinaigrette • die Salatsoße • el aliño • il condimento

techniques • la préparation • die Zubereitung • las técnicas • i metodi

stuffed • farci • gefüllt • relleno • farcito

in sauce • en sauce • in Soße • en salsa • al sugo

grilled • grillé • gegrillt • a la plancha • alla griglia

marinated • mariné • mariniert • adobado • marinato

poached • poché • pochiert • escalfado • affogato

mashed • en purée • püriert • hecho puré • schiacciato

baked • cuit • gebacken • cocido en el horno • cotto al forno

pan fried • sauté • kurzgebraten • frito con poco aceite • fritto in padella

fried • frit • gebraten • frito • fritto

pickled • macéré • eingelegt • en vinagre • sottaceto

smoked • fumé • geräuchert • ahumado • affumicato

deep fried • frit • frittiert • frito con mucho aceite • fritto in olio abbondante

in syrup • au sirop • in Saft • en almíbar • allo sciroppo

dressed • assaisonné • angemacht • aliñado • condito

steamed • cuit à la vapeur • gedämpft • al vapor • al vapore

cured • séché • getrocknet • curado • stagionato

study
l'étude
das Lernen
el estudio
lo studio

school • l'école • die Schule • el colegio • la scuola

blackboard
le tableau
die Tafel
la pizarra
la lavagna

teacher
l'institutrice
die Lehrerin
la profesora
l'insegnante

school bag
le cartable
die Schultasche
la cartera
la cartella

pupil
l'élève
der Schüler
el alumno
l'alunno

desk
le pupitre
das Pult
el pupitre
il banco

chalk
la craie
die Kreide
la tiza
il gesso

classroom • la salle de classe • das Klassenzimmer • el aula • l'aula

schoolgirl • l'écolière • das Schulmädchen • la colegiala • la scolara

schoolboy • l'écolier • der Schuljunge • el colegial • lo scolaro

history	art	physics
l'histoire	l'art	la physique
die Geschichte	die Kunst	die Physik
la historia	el arte	la física
la storia	l'arte	la fisica
geography	music	chemistry
la géographie	la musique	la chimie
die Erdkunde	die Musik	die Chemie
la geografía	la música	la química
la geografia	la musica	la chimica
literature	maths	biology
la littérature	les mathématiques	la biologie
die Literatur	die Mathematik	die Biologie
la literatura	las matemáticas	la biología
la letteratura	la matematica	la biologia
languages	science	physical education
les langues	les sciences	l'éducation physique
die Sprachen	die Naturwissenschaft	der Sport
los idiomas	la ciencia	la educación física
le lingue	la scienza	l'educazione fisica

activities • les activités • die Aktivitäten • las actividades • le attività

read (v) • lire • lesen • leer • leggere

write (v) • écrire • schreiben • escribir • scrivere

spell (v) • épeler • buchstabieren • deletrear • scandire

draw (v) • dessiner • zeichnen • dibujar • disegnare

digital projector • le projecteur numérique • der Digitalprojektor • el proyector digital • il proiettore digitale

nib
la plume
die Feder
la punta
la punta

pen • le stylo • der Füller • el bolígrafo • la penna

colouring pencil
le crayon de couleur
der Buntstift
el lápiz de colores
la matita colorata

pencil sharpener
le taille-crayon
der Spitzer
el sacapuntas
il temperamatite

pencil • le crayon • der Bleistift • el lápiz • la matita

notebook • le cahier • das Heft • el cuaderno • il quaderno

rubber • la gomme • der Radiergummi • la goma • la gomma

textbook • le livre • das Schulbuch • el libro de texto • il libro di testo

pencil case • la trousse • das Federmäppchen • el estuche • l'astuccio

ruler • la règle • das Lineal • la regla • il righello

question (v) • questionner • fragen • preguntar • domandare

answer (v) • répondre • antworten • contestar • rispondere

discuss (v) • discuter • diskutieren • discutir • discutere

learn (v) • apprendre • lernen • aprender • imparare

head teacher	answer	grade
le directeur	la réponse	la note
der Schulleiter	die Antwort	die Note
el director	la respuesta	la nota
il preside	la risposta	il livello
lesson	homework	year
la leçon	les devoirs	la classe
die Stunde	die Hausaufgabe	die Klasse
la lección	los deberes	el curso
la lezione	i compiti	la classe
take notes (v)	essay	dictionary
prendre des notes	la rédaction	le dictionnaire
Notizen machen	der Aufsatz	das Wörterbuch
tomar apuntes	la redacción	el diccionario
prendere appunti	il tema	il dizionario
question	examination	encyclopedia
la question	l'examen	l'encyclopédie
die Frage	die Prüfung	das Lexikon
la pregunta	el examen	la enciclopedia
la domanda	l'esame	l'enciclopedia

maths • les mathématiques • die Mathematik • las matemáticas • la matematica

shapes • les formes • die Formen • las formas • le forme

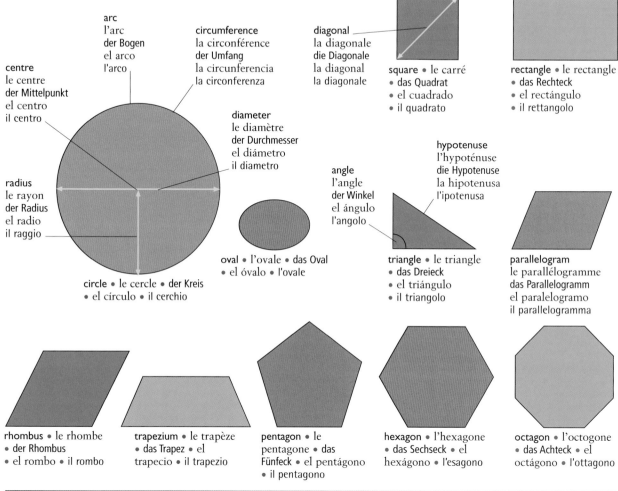

centre
le centre
der Mittelpunkt
el centro
il centro

arc
l'arc
der Bogen
el arco
l'arco

circumference
la circonférence
der Umfang
la circunferencia
la circonferenza

diameter
le diamètre
der Durchmesser
el diámetro
il diametro

radius
le rayon
der Radius
el radio
il raggio

circle • le cercle • der Kreis
• el círculo • il cerchio

oval • l'ovale • das Oval
• el óvalo • l'ovale

diagonal
la diagonale
die Diagonale
la diagonal
la diagonale

square • le carré
• das Quadrat
• el cuadrado
• il quadrato

rectangle • le rectangle
• das Rechteck
• el rectángulo
• il rettangolo

angle
l'angle
der Winkel
el ángulo
l'angolo

hypotenuse
l'hypoténuse
die Hypotenuse
la hipotenusa
l'ipotenusa

triangle • le triangle
• das Dreieck
• el triángulo
• il triangolo

parallelogram
le parallélogramme
das Parallelogramm
el paralelogramo
il parallelogramma

rhombus • le rhombe
• der Rhombus
• el rombo • il rombo

trapezium • le trapèze
• das Trapez • el
trapecio • il trapezio

pentagon • le
pentagone • das
Fünfeck • el pentágono
• il pentagono

hexagon • l'hexagone
• das Sechseck • el
hexágono • l'esagono

octagon • l'octogone
• das Achteck • el
octágono • l'ottagono

solids • les solides • die Körper • los cuerpos geométricos • i solidi

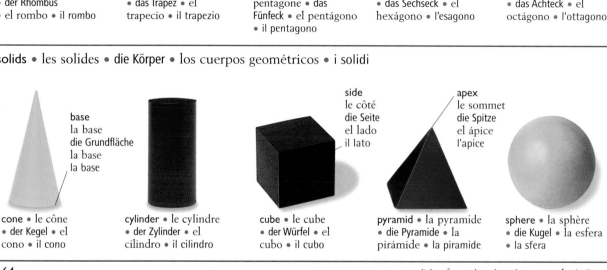

base
la base
die Grundfläche
la base
la base

side
le côté
die Seite
el lado
il lato

apex
le sommet
die Spitze
el ápice
l'apice

cone • le cône
• der Kegel • el
cono • il cono

cylinder • le cylindre
• der Zylinder • el
cilindro • il cilindro

cube • le cube
• der Würfel • el
cubo • il cubo

pyramid • la pyramide
• die Pyramide • la
pirámide • la piramide

sphere • la sphère
• die Kugel • la esfera
• la sfera

lines • les lignes • die Linien • las líneas • le linee

straight • droit • gerade • recto • dritta

parallel • parallèle • parallel • paralelo • parallela

perpendicular • perpendiculaire • senkrecht • perpendicular • perpendicolare

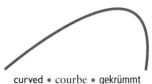

curved • courbe • gekrümmt • curvo • curva

measurements • les mesures • die Maße • las medidas • le misure

volume • le volume • das Volumen • el volumen • il volume

numerator
le numérateur
der Zähler
el numerador
il numeratore

denominator
le dénominateur
der Nenner
el denominador
il denominatore

fraction • la fraction • der Bruch • el quebrado • la frazione

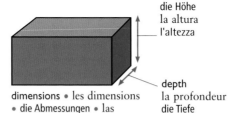

dimensions • les dimensions • die Abmessungen • las dimensiones • le dimensioni

height
la hauteur
die Höhe
la altura
l'altezza

depth
la profondeur
die Tiefe
la profundidad
la profondità

width
la largeur
die Breite
la anchura
la larghezza

length
la longueur
die Länge
la longitud
la lunghezza

area • l'aire • die Fläche • el área • la superficie

equipment • l'équipement • die Ausrüstung • los materiales • l'attrezzatura

set square • l'équerre • das Zeichendreieck • la escuadra • la squadra

protractor • le rapporteur • der Winkelmesser • el transportador • il goniometro

ruler • la règle • das Lineal • la regla • il righello

compass • le compas • der Zirkel • el compás • il compasso

calculator
la calculatrice
der Taschenrechner
la calculadora
la calcolatrice

geometry	plus	times	equals	add (v)	multiply (v)	equation
la géométrie	plus	fois	égale(nt)	additionner	multiplier	l'équation
die Geometrie	plus	mal	gleich	addieren	multiplizieren	die Gleichung
la geometría	más	multiplicado por	igual a	sumar	multiplicar	la ecuación
la geometria	più	moltiplicato per	uguale	sommare	moltiplicare	l'equazione
arithmetic	minus	divided by	count (v)	subtract (v)	divide (v)	percentage
l'arithmétique	moins	divisé par	compter	soustraire	diviser	le pourcentage
die Arithmetik	minus	geteilt durch	zählen	subtrahieren	dividieren	der Prozentsatz
la aritmética	menos	dividido por	contar	restar	dividir	el porcentaje
l'aritmetica	meno	diviso per	contare	sottrarre	dividere	la percentuale

science • la science • die Wissenschaft • las ciencias • la scienza

laboratory • le laboratoire
• das Labor • el laboratorio
• il laboratorio

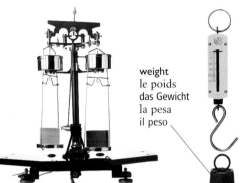

scales • la balance • die
Laborwaage • la báscula
• la bilancia

weight
le poids
das Gewicht
la pesa
il peso

spring balance • la balance
à ressort • die Federwaage
• la balanza de muelle
• la bilancia a molla

crucible • le creuset
• der Tiegel • el crisol
• il crogiolo

bunsen burner
le bec Bunsen
der Bunsenbrenner
el mechero Bunsen
il becco Bunsen

tripod • le trépied
• der Dreifuß • el trípode
• il treppiede

test tube
l'éprouvette
das Reagenzglas
el tubo de ensayo
la provetta

glass bottle
la bouteille
die Glasflasche
el frasco de cristal
la bottiglia di vetro

clamp stand • le statif
• das Stativ • el soporte de
la agarradera • il sostegno
del morsetto

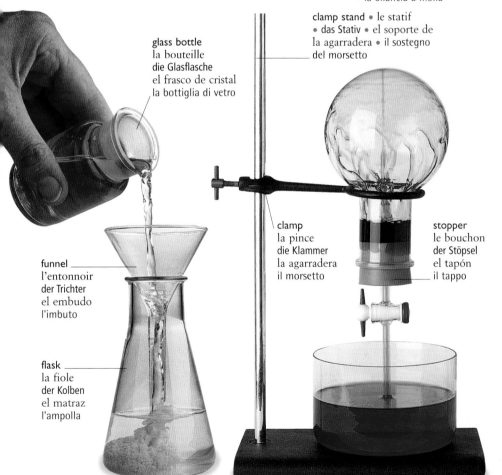

funnel
l'entonnoir
der Trichter
el embudo
l'imbuto

clamp
la pince
die Klammer
la agarradera
il morsetto

stopper
le bouchon
der Stöpsel
el tapón
il tappo

flask
la fiole
der Kolben
el matraz
l'ampolla

rack • le support • das Gestell
• el soporte • la rastrelliera

timer • le chronomètre • der
Zeitmesser • el cronómetro
• il cronometro

petri dish • la boîte de Pétri
• die Petrischale • la cápsula
de Petri • la capsula di Petri

experiment • l'expérience • der Versuch • el experimento • l'esperimento

thermometer • le thermomètre • das Thermometer • el termómetro • il termometro

syringe • la seringue • die Spritze • la jeringuilla • la siringa

tweezers • la pince fine • die Pinzette • las pinzas • le pinzette

scalpel • le scalpel • das Skalpell • el bisturí • il bisturi

dropper • le compte-gouttes • der Tropfer • el cuentagotas • il contagocce

forceps • le forceps • die Zange • los fórceps • il forcipe

tongs • la pince • die Greifzange • las tenazas • le pinze

spatula • la spatule • der Spatel • la espátula • la spatola

pestle • le pilon • die Keule • la mano de mortero • il pestello

eyepiece • l'oculaire das Okular • el ocular l'oculare

focusing knob • le bouton de mise au point • der Einstell-knopf • el botón de ajuste • la manopola di messa a fuoco

mortar • le mortier • der Mörser • el mortero • il mortaio

filter paper • le papier filtre • das Filterpapier • el filtro de papel • il filtro di carta

safety goggles • les lunettes de protection • die Schutzbrille • las gafas protectoras • gli occhiali protettivi

objective lens la lentille de l'objectif die Objektivlinse la lente del objectivo l'obiettivo

glass rod la tige de verre das Glasstäbchen la varilla de cristal la bacchetta di vetro

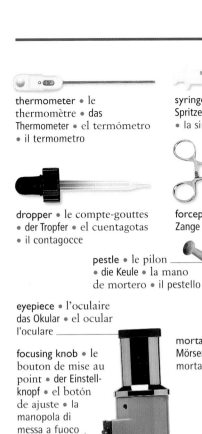

stage la platine der Tisch la platina il ripiano

pipette • la pipette • die Pipette • la pipeta • la pipetta

beaker • le bécher • das Becherglas • el vaso de precipitados • il becher

slide le porte-objet der Objektträger el portaobjetos la lastrina

magnet • l'aimant • der Magnet • el imán • la calamita

crocodile clip • la pince crocodile • die Krokodilklemme • la pinza • il morsetto a coccodrillo

mirror le miroir der Spiegel el espejo lo specchio

negative electrode • l'électrode négative • die negative Elektrode • el electrodo negativo • l'elettrodo negativo

positive electrode • l'électrode positive • die positive Elektrode • el electrodo positivo • l'elettrodo positivo

microscope • le microscope • das Mikroskop • el microscopio • il microscopio

battery • la pile • die Batterie • la pila • la batteria

college • l'enseignement supérieur • die Hochschule • la enseñanza superior • l'università

admissions
le secrétariat
das Sekretariat
la secretaría
l'ufficio iscrizioni

refectory
• le restaurant
universitaire
• die Mensa
• el refectorio
• il refettorio

health centre
• le service de
santé• die
Gesundheitsfürsorge
• el centro de
salud • l'ambulatorio

sports field
• le terrain
de sport
• der Sportplatz
• el campo de
deportes • il
campo sportivo

hall of residence
• la résidence
universitaire
• das Studentenheim
• el colegio
mayor • la casa
dello studente

librarian
la bibliothécaire
die Bibliothekarin
la bibliotecaria
la bibliotecaria

campus • le campus • der Campus • el campus • il campus

loans desk • le service
de prêt • die Ausleihe
• el mostrador de
préstamos • il
banco prestiti

library card	enquiries	loan
la carte de lecteur	les renseignements	le prêt
der Leserausweis	die Auskunft	die Ausleihe
la tarjeta de la biblioteca	la información	el préstamo
il tesserino	il banco informazioni	il prestito
reading room	borrow (v)	book
la salle de lecture	emprunter	le livre
der Lesesaal	ausleihen	das Buch
la sala de lecturas	coger prestado	el libro
la sala di lettura	prendere in prestito	il libro
reading list	reserve (v)	title
les ouvrages recommandés	réserver	le titre
die Literaturliste	vorbestellen	der Titel
la lista de lecturas	reservar	el título
la lista dei libri	prenotare	il titolo
return date	renew (v)	aisle
la date de retour	renouveler	le couloir
das Rückgabedatum	verlängern	der Gang
la fecha de devolución	renovar	el pasillo
la data di restituzione	rinnovare	la corsia

bookshelf
les rayons
das Bücherregal
la estantería
lo scaffale

periodical
le périodique
das Periodikum
el periódico
il periodico

journal
la revue
die Zeitschrift
la revista
la rivista

library • la bibliothèque • die Bibliothek
• la biblioteca • la biblioteca

undergraduate • l'étudiant
• der Student • el estudiante
• lo studente universitario

lecturer • l'assistant
• der Dozent • el profesor
• il docente

graduate • la licenciée
• die Graduierte • la
licenciada • la laureata

robe • la robe • die
Robe • la toga • la toga

lecture theatre • la salle de cours • der Hörsaal • el anfiteatro
• l'aula

graduation ceremony • la cérémonie de la remise des diplômes
• die Graduierungsfeier • la ceremonia de graduación
• la consegna delle lauree

schools • les écoles • die Fachhochschulen • las escuelas • le scuole

model
le modèle
das Modell
la modelo
la modella

art college • l'école des beaux arts
• die Kunsthochschule • la escuela de
Bellas Artes • la scuola d'arte

music school • le Conservatoire
• die Musikhochschule • el conservatorio
• il conservatorio

dance academy • l'école de danse
• die Tanzakademie • la academia
de danza • l'accademia di danza

scholarship la bourse das Stipendium la beca la borsa di studio	research la recherche die Forschung la investigación la ricerca	dissertation la dissertation die Examensarbeit la tesina la dissertazione	medicine la medecine die Medizin la medicina la medicina	economics les sciences économiques die Wirtschaftswissenschaft las ciencias económicas l'economia
diploma le diplôme das Diplom el diploma il diploma	masters la maîtrise der Magister el máster il master	department l'U.F.R. der Fachbereich el departamento il dipartimento	zoology la zoologie die Zoologie la zoología la zoologia	politics les sciences politiques die Politologie la política la politica
degree la licence der akademische Grad la carrera la laurea	doctorate le doctorat die Promotion el doctorado il dottorato	law le droit die Rechtswissenschaft el derecho il diritto	physics la physique die Physik la física la fisica	literature la littérature die Literatur la literatura la letteratura
postgraduate de troisième cycle postgraduiert posgrado di perfezionamento	thesis la thèse die Dissertation la tesis la tesi	engineering les études d'ingénieur der Maschinenbau la ingeniería l'ingegneria	philosophy la philosophie die Philosophie la filosofía la filosofia	history of art l'histoire d'art die Kunstgeschichte la historia del arte la storia dell'arte

work
le travail
die Arbeit
el trabajo
il lavoro

office 1 • le bureau 1 • das Büro 1 • la oficina 1 • l'ufficio 1

office • le bureau • das Büro • la oficina • l'ufficio

in-tray
la corbeille arrivée
die Ablage für Eingänge
la bandeja de entrada
il vassoio in arrivo

monitor
le moniteur
der Bildschirm
la pantalla
il monitor

desktop organizer
le porte-crayons
der Stifthalter
el portabolígrafos
il portapenne

notebook
le carnet
das Notizbuch
el cuaderno
il blocco

out-tray
la corbeille départ
die Ablage für Ausgänge
la bandeja de salida
il vassoio in partenza

drawer
le tiroir
die Schublade
el cajón
il cassetto

desk
le bureau
der Schreibtisch
el escritorio
la scrivania

swivel chair
le chaise tournante
der Drehstuhl
la silla giratoria
la sedia girevole

wastebasket
la corbeille à papier
der Papierkorb
la papelera
il cestino

filing cabinet
le meuble-classeur
der Aktenschrank
el archivador
lo schedario

---

office equipment • l'équipement de bureau • die Büroausstattung • el equipo de oficina • l'apparecchiature da ufficio

paper tray • le magasin à papier • der Papierbehälter • la bandeja para el papel • il vassoio per la carta

printer • l'imprimante • der Drucker • la impresora • la stampante

fax machine • le fax • das Faxgerät • la máquina del fax • il fax

print *(v)*	enlarge *(v)*
imprimer	agrandir
drucken	vergrößern
imprimir	ampliar
stampare	ingrandire
copy *(v)*	reduce *(v)*
photocopier	réduire
kopieren	verkleinern
fotocopiar	reducir
copiare	ridurre

I need to make some copies.
J'ai besoin de faire des photocopies.
Ich möchte fotokopieren.
Necesito hacer unas fotocopias.
Devo fare delle copie.

office supplies • les fournitures de bureau • der Bürobedarf • los materiales de oficina • gli articoli di cancelleria

compliments slip
• la fiche compliments
• der Empfehlungszettel
• la nota con saludos
• il biglietto d'accompagnamento

box file
le dossier-classeur
der Aktenordner
la caja archivador
la scatola d'archivio

letterhead • l'en-tête • der Geschäftsbogen • el membrete • la carta intestata

envelope • l'enveloppe
• der Briefumschlag
• el sobre • la busta

divider
la fiche intercalaire
der Teiler
el divisor

tab • l'étiquette • der Kartenreiter • el rótulo • l'etichetta

clipboard • le clipboard • das Klemmbrett • la tablilla con sujetapapeles • il portablocco con fermaglio

note pad • le bloc-notes • der Notizblock • el bloc de apuntes • il blocco per appunti

hanging file • le dossier suspendu • der Hängeordner • el archivador suspendido • la cartella sospesa

concertina file • le porte-dossiers • der Fächerordner • la carpeta de acordeón • il portacarte a fisarmonica

lever arch file
le classeur à levier
der Leitz-Ordner
la carpeta de anillas
il raccoglitore a leva

staples
les agrafes
die Klammern
las grapas
i punti

sticky tape • le scotch
• der Tesafilm • el papel celo • il nastro adesivo

ink pad
le tampon encreur
das Stempelkissen
la almohadilla de la tinta
il tampone di inchiostro

personal organizer
• l'agenda • der Terminkalender • la agenda • l'agenda

stapler • l'agrafeuse
• der Hefter
• la grapadora
• la cucitrice

tape dispenser • le dévidoir de scotch
• der Tesafilmhalter • el soporte del papel celo
• il dispenser

hole punch • le perforateur • der Locher
• la perforadora
• il perforatore

rubber stamp • le cachet • der Stempel
• el sello • il timbro di gomma

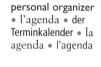

drawing pin
la punaise
der Reißnagel
la chincheta
la puntina

rubber band
• l'élastique • das Gummiband • la goma elástica • l'elastico

bulldog clip • la pince à dessin • die Papierklammer • el clip • il fermafogli

paper clip • le trombone • die Büroklammer • el sujetapapeles • la graffetta

notice board • le panneau d'affichage • die Pinnward • el tablón de anuncios • la bacheca

office 2 • le bureau 2 • das Büro 2 • la oficina 2 • l'ufficio 2

flipchart
le tableau à feuilles mobiles
das Flipchart
el pizarrón
la lavagna a fogli

minutes
le compte rendu
das Protokoll
la minuta
il verbale

easel
le chevalet
das Gestell
el caballete
il cavalletto

report
le rapport
der Bericht
el reporte
la relazione

manager
le directeur
der Manager
el gerente
il direttore

proposal
la proposition
das Angebot
la propuesta
la proposta

executive
le cadre
der leitende Angestellte
el ejecutivo
il dirigente

meeting • le réunion • die Sitzung • la junta • la riunione

meeting room	**attend** *(v)*
la salle de conférence	assister à
der Sitzungsraum	teilnehmen
la sala de juntas	asistir
la sala da riunione	partecipare
agenda	**chair** *(v)*
l'ordre du jour	présider
die Tagesordnung	den Vorsitz führen
el orden del día	presidir
l'ordine del giorno	presiedere

What time is the meeting?
La conférence est à quelle heure?
Um wie viel Uhr ist die Sitzung?
¿A qué hora es la junta?
A che ora è la riunione?

What are your office hours?
Quelles sont vos heures de bureau?
Was sind Ihre Geschäftszeiten?
¿Cuál es su horario de oficina?
Qual è il vostro orario di lavoro?

speaker
le conférencier
der Sprecher
el orador
il relatore

presentation • la présentation • die Präsentation
• la presentación • la presentazione

business • les affaires • das Geschäft • los negocios • gli affari

businessman
l'homme d'affaires
der Geschäftsmann
el hombre de negocios
l'uomo d'affari

businesswoman
la femme d'affaires
die Geschäftsfrau
la mujer de negocios
la donna d'affari

business lunch • le déjeuner d'affaires • das Arbeitsessen • la comida de negocios • il pranzo di lavoro

business trip • le voyage d'affaires • die Geschäftsreise • el viaje de negocios • il viaggio d'affari

appointment
le rendez-vous
der Termin
la cita
l'appuntamento

client • le client • der Kunde • el cliente • il cliente

managing director
• le directeur général
• der Generaldirektor
• el director general
• l'amministratore delegato

diary • l'agenda • der Terminkalender • la agenda • l'agenda

business deal • le contrat • das Geschäftsabkommen • el trato • l'accordo di affari

company	staff	accounts department	legal department
la société	le personnel	la comptabilité	le service du contentieux
die Firma	das Personal	die Buchhaltung	die Rechtsabteilung
la empresa	el personal	el departamento de contabilidad	el departamento legal
la società	il personale	l'ufficio contabilità	l'ufficio legale
head office	payroll	marketing department	customer service department
le siège social	le livre de paie	le service marketing	le service après-vente
die Zentrale	die Lohnliste	die Marketingabteilung	die Kundendienstabteilung
la oficina central	la nómina	el departamento de márketing	el departamento de atención al cliente
la sede centrale	il libro paga	l'ufficio marketing	l'ufficio di assistenza al cliente
branch	salary	sales department	personnel department
la succursale	le salaire	le service des ventes	le service de ressources humaines
die Zweigstelle	das Gehalt	die Verkaufsabteilung	die Personalabteilung
la sucursal	el sueldo	el departamento de ventas	el departamento de recursos humanos
la succursale	lo stipendio	l'ufficio vendite	l'ufficio del personale

computer • l'ordinateur • der Computer • el ordenador • il computer

printer
l'imprimante
der Drucker
la impresora
la stampante

screen
l'écran
der Bildschirm
la pantalla
lo schermo

scanner
le scanneur
der Scanner
el escáner
lo scanner

laptop • le portable
• der Laptop • el
ordenador portátil
• il computer portatile

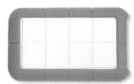

speaker • le
haut-parleur • **der
Lautsprecher** • el
altavoz • l'altoparlante

key
la touche
die Taste
la tecla
il tasto

keyboard • le
clavier • **die Tastatur**
• el teclado
• la tastiera

mouse • la souris
• die Maus • el ratón
• il mouse

hardware • le matériel • die Hardware • el hardware • l'hardware

memory stick • la clé
USB • der Memorystick
• la llave de memoria
• la chiavetta USB

external hard drive
le disque dur externe
die Externe Festplatte
el disco duro externo
il disco rigido esterno

memory la mémoire der Speicher la memoria la memoria	**software** le logiciel die Software el software il software	**server** le serveur der Server el servidor il server
RAM la RAM das RAM el RAM la RAM	**application** l'application die Anwendung la aplicación l'applicazione	**port** le port der Port el puerto la porta
bytes les bytes die Bytes los bytes i byte	**program** le programme das Programm el programa il programma	**power cable** le câble électrique das Stromkabel el cable de alimentación il cavo di alimentazione
system le système das System el sistema il sistema	**network** le réseau das Netzwerk la red la rete	**processor** le processeur der Prozessor el procesador il processare

iPad • l'iPad • das IPad
• el iPad • l'iPad

smartphone • le smartphone
• das Smartphone • el teléfono
inteligente • lo smartphone

desktop • le bureau • das Desktop • el escritorio • il desktop

menubar
la barre de menus
der Menübalken
la barra del menú
la barra del menu

font • la police • die
Schriftart • la fuente
• il carattere

icon • l'icône
• das Symbol • el
icono • l'icona

file • le fichier • die
Datei • el fichero
• il file

scrollbar • la barre
de défilement
• der Scrollbalken
• la barra de
desplazamiento
• la barra di
scorrimento

toolbar • la barre
d'outils • die
Werkzeugleiste • la
barra de acceso
• la barra degli
strumenti

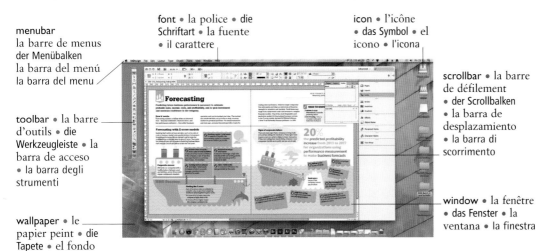

folder • le dossier
• der Ordner • la
carpeta • la cartella

window • la fenêtre
• das Fenster • la
ventana • la finestra

wallpaper • le
papier peint • die
Tapete • el fondo
• lo sfondo

trash • la poubelle
• der Papierkorb • la
papelera • il cestino

internet • l'internet • das Internet • el internet • Internet

email • le courrier électronique • die E-Mail • el correo electrónico • la posta elettronica

browser
le navigateur
der Browser
el navegador
il browser

email address • l'adresse e-mail • die E-Mail-Adresse
• la dirección electrónica • l'indirizzo e-mail

inbox • la boîte
de réception • die
Inbox • la bandeja
de entrada • la
posta in arrivo

website
le site web
die Web-Site
el sitio web
il sito web

browse (v) • naviguer • browsen • navegar • navigare

connect (v)	service provider	log on (v)	download (v)	send (v)
connecter	le fournisseur d'accès	entrer	télécharger	envoyer
verbinden	der Serviceprovider	einloggen	herunterladen	senden
conectar	el proveedor de servicios	entrar en el sistema	bajar	enviar
collegare	il fornitore di servizi	collegarsi	scaricare	spedire
save (v)				
sauvegarder				
sichern				
guardar				
salvare				

install (v)	email account	on-line	attachment	receive (v)
installer	le compte de courrier électronique	en ligne	le document attaché	recevoir
installieren	das E-Mail-Konto	online	der Anhang	erhalten
instalar	la cuenta de correo	en línea	el documento adjunto	recibir
installare	l'account di posta elettronica	in rete	l''allegato	ricevere
search (v)				
chercher				
suchen				
buscar				
cercare				

media • les médias • die Medien • los medios de comunicación • i mass media

television studio • le studio de télévision • das Fernsehstudio • el estudio de televisión • lo studio televisivo

set
le plateau
die Studioeinrichtung
el plató
il set

presenter
le présentateur
der Moderator
el presentador
il presentatore

light
l'éclairage
die Beleuchtung
el foco
la lampada

camera
la caméra
die Kamera
la cámara
la telecamera

camera crane
la grue de caméra
der Kamerakran
la grúa de la cámara
il carrello della telecamera

cameraman
le cameraman
der Kameramann
el cámara
il cameraman

channel	documentary	press	soap	cartoon	live
la chaîne	le documentaire	la presse	le feuilleton	le dessin animé	en direct
der Kanal	der Dokumentarfilm	die Presse	die Seifenoper	der Zeichentrickfilm	live
el canal	el documental	la prensa	la telenovela	los dibujos animados	en directo
il canale	il documentario	la stampa	la telenovela	il cartone animato	in diretta
programming	news	television series	game show	prerecorded	broadcast (v)
la programmation	les nouvelles	la série télévisée	le jeu télévisé	en différé	émettre
die Programmgestaltung	die Nachrichten	die Fernsehserie	die Spielshow	vorher aufgezeichnet	senden
la programación	las noticias	la serie televisiva	el concurso	en diferido	emitir
la programmazione	il telegiornale	le serie televisiva	il gioco a premi	in differita	trasmettere

interviewer • l'interviewer • der Interviewer • el entrevistador • l'intervistatore

reporter • la reporter • die Reporterin • la reportera • la cronista

autocue • le télésouffleur • der Teleprompter • el autocue • il gobbo

newsreader • la présentatrice • die Nachrichtensprecherin • la presentadora de las noticias • la presentatrice

actors • les acteurs • die Schauspieler • los actores • gli attori

sound boom • la perche • der Mikrophongalgen • la jirafa • la giraffa

clapper board • la claquette • die Klappe • la claqueta • il ciac

film set • le décor de cinéma • das Set • el plató de rodaje • il set

radio • la radio • das Radio • la radio • la radio

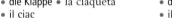

sound technician
l'ingénieur du son
der Tonmeister
el técnico de sonido
il tecnico del suono

mixing desk
le pupitre de mixage
das Mischpult
la mesa de mezclas
il piano di mixaggio

microphone
le microphone
das Mikrophon
el micrófono
il microfono

DJ	analogue
le D.J.	analogique
der DJ	analog
el pinchadiscos	analógica
il DJ	analogica
broadcast	digital
l'émission	numérique
die Sendung	digital
la emisión	digital
la trasmissione	digitale
wavelength	frequency
la longueur d'ondes	la fréquence
die Wellenlänge	die Frequenz
la longitud de onda	la frecuencia
la lunghezza d'onda	la frequenza
long wave	volume
les grandes ondes	le volume
die Langwelle	die Lautstärke
la onda larga	el volumen
l'onda lunga	il volume
radio station	tune (v)
la station de radio	régler
die Rundfunkstation	einstellen
la estación de radio	sintonizar
il canale radiofonico	sintonizzare

recording studio • le studio d'enregistrement • das Tonstudio • el estudio de grabación • lo studio di registrazione

law • le droit • das Recht • el derecho • la legge

court officer
l'huissier de tribunal
der Gerichtsdiener
el alguacil
la guardia

witness
le témoin
der Zeuge
el testigo
il testimone

judge • le juge • der Richter
• el juez • il giudice

lawyer
l'avocat
der Rechtsanwalt
el abogado
l'avvocato

jury
le jury
die Geschworenen
el jurado
la giuria

jury box
le banc des jurés
die Geschworenenbank
la tribuna del jurado
il banco della giuria

courtroom • la salle de tribunal • der Gerichtssaal
• la sala del tribunal • l'aula del tribunale

prosecution • l'accusation
• die Staatsanwaltschaft • la
acusación • il pubblico ministero

court official • le greffier
• der Protokollführer • el
auditor • il cancelliere

lawyer's office le cabinet das Anwaltsbüro el bufete lo studio dell'avvocato	summons l'assignation die Vorladung la citación la citazione	writ l'acte judiciaire die Verfügung la orden judicial l'ordine	court case la cause der Rechtsfall el juicio il procedimento
legal advice le conseil juridique die Rechtsberatung la asesoría jurídica la consulenza legale	statement la déposition die Aussage la declaración la dichiarazione	court date la date du procès der Gerichtstermin la fecha del juicio la data di comparizione	charge l'accusation die Anklage el cargo l'imputazione
client le client der Klient el cliente il cliente	warrant le mandat der Haftbefehl la orden judicial il mandato	plea le plaidoyer das Plädoyer cómo se declara el acusado la petizione	accused l'accusé der Angeklagte el acusado l'accusato

stenographer
le sténographe
der Gerichtsstenograf
la taquígrafa
lo stenografo

suspect
le suspect
der Verdächtige
el sospechoso
la persona suspetta

criminal
le criminel
der Straftäter
el criminal
il criminale

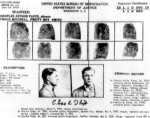

defendant • l'accusé
• der Angeklagte • el
acusado • l'imputato

defence • la défense • die
Verteidigung • la defensa
• la difesa

photofit • le portrait-robot
• das Phantombild • el retrato
robot • il fotofit

criminal record • le casier
judiciare • das Strafregister • los
antecedentes • la fedina penale

prison guard • le gardien de prison
• der Gefängniswärter • el funcionario
de prisiones • la guardia carceraria

cell • la cellule • die
Gefängniszelle • la celda
• la cella

prison • la prison • das Gefängnis
• la cárcel • il carcere

evidence	guilty	bail	I want to see a lawyer.
la preuve	coupable	la caution	Je voudrais voir un avocat.
das Beweismittel	schuldig	die Kaution	Ich möchte mit einem Anwalt sprechen.
la prueba	culpable	la fianza	Quiero ver a un abogado.
la prova	colpevole	la cauzione	Voglio vedere un avvocato.
verdict	acquitted	appeal	Where is the courthouse?
le verdict	acquitté	l'appel	Où est le palais de justice?
das Urteil	freigesprochen	die Berufung	Wo ist das Gericht?
el veredicto	absuelto	la apelación	¿Dónde está el juzgado?
il verdetto	assolto	il ricorso	Dov'è il palazzo di giustizia?
innocent	sentence	parole	Can I post bail?
innocent	la condamnation	la liberté conditionnelle	Est-ce que je peux verser la caution?
unschuldig	das Strafmaß	die Haftlassung auf Bewährung	Kann ich die Kaution leisten?
inocente	la sentencia	la libertad condicional	¿Puedo pagar la fianza?
innocente	la sentenza	la libertà condizionale	Posso versare una cauzione?

farm 1 • la ferme 1 • der Bauernhof 1 • la granja 1 • la fattoria 1

farmland
les terres cultivées
das Ackerland
las tierras de labranza
il terreno agricolo

farmyard
la cour de ferme
der Hof
el corral
l'aia

outbuilding
la dépendance
das Nebengebäude
el cobertizo
il capanno

farmhouse
la maison d'habitation
das Bauernhaus
la casa de labranza
il casolare

field
le champ
das Feld
el campo
il campo

farmer
le fermier
der Bauer
el granjero
l'agricoltore

barn
la grange
die Scheune
el granero
il granaio

vegetable plot
le potager
der Gemüsegarten
el huerto
l'orto

hedge
la haie
die Hecke
el seto
la siepe

gate
la barrière
das Tor
la puerta
il cancello

fence
la clôture
der Zaun
la cerca
il recinto

pasture
le pré
die Weide
el pasto
il pascolo

livestock
les bestiaux
das Vieh
el ganado
il bestiame

cultivator
le cultivateur
der Kultivator
el cultivador
l'aratro

tractor • le tracteur • der Traktor • el tractor • il trattore

combine harvester • la moissonneuse-batteuse • der Mähdrescher • la cosechadora • la mietitrebbia

types of farm • les exploitations agricoles • die landwirtschaftlichen Betriebe • los tipos de granja • i tipi di fattoria

crop • la culture • die Feldfrucht • la cosecha • il raccolto

flock • le troupeau • die Herde • el rebaño • il gregge

arable farm • la ferme de culture • der Ackerbaubetrieb • la granja de tierras cultivables • l'azienda agricola

dairy farm • la ferme laitière • der Betrieb für Milchproduktion • la vaquería • il caseificio

sheep farm • la ferme d'élevage de moutons • die Schaffarm • la granja de ganado ovino • l'allevamento di pecore

poultry farm • la ferme d'aviculture • die Hühnerfarm • la granja avícola • l'azienda avicola

vine • la vigne • der Weinstock • la viña • la vigna

pig farm • la ferme d'élevage porcin • die Schweinefarm • la granja de ganado porcino • l'allevamento di maiali

fish farm • le centre de pisciculture • die Fischzucht • la piscifactoría • il vivaio ittico

fruit farm • l'exploitation fruitière • der Obstanbau • la granja de frutales • l'azienda ortofrutticola

vineyard • la vigne • der Weinberg • el viñedo • il vigneto

---

actions • les activités • die Tätigkeiten • las actividades • le attività

furrow
le sillon
die Furche
el surco
il solco

plough *(v)* • labourer • pflügen • arar • arare

sow *(v)* • semer • säen • sembrar • seminare

milk *(v)* • traire • melken • ordeñar • mungere

feed *(v)* • donner à manger • füttern • dar de comer • dar da mangiare

water *(v)* • arroser • bewässern • regar • irrigare

harvest *(v)* • récolter • ernten • recolectar • raccogliere

herbicide	herd	trough
l'herbicide	le troupeau	l'auge
das Herbizid	die Herde	der Trog
el herbicida	la manada	el comedero
l'erbicida	la mandria	la mangiatoia
pesticide	silo	plant *(v)*
le pesticide	le silo	planter
das Pestizid	der Silo	pflanzen
el pesticida	el silo	plantar
il pesticida	il silos	piantare

farm 2 • la ferme 2 • der Bauernhof 2 • la granja 2 • la fattoria 2

crops • les cultures • die Feldfrüchte • las cosechas • le colture

wheat • le blé • der Weizen
• el trigo • il grano

corn • le maïs • der Mais
• el maíz • il granturco

barley • l'orge • die Gerste
• la cebada • l'orzo

rapeseed • le colza • der Raps
• la colza • la colza

sunflower • le tournesol
• die Sonnenblume • el girasol
• il girasole

bale • la balle • der Ballen
• la bala • la balla

hay • le foin • das Heu
• el heno • il fieno

alfalfa • la luzerne
• die Luzerne • la alfalfa
• l'alfalfa

tobacco • le tabac • der
Tabak • el tabaco • il tabacco

rice • le riz • der Reis
• el arroz • il riso

tea • le thé • der Tee • el té
• il tè

coffee • le café • der Kaffee
• el café • il caffè

flax • le lin • der Flachs
• el lino • il lino

sugarcane • la canne à sucre
• das Zuckerrohr • la caña de
azúcar • la canna da zucchero

cotton • le coton • die
Baumwolle • el algodón
• il cotone

scarecrow • l'épouvantail
• die Vogelscheuche
• el espantapájaros
• lo spaventapasseri

livestock • le bétail • das Vieh • el ganado • il bestiame

piglet • le porcelet
• das Ferkel • el cerdito
• il maialino

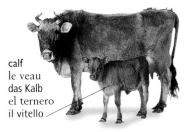

calf
le veau
das Kalb
el ternero
il vitello

pig • le cochon • das Schwein
• el cerdo • il maiale

cow • la vache • die Kuh
• la vaca • la mucca

bull • le taureau • der Stier
• el toro • il toro

sheep • le mouton • das
Schaf • la oveja • la pecora

kid
le chevreau
das Zicklein
el cabrito
il capretto

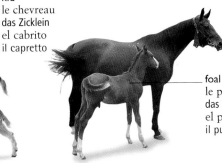

foal
le poulain
das Fohlen
el potro
il puledro

lamb • l'agneau • das
Lamm • el cordero • l'agnello

goat • la chèvre • die
Ziege • la cabra • la capra

horse • le cheval • das
Pferd • el caballo • il cavallo

donkey • l'âne • der Esel
• el burro • l'asino

chick • le poussin
• das Küken
• el polluelo
• il pulcino

duckling
le caneton
das Entenküken
el patito
l'anatroccolo

chicken • le poulet • das Huhn
• la gallina • la gallina

cockerel • le coq • der
Hahn • el gallo • il gallo

turkey • le dindon
• der Truthahn • el pavo
• il tacchino

duck • le canard • die Ente
• el pato • l'anatra

stable • l'écurie • der Stall
• el establo • la stalla

pen • l'enclos • der Pferch
• el redil • il recinto

chicken coop • le poulailler
• der Hühnerstall • el gallinero
• il pollaio

pigsty • la porcherie
• der Schweinestall • la pocilga
• il porcile

construction • la construction • der Bau • la construcción • l'edilizia

scaffolding • l'échafaudage
das Gerüst • el andamio
• l'impalcatura

pallet
la palette
die Palette
la paleta
il pallet

ladder
l'échelle
die Leiter
la escalera
la scala

window
la fenêtre
das Fenster
la ventana
la finestra

rafter • le chevron
• der Dachsparren • la viga
del tejado • la trave del
tetto

building site • le chantier • die Baustelle • la obra • il cantiere

fork-lift truck
le chariot de levage
der Gabelstapler
la carretilla elevadora
il carrello elevatore

toolbelt • la ceinture à outils
• der Werkzeuggürtel • el cinturón
de las herramientas • la cintura
porta attrezzi

beam
la poutre
der Balken
la viga de madera
la trave

lintel
le linteau
der Sturz
el dintel
l'architrave

wall
le mur
die Mauer
la pared
il muro

girder
la poutre
der Träger
la viga de acero
la trave

hard hat • le casque de
sécurité • der Schutzhelm
• el casco • il casco

cement
le ciment
der Zement
el cemento
il cemento

build (v) • construire • bauen • construir
• costruire

builder • le maçon • der
Bauarbeiter • el albañil
• il muratore

cement mixer • la bétonnière • die
Betonmischmaschine • la hormigonera
• la betoniera

materials • les matériaux • das Material • los materiales • i materiali

brick • la brique • der Ziegelstein • el ladrillo • il mattone

timber • le bois • das Bauholz • la madera • il legno

roof tile • la tuile • der Dachziegel • la teja • la tegola

concrete block • le bloc de béton • der Betonblock • el bloque de hormigón • il blocco di calcestruzzo

tools • les outils • die Werkzeuge • las herramientas • gli attrezzi

mortar • le mortier • der Mörtel • la argamasa

trowel • la truelle • die Kelle • la paleta • la cazzuola

spirit level • le niveau à bulle • die Wasserwaage • el nivel • la livella

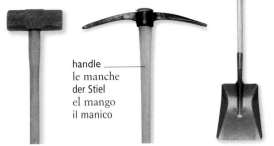

handle le manche der Stiel el mango il manico

sledgehammer • le marteau de forgeron • der Vorschlaghammer • el mazo • la mazza

pickaxe • la pioche • die Spitzhacke • el pico • il piccone

shovel • la pelle • die Schaufel • la pala • la pala

machinery • les machines • die Maschinen • la maquinaria • i macchinari

roller • le rouleau compresseur • die Walze • la apisonadora • il rullo compressore

dumper truck • le tombereau • der Kipper • el camión volquete • il camion con cassone ribaltabile

support • le support • die Stütze • el soporte • il supporto

hook le crochet der Haken el gancho il gancio

crane • la grue • der Kran • la grúa • la gru

roadworks • les travaux • die Straßenarbeiten • las obras • i lavori stradali

tarmac le macadam goudronné der Asphalt el asfalto il catrame

cone le cône der Leitkegel el cono il birillo

pneumatic drill • le marteau-piqueur • der Pressluftbohrer • el martillo neumático • il martello pneumatico

resurfacing le revêtement der Neubelag el revestimiento la riasfaltatura

mechanical digger • la pelle mécanique • der Bagger • la excavadora mecánica • l'escavatrice meccanica

occupations 1 • les professions 1 • die Berufe 1 • los profesiones 1 • i mestieri 1

carpenter • le menuisier
• der Schreiner • el carpintero
• il falegname

electrician • l'électricien
• der Elektriker • el electricista
• l'elettricista

plumber • le plombier
• der Klempner • el fontanero
• l'idraulico

builder • le maçon • der
Bauhandwerker • el albañil
• il muratore

gardener • le jardinier
• der Gärtner • el jardinero
• il giardiniere

vacuum cleaner
l'aspirateur
der Staubsauger
la aspiradora
l'aspirapolvere

cleaner • le nettoyeur • der
Gebäudereiniger • el empleado
de la limpieza • l'addetto
alle pulizie

mechanic • le mécanicien
• der Mechaniker • el mecánico
• il meccanico

butcher • le boucher
• der Metzger • el carnicero
• il macellaio

fishmonger • la marchande
de poissons • die Fischhändlerin
• la pescadera
• la pescivendola

greengrocer • le marchand
de légumes • der
Gemüsehändler • el frutero
• il fruttivendolo

florist • la fleuriste
• die Floristin • la florista
• la fioraia

hairdresser • le coiffeur
• der Friseur • el peluquero
• il parrucchiere

barber • le coiffeur
• der Friseur • el barbero
• il barbiere

jeweller • le bijoutier
• der Juwelier • el joyero
• il gioielliere

shop assistant • l'employée de
magasin • die Verkäuferin • la
dependienta • la commessa

estate agent • l'agent immobilier • die Immobilienmaklerin • la agente inmobiliario • l'agente immobiliare

optician • l'opticien • der Optiker • el óptico • l'ottico

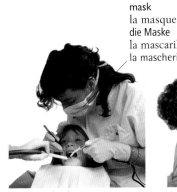

dentist • la dentiste • die Zahnärztin • la dentista • la dentista

mask
la masque
die Maske
la mascarilla
la mascherina

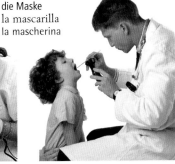

doctor • le docteur • der Arzt • el médico • il medico

pharmacist • la pharmacienne • die Apothekerin • la farmacéutica • la farmacista

nurse • l'infirmière • die Krankenschwester • la enfermera • l'infermiera

vet • la vétérinaire • die Tierärztin • la veterinaria • la veterinaria

farmer • le fermier • der Bauer • el agricultor • l'agricoltore

fisherman • le pêcheur • der Fischer • el pescador • il pescatore

machine-gun
• la mitrailleuse
• das Maschinen-gewehr
• la metralleta
• la mitragliatrice

soldier • le soldat • der Soldat • el soldado • il soldato

uniform
l'uniforme
die Uniform
el uniforme
la divisa

policeman • le policier • der Polizist • el policía • il poliziotto

identity badge
• le badge
• das Abzeichen
• la placa de identificación
• il distintivo

security guard • le garde • der Wächter • el guardia de seguridad • la guardia di sicurezza

sailor • le marin • der Seemann • el marino • il marinaio

fireman • le pompier • der Feuerwehrmann • el bombero • il vigile del fuoco

occupations 2 • les professions 2 • die Berufe 2 • las profesiones 2 • i mestieri 2

lawyer • l'avocat • der Rechtsanwalt • el abogado • l'avvocato

accountant • le comptable • der Wirtschaftsprüfer • el contable • il commercialista

model
la maquette
das Modell
la maqueta
il modello

architect • l'architecte • der Architekt • el arquitecto • l'architetto

scientist • la scientifique • die Wissenschaftlerin • la cientifica • la scienziata

teacher • l'institutrice • die Lehrerin • la maestro • l'insegnante

librarian • le bibliothécaire • der Bibliothekar • el bibliotecario • il bibliotecario

receptionist • la réceptionniste • die Empfangsdame • la recepcionista • l'addetta alla ricezione

mailbag
le sac postal
die Posttasche
la cartera
la borsa

postman • le facteur • der Briefträger • el cartero • il postino

bus driver • le conducteur de bus • der Busfahrer • el conductor de autobús • l'autista

lorry driver • le camionneur • der Lastwagenfahrer • el camionero • il camionista

taxi driver • le chauffeur de taxi • der Taxifahrer • el taxista • il tassista

pilot • le pilote • der Pilot • el piloto • il pilota

air stewardess • l'hôtesse de l'air • die Flugbegleiterin • la azafata • l'assistente di volo

travel agent • l'agent de voyages • die Reisebürokauffrau • la agente de viajes • l'agente di viaggio

chef's hat
• la toque
• die Kochmütze
• el gorro de cocinero
• il cappello

chef • le chef • der Koch • el chef • il cuoco

english • français • deutsch • español • italiano

tutu
le tutu
das Ballettröckchen
el tutú
il tutù

musician • le musicien
• der Musiker • el músico
• il musicista

dancer • la danseuse
• die Tänzerin • la
bailarina • la ballerina

actor • l'acteur • der
Schauspieler • el actor
• l'attore

singer • la chanteuse
• die Sängerin • la
cantante • la cantante

waitress • la serveuse
• die Kellnerin • la
camarera • la cameriera

barman • le barman
• der Barkeeper • el
camarero • il barista

sportsman • le sportif
• der Sportler • el
deportista • l'atleta

sculptor • le sculpteur
• der Bildhauer • el
escultor • lo scultore

notes
les notes
die Notizen
las notas
gli appunti

painter • la peintre
• die Malerin • la pintora
• la pittrice

photographer • le
photographe • der Fotograf
• el fotógrafo • il fotografo

newsreader • la présentatrice
• die Nachrichtensprecherin • la
presentadora • l'annunciatrice

journalist • le journaliste
• der Journalist • el periodista
• il giornalista

editor • la rédactrice
• die Redakteurin • la
redactora • la redattrice

designer • la dessinateur
• der Designer • el diseñador
• il disegnatore

seamstress • la couturière
• die Damenschneiderin
• la modista • la costumista

tailor • le couturier
• der Schneider • el
sastre • il sarto

transport
le transport
der Verkehr
el transporte
i trasporti

roads • les routes • die Straßen • las carreteras • le strade

motorway
l'autoroute
die Autobahn
la autopista
l'autostrada

toll booth
le poste de péage
die Mautstelle
la caseta de peaje
il casello

road markings
les signalisations
die Straßenmarkierungen
las señales horizontales
la segnaletica orizzontale

slip road
la bretelle d'accès
die Zufahrtsstraße
la vía de acceso
la rampa di accesso

one-way
à sens unique
Einbahn-
de sentido único
a senso unico

divider
l'îlot directionnel
die Verkehrsinsel
la línea divisoria
la linea divisoria

junction
le carrefour
die Kreuzung
el cruce
lo svincolo

traffic light
les feux
die Verkehrsampel
el semáforo
il semaforo

inside lane • la file
de droite • die rechte
Spur • el carril para
el tráfico lento
• la corsia interna

middle lane
la voie centrale
die mittlere Spur
el carril central
la corsia centrale

outside lane
• la voie de
dépassement
• die Überholspur
• el carril de
adelantamiento
• la corsia esterna

exit ramp
la bretelle de sortie
die Ausfahrts
la vía de salida
la rampa di uscita

traffic
la circulation
der Verkehr
el tráfico
il traffico

flyover
l'autopont
die Überführung
el paso elevado
il cavalcavia

hard shoulder
l'accotement stabilisé
der Seitenstreifen
el arcén
la corsia d'emergenza

lorry
le camion
der Lastwagen
el camión
il camion

central reservation
le terre-plein
der Mittelstreifen
la mediana
la banchina spartitraffico

underpass
le passage inférieur
die Unterführung
el paso subterráneo
il sottopassaggio

emergency phone • le téléphone de secours • die Notrufsäule • el teléfono de emergencia • il telefono per emergenze

disabled parking • le parking réservé aux personnes handicapées • der Behindertenparkplatz • el aparcamiento para minusválidos • il parcheggio per disabili

traffic jam • l'embouteillage • der Verkehrsstau • el atasco de tráfico • l'ingorgo

pedestrian crossing
le passage clouté
der Fußgängerüberweg
el paso de peatones
il passaggio pedonale

satnav • le GPS • das Navi
• el navegador por satélite
• il navigatore satellitare

parking meter
le parc-mètre
die Parkuhr
el parquímetro
il parchimetro

traffic policeman
• l'agent de la circulation
• der Verkehrspolizist
• el policía de tráfico
• il vigile urbano

roundabout	reverse (v)	tow away (v)
le rond-point	faire marche arrière	remorquer
der Kreisverkehr	rückwärts fahren	abschleppen
la glorieta	dar marcha atrás	remolcar
la rotatoria	fare marcia indietro	rimorchiare
diversion	drive (v)	dual carriageway
la déviation	conduire	la route à quatre voies
die Umleitung	fahren	die Schnellstraße
el desvío	conducir	la autovía
la deviazione	guidare	la carreggiata doppia
park (v)	roadworks	Is this the road to...?
garer	les travaux	C'est la route pour...?
parken	die Straßenbaustelle	Ist dies die Straße nach...?
aparcar	las obras	¿Es ésta la carretera hacia...?
parcheggiare	i lavori stradali	É questa la strada per ...?
overtake (v)	crash barrier	Where can I park?
doubler	la glissière de sécurité	Où peut-on se garer?
überholen	die Leitplanke	Wo kann ich parken?
adelantar	la barrera de seguridad	¿Dónde se puede aparcar?
sorpassare	il guardrail	Dove posso parcheggiare?

road signs • les panneaux routiers • die Verkehrsschilder • las señales de tráfico • i cartelli stradali

no entry
sens interdit
keine Einfahrt
prohibido el paso
ingresso vietato

speed limit
la limitation de vitesse
die Geschwindig- keitsbegrenzung
el límite de velocidad
il limite di velocità

hazard
danger
Gefahr
peligro
pericolo

no stopping
arrêt interdit
halten verboten
prohibido parar
sosta vietata

no right turn
interdit de tourner à droite
rechts abbiegen verboten
no torcer a la derecha
svolta a destra vietata

bus • le bus • der Bus • el autobús • l'autobus

driver's seat
le siège du conducteur
der Fahrersitz
el asiento del conductor
il sedile dell'autista

handrail
la poignée
der Haltegriff
la barandilla
la maniglia

automatic door
la porte automatique
die Automatiktür
la puerta automática
la porta a soffietto

front wheel
la roue avant
das Vorderrad
la rueda delantera
la ruota anteriore

luggage hold
le compartiment à bagages
das Gepäckfach
el portaequipaje
il bagagliaio

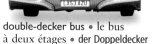

door • la porte • die Tür • la puerta • la porta

coach • le car • der Reisebus • el autocar • il pullman

---

types of buses • les types de bus • die Bustypen • los tipos de autobuses • i tipi di autobus

route number
le numéro de bus
die Liniennummer
el número de ruta
il numero del percorso

driver
le conducteur
der Fahrer
el conductor
l'autista

double-decker bus • le bus
à deux étages • der Doppeldecker
• el autobús de dos pisos
• l'autobus a due piani

tram • le tramway
• die Straßenbahn
• el tranvía
• il tram

trolley bus • le trolleybus • der Obus
• el trolebús • il filobus

school bus • le bus scolaire • der Schulbus
• el autobús escolar • lo scuolabus

---

stop button • le bouton d'arrêt • der Halteknopf • el botón de parada • il pulsante di chiamata

rear wheel
la roue arrière
das Hinterrad
la rueda trasera
la ruota posteriore

window
la fenêtre
das Fenster
la ventana
il finestrino

bus ticket • le ticket • der Fahrschein • el billete de autobús • il biglietto

bell • la sonnette • die Klingel • el timbre • il campanello

bus station • la gare routière • der Busbahnhof • la estación de autobuses • l'autostazione

bus stop • l'arrêt de bus • die Bushaltestelle • la parada de autobús • la fermata dell'autobus

fare	wheelchair access
le prix du ticket	l'accès aux handicapés
der Fahrpreis	der Rollstuhlzugang
la tarifa	la rampa para sillas de ruedas
la tariffa	l'accesso per sedie a rotelle
timetable	bus shelter
l'horaire	l'abribus
der Fahrplan	das Wartehäuschen
el horario	la marquesina
l'orario	la pensilina
Do you stop at…?	Which bus goes to…?
Vous stoppez à…?	C'est quel bus pour aller à…?
Halten Sie am…?	Welcher Bus fährt nach…?
¿Para usted en…?	¿Qué autobús va a…?
Ferma a…?	Qual è l'autobus per…?

minibus • le minibus • der Kleinbus • el microbús • il pulmino

tourist bus • le bus de touristes • der Touristenbus • el autobús turístico • il pullman

shuttle bus • la navette • der Zubringer • el autobús de enlace • la navetta

car 1 • la voiture 1 • das Auto 1 • el coche 1 • l'automobile 1

exterior • l'extérieur • das Äußere • el exterior • l'esterno

wing mirror
le rétroviseur
der Seitenspiegel
el retrovisor exterior
lo specchietto laterale

windscreen
le pare-brise
die Windschutzscheibe
el parabrisas
il parabrezza

rearview mirror
le rétroviseur
der Rückspiegel
el espejo retrovisor
lo specchietto retrovisore

windscreen wiper
l'essuie-glace
der Scheibenwischer
el limpiaparabrisas
il tergicristallo

door
la porte
die Autotür
la puerta
lo sportello

bonnet
le capot
die Motorhaube
el capó
il cofano

boot
le coffre
der Kofferraum
el maletero
il bagagliaio

indicator
le clignotant
der Blinker
el intermitente
la freccia

licence plate
la plaque d'immatriculation
das Nummernschild
la matrícula
la targa

bumper
le pare-chocs
die Stoßstange
el parachoques
il paraurti

headlight
le phare
der Scheinwerfer
el faro
i fari anabbaglianti

wheel
la roue
das Rad
la rueda
la ruota

tyre
le pneu
der Reifen
el neumático
il pneumatico

luggage
les bagages
das Gepäck
el equipaje
i bagagli

roofrack • la galerie • der Dachgepäckträger • la baca • il portabagagli

tailgate • le hayon • die Hecktür • la puerta del maletero • il portellone

seat belt • la ceinture de sécurité • der Sicherheitsgurt • el cinturón de seguridad • la cintura di sicurezza

child seat • le siège d'enfant • der Kindersitz • la silla para niños • il seggiolino per bambino

english • français • deutsch • español • italiano

types • les modèles • die Wagentypen • los modelos • i tipi

electric car • la voiture électrique • das Elektroauto • el coche eléctrico • l'automobile elettrica

hatchback • la berline à hayon • die Fließhecklimousine • el coche de cinco puertas • l'auto a cinque porte

saloon • la berline • die Limousine • el turismo • la berlina

estate • le break • der Kombiwagen • el coche ranchera • l'auto familiare

convertible • la décapotable • das Kabriolett • el coche descapotable • l'auto decappottabile

sports car • le cabriolet sport • das Sportkabriolett • el coche deportivo • l'auto sportiva

people carrier • la voiture à six places • die Großraum-limousine • el monovolumen • la monovolume

four-wheel drive • la quatre-quatre • der Geländewagen • el todoterreno • il fuoristrada

vintage • la voiture d'époque • das Vorkriegsmodell • el coche de época • l'auto d'epoca

limousine • la limousine • die verlängerte Limousine • la limousine • la limousine

petrol station • la station-service • die Tankstelle • la gasolinera • la stazione di servizio

petrol pump
la pompe
die Zapfsäule
el surtidor
la pompa di benzina

price
le tarif
der Benzinpreis
el precio
il prezzo

forecourt
l'aire de stationnement
der Tankstellenplatz
la zona de abastecimiento
l'area di stazionamento

oil	leaded	car wash
l'huile	avec plomb	le lave-auto
das Öl	verbleit	die Autowaschanlage
el aceite	con plomo	el lavadero de coches
l'olio	piombata	l'autolavaggio
petrol	diesel	antifreeze
l'essence	le diesel	l'antigel
das Benzin	der Diesel	das Frostschutzmittel
la gasolina	el diesel	el anticongelante
la benzina	il diesel	l'antigelo
unleaded	garage	screenwash
sans plomb	le garage	le lave-glace
bleifrei	die Werkstatt	die Scheibenwaschanlage
sin plomo	el taller	el líquido limpiaparabrisas
senza piombo	il garage	il detergente per vetri

Fill the tank, please.
Le plein, s'il vous plaît.
Voll tanken, bitte.
Lleno por favor.
Il pieno per favore.

car 2 • la voiture 2 • das Auto 2 • el coche 2 • l'automobile 2

interior • l'intérieur • die Innenausstattung • el interior • l'interno

back seat
le siège arrière
der Rücksitz
el asiento trasero
il sedile posteriore

armrest
l'accoudoir
die Armstütze
el reposabrazos
il bracciolo

headrest
le repose-tête
die Kopfstütze
el reposacabezas
il poggiatesta

door lock
le verrouillage
die Türverriegelung
el pestillo
la sicura

handle
la poignée
der Türgriff
el tirador
la maniglia

two-door	four-door	automatic	brake	accelerator
à deux portes	à quatre portes	automatique	le frein	l'accélérateur
zweitürig	viertürig	mit Automatik	die Bremse	das Gaspedal
deportivo	de cuatro puertas	automático	el freno	el acelerador
a due porte	a quattro porte	automatico	il freno	l'acceleratore
three-door	manual	ignition	clutch	air conditioning
à trois portes	manuel	l'allumage	l'embrayage	la climatisation
dreitürig	mit Handschaltung	die Zündung	die Kupplung	die Klimaanlage
de tres puertas	manual	el encendido	el embrague	el aire acondicionado
a tre porte	manuale	l'accensione	la frizione	l'aria condizionata

Can you tell me the way to…?
Pouvez-vous m'indiquer la route pour…?
Wie komme ich nach…?
¿Me puede decir cómo se va a…?
Può indicarmi la strada per…?

Where is the car park?
Où est le parking?
Wo ist hier ein Parkplatz?
¿Dónde hay un parking?
Dov'è il parcheggio?

Can I park here?
On peut se garer ici?
Kann ich hier parken?
¿Se puede aparcar aquí?
Posso parcheggiare qui?

controls • les commandes • die Armaturen • los controles • i comandi

steering wheel
le volant
das Lenkrad
el volante
il volante

horn
le klaxon
die Hupe
la bocina
il clacson

dashboard
le tableau de bord
das Armaturenbrett
el salpicadero
il cruscotto

hazard lights
les feux de détresse
die Warnlichter
las luces de emergencia
le luci intermittenti

satellite navigation
le navigateur par satellite
das GPS-System
la navegación por satélite
la navigazione via satellite

left-hand drive • la conduite à gauche • die Linkssteuerung • el volante a la izquierda • la guida a sinistra

temperature gauge
le thermomètre
die Temperaturanzeige
el indicador de temperatura
la spia della temperatura

rev counter
le compte-tours
der Drehzahlmesser
el cuentarrevoluciones
il contagiri

speedometer
le compteur
der Tachometer
el indicador de velocidad
il contachilometri

fuel gauge
la jauge d'essence
die Kraftstoffanzeige
el indicador de la gasolina
la spia del carburante

car stereo
la stéréo
die Autostereoanlage
la radio del coche
l'autoradio

lights switch
l'interrupteur feux
der Lichtschalter
el conmutador de luces
l'interruttore per le luci

heater controls
la manette de chauffage
der Heizungsregler
los mandos de la calefacción
i comandi per il riscaldamento

odometer
l'odomètre
der Kilometerzähler
el cuentakilómetros
l'odometro

gearstick
le levier de vitesses
der Schalthebel
la palanca de cambio
la leva del cambio

air bag
l'airbag
der Airbag
el airbag
l'airbag

right-hand drive • la conduite à droite • die Rechtssteuerung
• el volante a la derecha • la guida a destra

car 3 • la voiture 3 • das Auto 3 • el coche 3 • l'automobile 3

mechanics • la mécanique • die Mechanik • la mecánica • la meccanica

screen wash reservoir
le réservoir de lave-glace
der Scheibenputzmittelbehälter
el depósito del limpiaparabrisas
il serbatoio del liquido lavavetri

dipstick
la jauge d'huile
der Ölmessstab
la varilla del nivel del aceite
l'indicatore di livello dell'olio

air filter
le filtre à air
der Luftfilter
el filtro del aire
il filtro dell'aria

brake fluid reservoir
le réservoir de liquide de frein
der Bremsflüssigkeitsbehälter
el depósito del líquido de frenos
il serbatoio del liquido per i freni

battery
la batterie
die Batterie
la batería
la batteria

bodywork
la carrosserie
die Karosserie
la chapa
la carrozzeria

sunroof
le toit ouvrant
das Schiebedach
el techo solar
il tettuccio

coolant reservoir • le réservoir de
liquide de refroidissement • der
Kühlmittelbehälter • el depósito del
líquido refrigerante • il serbatoio
per il liquido refrigerante

cylinder head
la culasse
der Zylinderkopf
la culata
la testa del cilindro

pipe
le tuyau
das Rohr
el tubo
il tubo

radiator
le radiateur
der Kühler
el radiador
il radiatore

fan
le ventilateur
der Ventilator
el ventilador
il ventilatore

engine
le moteur
der Motor
el motor
il motore

hubcap
l'enjoliveur
die Radkappe
el tapacubo
il coprimozzo

gearbox
la boîte de vitesses
das Getriebe
la caja de cambios
la scatola del cambio

transmission
la transmission
die Transmission
la transmisión
la trasmissione

driveshaft
l'arbre de transmission
die Kardanwelle
el eje de la transmisión
l'albero di transmissione

english • français • deutsch • español • italiano

puncture • la crevaison • die Reifenpanne • el pinchazo • la foratura

spare tyre
la roue de secours
das Ersatzrad
la rueda de repuesto
la ruota di scorta

wrench
la manivelle
der Radschlüssel
la llave
la chiave

wheel nuts
les écrous de roue
die Radmuttern
los tornillos de la rueda
i bulloni della ruota

jack
le cric
der Wagenheber
el gato
il cric

change a wheel (v) • changer une roue • ein Rad wechseln • cambiar una rueda • cambiare una ruota

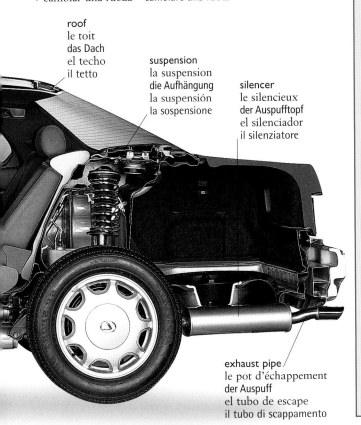

roof
le toit
das Dach
el techo
il tetto

suspension
la suspension
die Aufhängung
la suspensión
la sospensione

silencer
le silencieux
der Auspufftopf
el silenciador
il silenziatore

exhaust pipe
le pot d'échappement
der Auspuff
el tubo de escape
il tubo di scappamento

car accident
l'accident de voiture
der Autounfall
el accidente de coche
l'incidente stradale

breakdown
la panne
die Panne
la avería
il guasto

insurance
l'assurance
die Versicherung
el seguro
l'assicurazione

tow truck
la dépanneuse
der Abschleppwagen
la grúa
il carro attrezzi

mechanic
le mécanicien
der Mechaniker
el mecánico
il meccanico

tyre pressure
la pression des pneus
der Reifendruck
la presión del neumático
la pressione dei pneumatici

fuse box
le porte-fusibles
der Sicherungskasten
la caja de fusibles
la scatola dei fusibili

spark plug
la bougie
die Zündkerze
la bujía
la candela

fan belt
la courroie de ventilateur
der Keilriemen
la correa del ventilador
la cinghia della ventola

petrol tank
le réservoir d'essence
der Benzintank
el tanque de la gasolina
il serbatoio della benzina

cam belt
la courroie de cames
der Nockenriemen
la correa del disco
la cinghia della camma

turbocharger
le turbocompresseur
der Turbolader
el turbo
il tubocompressore

distributor
le distributeur
der Verteiler
el distribuidor
il distributore

timing
le réglage de l'allumage
die Einstellung
el ralentí
la messa in fase

chassis
le châssis
das Chassis
el chasis
il telaio

handbrake
le frein à main
die Handbremse
el freno de mano
il freno a mano

alternator
l'alternateur
die Lichtmaschine
el alternador
l'alternatore

I've broken down.
Ma voiture est en panne.
Ich habe eine Panne.
Mi coche se ha averiado.
Sono in panne.

My car won't start.
Ma voiture ne démarre pas.
Mein Auto springt nicht an.
Mi coche no arranca.
La mia macchina non parte.

motorbike • la moto • das Motorrad • la motocicleta • la motocicletta

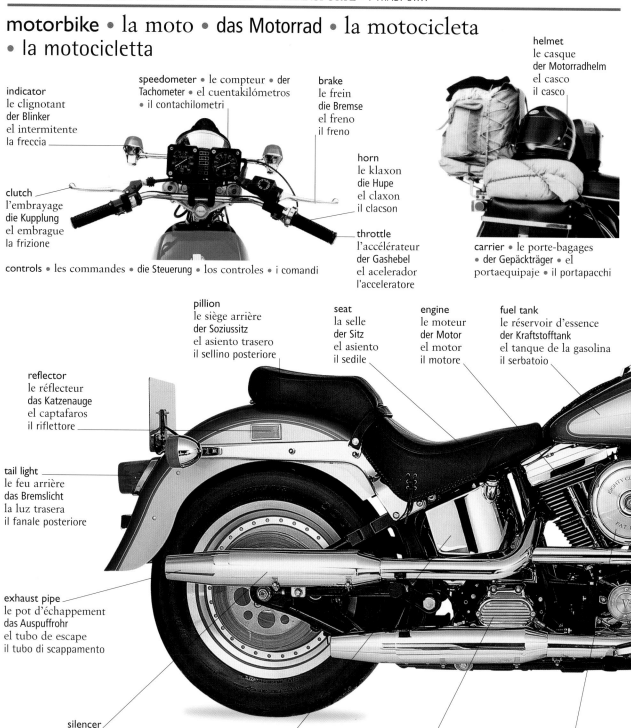

helmet
le casque
der Motorradhelm
el casco
il casco

indicator
le clignotant
der Blinker
el intermitente
la freccia

speedometer • le compteur • der Tachometer • el cuentakilómetros • il contachilometri

brake
le frein
die Bremse
el freno
il freno

horn
le klaxon
die Hupe
el claxon
il clacson

clutch
l'embrayage
die Kupplung
el embrague
la frizione

throttle
l'accélérateur
der Gashebel
el acelerador
l'acceleratore

controls • les commandes • die Steuerung • los controles • i comandi

carrier • le porte-bagages • der Gepäckträger • el portaequipaje • il portapacchi

pillion
le siège arrière
der Soziussitz
el asiento trasero
il sellino posteriore

seat
la selle
der Sitz
el asiento
il sedile

engine
le moteur
der Motor
el motor
il motore

fuel tank
le réservoir d'essence
der Kraftstofftank
el tanque de la gasolina
il serbatoio

reflector
le réflecteur
das Katzenauge
el captafaros
il riflettore

tail light
le feu arrière
das Bremslicht
la luz trasera
il fanale posteriore

exhaust pipe
le pot d'échappement
das Auspuffrohr
el tubo de escape
il tubo di scappamento

silencer
le silencieux
der Auspufftopf
el silenciador
il silenziatore

oil tank
le réservoir d'huile
der Ölsumpf
el depósito del aceite
il serbatoio dell'olio

gearbox
la boîte de vitesses
das Getriebe
la caja de cambios
la scatola del cambio

air filter
le filtre d'air
der Luftfilter
el filtro del aire
il filtro dell'aria

english • français • deutsch • español • italiano

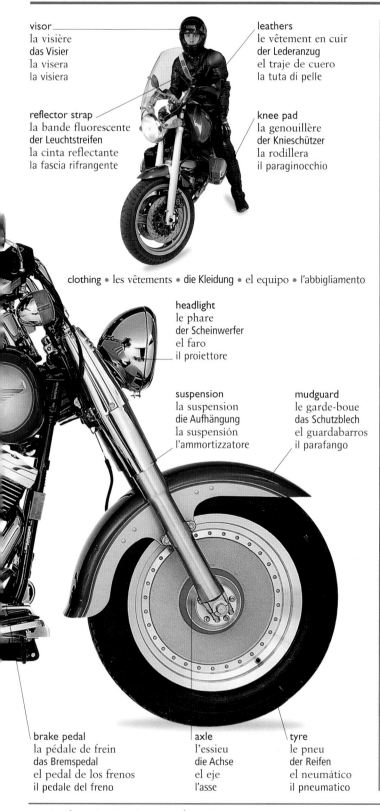

visor
la visière
das Visier
la visera
la visiera

leathers
le vêtement en cuir
der Lederanzug
el traje de cuero
la tuta di pelle

reflector strap
la bande fluorescente
der Leuchtstreifen
la cinta reflectante
la fascia rifrangente

knee pad
la genouillère
der Knieschützer
la rodillera
il paraginocchio

clothing • les vêtements • die Kleidung • el equipo • l'abbigliamento

headlight
le phare
der Scheinwerfer
el faro
il proiettore

suspension
la suspension
die Aufhängung
la suspensión
l'ammortizzatore

mudguard
le garde-boue
das Schutzblech
el guardabarros
il parafango

brake pedal
la pédale de frein
das Bremspedal
el pedal de los frenos
il pedale del freno

axle
l'essieu
die Achse
el eje
l'asse

tyre
le pneu
der Reifen
el neumático
il pneumatico

types • les types • die Typen • los tipos • i tipi

racing bike • la moto de course • die Rennmaschine • la moto de carreras • la moto da corsa

windshield • le pare-brise • die Windschutzscheibe • el parabrisas • il parabrezza

tourer • la moto routière • der Tourer • la moto de carretera • la moto da turismo

dirt bike • la moto tout-terrain • das Geländemotorrad • la moto de cross • la moto da cross

stand • la béquille • der Motorradständer • el soporte • il cavalletto

scooter • le scooter • der Roller • la vespa • il motorino

bicycle • la bicyclette • das Fahrrad • la bicicleta • la bicicletta

tandem • le tandem • das Tandem • el tándem • il tandem

racing bike • le vélo de course • das Rennrad • la bicicleta de carreras • la bicicletta da corsa

mountain bike • le vélo tout-terrain • das Mountainbike • la bicicleta de montaña • la mountain bike

touring bike • le vélo de randonnée • das Tourenfahrrad • la bicicleta de paseo • la bicicletta da turismo

road bike • le vélo de ville • das Straßenrad • la bicicleta de carretera • la bicicletta da strada

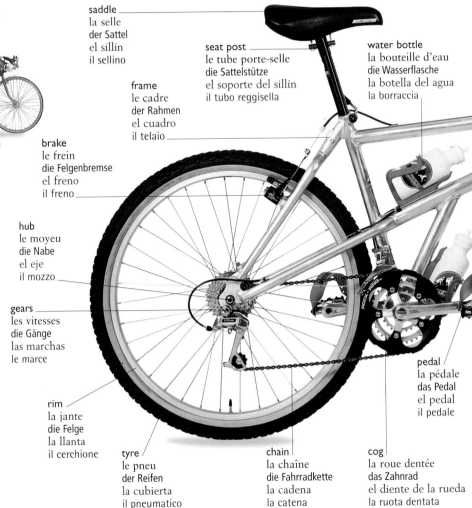

saddle
la selle
der Sattel
el sillín
il sellino

seat post
le tube porte-selle
die Sattelstütze
el soporte del sillín
il tubo reggisella

water bottle
la bouteille d'eau
die Wasserflasche
la botella del agua
la borraccia

frame
le cadre
der Rahmen
el cuadro
il telaio

brake
le frein
die Felgenbremse
el freno
il freno

hub
le moyeu
die Nabe
el eje
il mozzo

gears
les vitesses
die Gänge
las marchas
le marce

rim
la jante
die Felge
la llanta
il cerchione

tyre
le pneu
der Reifen
la cubierta
il pneumatico

chain
la chaîne
die Fahrradkette
la cadena
la catena

cog
la roue dentée
das Zahnrad
el diente de la rueda
la ruota dentata

pedal
la pédale
das Pedal
el pedal
il pedale

helmet
le casque
der Fahrradhelm
el casco
il casco

cycle lane • la piste cyclable • der Fahrradweg • el carril de bicicletas • la pista ciclabile

english • français • deutsch • español • italiano

crossbar • la barre • die Stange • el tubo superior • la canna

handlebar le guidon die Lenkstange el manillar il manubrio

gear lever le levier de vitesse der Schalthebel la palanca de cambio la leva del cambio

brake lever le levier de frein der Bremsgriff la palanca de frenos la leva del freno

fork la fourche die Gabel la horquilla la forcella

spoke le rayon die Speiche el radio il raggio

wheel la roue das Rad la rueda la ruota

valve la valve das Ventil la válvula la valvola

tread la bande de roulement das Reifenprofil la banda de rodadura il battistrada

tyre lever • le démonte-pneu • der Reifenschlüssel • la palanca de la llanta • la leva per il pneumatico

patch la rustine der Flicken el parche la toppa

repair kit • la boîte d'outils • der Reparaturkasten • el kit de reparaciones • il kit per riparazioni

key la clef der Schlüssel la llave la chiave

pump • la pompe • die Luftpumpe • la bomba • la pompa

lock • l'antivol • das Fahrradschloss • el candado • il lucchetto

inner tube • la chambre à air • der Schlauch • la cámara • la camera d'aria

child seat • le siège d'enfant • der Kindersitz • la silla para el niño • il seggiolino per bambino

lamp le phare die Fahrradlampe el faro il fanale	kickstand la béquille der Fahrradständer la patilla de apoyo il cavalletto	brake block le patin de frein die Bremsbacke el taco del freno il blocca freni	basket le panier der Korb la cesta il cestello	toe clip le cale-pied der Rennbügel el calzapié il fermapiedi	change gear (v) changer de vitesse schalten cambiar de marcha cambiare marcia
rear light le feu arrière das Rücklicht el faro trasero il fanale posteriore	stabilisers les roues d'entraînement die Stützräder las ruedas de apoyo le rotelle	cable le câble das Kabel el cable il cavo	dynamo la dynamo der Dynamo la dinamo la dinamo	toe strap la lanière der Riemen la correa del calzapié il cinghietto	brake (v) freiner bremsen frenar frenare
reflector le cataphote der Rückstrahler el captafaros il catarifrangente	bike rack la galerie à vélo der Fahrradständer la baca para bicicletas il posteggio per bici	sprocket le pignon das Kettenzahnrad el piñón il dente	puncture la crevaison die Reifenpanne el pinchazo la foratura	pedal (v) pédaler treten pedalear pedalare	cycle (v) faire du vélo Rad fahren ir en bicicleta andare in bici

train • le train • der Zug • el tren • il treno

carriage
la voiture
der Wagen
el vagón
il vagone

platform
le quai
der Bahnsteig
el andén
il binario

trolley
le caddie
der Kofferkuli
el carrito
il carrello

platform number
le numéro de voie
die Gleisnummer
el número de andén
il numero del binario

commuter
le voyageur
der Pendler
el viajero
de cercanías
il pendolare

train station • la gare • der Bahnhof • la estación de tren • la stazione ferroviaria

types of train • les types de trains • die Zugtypen • los tipos de tren • i tipi di treno

steam train • le train à vapeur
• die Dampflokomotive • el tren de vapor
• il treno a vapore

engine
la locomotive
die Lokomotive
la locomotora
la locomotiva

driver's cab
la cabine du conducteur
der Führerstand
la cabina del conductor
la cabina del conducente

rail
le rail
die Schiene
el raíl
la rotaia

diesel train • le train diesel • die Diesellokomotive • el tren diesel • il treno diesel

electric train • le train électrique
• die Elektrolokomotive • el tren eléctrico
• il treno elettrico

high-speed train • le train à grande vitesse
• der Hochgeschwindigkeitszug • el tren de
alta velocidad • il treno ad alta velocità

monorail • le monorail • die
Einschienenbahn • el monorraíl
• la monorotaia

underground train • le métro
• die U-Bahn • el metro
• la metropolitana

tram • le tram • die Straßenbahn
• el tranvía • il tram

freight train • le train de marchandises
• der Güterzug • el tren de mercancías
• il treno merci

english • français • deutsch • español • italiano

luggage rack • le porte-bagages • die Gepäckablage • el portaequipajes • il portabagagli

window
la fenêtre
das Zugfenster
la ventanilla
il finestrino

track
la voie ferrée
das Gleis
la vía
il binario

ticket barrier • le portillon • die Eingangssperre • la barrera • la barriera

door
la porte
die Tür
la puerta
la porta

seat
le siège
der Sitz
el asiento
il sedile

compartment • le compartiment • das Abteil • el compartimento • lo scompartimento

public address system • le haut-parleur • der Lautsprecher • el sistema de megafonía • il sistema d'avviso ai passeggeri

timetable
l'horaire
der Fahrplan
el horario
l'orario

ticket • le billet • die Fahrkarte • el billete • il biglietto

dining car • la voiture-restaurant • der Speisewagen • el vagón restaurante • il vagone ristorante

concourse • le hall de gare • die Bahnhofshalle • el vestíbulo • l'atrio

sleeping compartment • le compartiment-couchettes • das Schlafabteil • el cochecama • lo scompartimento a cuccette

rail network le réseau ferroviaire das Bahnnetz la red ferroviaria la rete ferroviaria	**underground map** le plan de métro der U-Bahnplan el plano del metro la mappa della metropolitana	**ticket office** le guichet der Fahrkartenschalter la taquilla la biglietteria	**live rail** le rail conducteur die stromführende Schiene el raíl electrificado il binario elettrificato
inter-city train le rapide der Intercity el tren intercity il treno intercity	**delay** le retard die Verspätung el retraso il ritardo	**ticket inspector** le contrôleur der Schaffner el revisor il controllore	**signal** le signal das Signal la señal il segnale
rush hour l'heure de pointe die Stoßzeit la hora punta l'ora di punta	**fare** le prix der Fahrpreis el precio la tariffa	**change** (v) changer umsteigen cambiar cambiare	**emergency lever** la manette de secours der Nothebel la palanca de emergencia la leva di emergenza

aircraft • l'avion • das Flugzeug • el avión • l'aeroplano

airliner • l'avion de ligne • das Verkehrsflugzeug • el avión de pasajeros • l'aereo di linea

nose
le nez
der Bug
el morro
il muso

cockpit
le cockpit
das Cockpit
la cabina de pilotaje
la cabina di pilotaggio

engine
le réacteur
das Triebwerk
el motor
il motore

fuselage
le fuselage
der Rumpf
el fuselaje
la fusoliera

wing
l'aile
die Tragfläche
el ala
l'ala

tail
la queue
das Heck
la cola
la coda

rudder
la gouverne
das Seitenruder
el timón
il timone

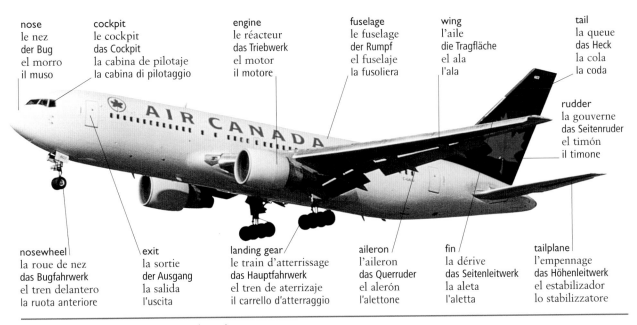

nosewheel
la roue de nez
das Bugfahrwerk
el tren delantero
la ruota anteriore

exit
la sortie
der Ausgang
la salida
l'uscita

landing gear
le train d'atterrissage
das Hauptfahrwerk
el tren de aterrizaje
il carrello d'atterraggio

aileron
l'aileron
das Querruder
el alerón
l'alettone

fin
la dérive
das Seitenleitwerk
la aleta
l'aletta

tailplane
l'empennage
das Höhenleitwerk
el estabilizador
lo stabilizzatore

cabin • la cabine • die Kabine • la cabina • la cabina

emergency exit
la sortie de secours
der Notausgang
la salida de emergencia
l'uscita di emergenza

flight attendant
l'hôtesse de l'air
die Flugbegleiterin
la azafata de vuelo
l'assistente di volo

overhead locker
le casier à bagages
das Gepäckfach
el compartimento portaequipajes
il compartimento portabagagli

window
le hublot
das Fenster
la ventanilla
il finestrino

seat
le siège
der Sitz
el asiento
il sedile

air vent
le ventilateur
die Luftdüse
el ventilador
la ventola per l'aria

reading light
la liseuse
die Leselampe
la luz de lectura
la luce di lettura

row
la rangée
die Reihe
la fila
la fila

tray-table
la tablette
der Klapptisch
la bandeja
il vassoio

armrest
l'accoudoir
die Armlehne
el apoyabrazos
il bracciolo

aisle
le couloir
der Gang
el pasillo
il corridoio

seat back
le dossier
die Rückenlehne
el respaldo
lo schienale

microlight • l'U.L.M. • das Ultraleichtflugzeug • el ultraligero • l'aereo biposto

glider • le planeur • das Segelflugzeug • el planeador • l'aliante

biplane • le biplan • der Doppeldecker • el biplano • il biplano

hot-air balloon • la montgolfière • der Heißluftballon • el globo aerostático • la mongolfiera

propeller
l'hélice
der Propeller
la hélice
l'elica

light aircraft • l'avion léger • das Leichtflugzeug • la avioneta • l'aereo da diporto

sea plane • l'hydravion • das Wasserflugzeug • el hidroavión • l'idrovolante

private jet • le jet privé • der Privatjet • el jet privado • l'aereo privato

fighter plane • le chasseur • das Jagdflugzeug • el caza • l'aereo da caccia

missile
le missile
die Rakete
el misil
il missile

rotor blade
la pale de rotor
das Rotorblatt
el aspa
la lama rotante

helicopter • l'hélicoptère • der Hubschrauber • el helicóptero • l'elicottero

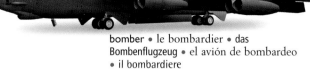

bomber • le bombardier • das Bombenflugzeug • el avión de bombardeo • il bombardiere

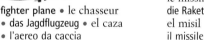

pilot	take off (v)	land (v)	economy class	hand luggage
le pilote	décoller	atterrir	la classe économique	les bagages à main
der Pilot	starten	landen	die Economyclass	das Handgepäck
el piloto	despegar	aterrizar	la clase turista	el equipaje de mano
il pilota	decollare	atterrare	la classe economica	il bagaglio a mano
co-pilot	fly (v)	altitude	business class	seat belt
le copilote	voler	l'altitude	la classe affaires	la ceinture de sécurité
der Kopilot	fliegen	die Höhe	die Businessclass	der Sicherheitsgurt
el copiloto	volar	la altitud	la clase preferente	el cinturón de seguridad
il copilota	volare	la quota	la business class	la cintura di sicurezza

airport • l'aéroport • der Flughafen • el aeropuerto • l'aeroporto

apron
l'aire de stationnement
das Vorfeld
la pista de estacionamiento
l'area di stazionamento

baggage trailer
le porte-bagages
der Gepäckanhänger
el remolque del equipaje
il carrello portabagagli

terminal
le terminal
der Terminal
la terminal
il terminal

service vehicle
le véhicule de service
das Versorgungsfahrzeug
el vehículo de servicio
il veicolo di servizio

walkway
la passerelle
die Fluggastbrücke
la pasarela
il passaggio pedonale

airliner • l'avion de ligne • das Verkehrsflugzeug • el avión de línea • l'aereo di linea

runway la piste die Start- und Landebahn la pista la pista	flight number le numéro de vol die Flugnummer el número de vuelo il numero del volo	carousel le tapis roulant das Gepäckband la cinta transportadora il nastro trasportatore	holiday les vacances der Urlaub las vacaciones la vacanza
international flight le vol international der Auslandsflug el vuelo internacional il volo internazionale	immigration l'immigration die Passkontrolle inmigración l'immigrazione	security la sécurité die Sicherheitsvorkehrungen la seguridad la sicurezza	book a flight (v) faire une réservation de vol einen Flug buchen reservar un vuelo prenotare un volo
domestic flight le vol domestique der Inlandsflug el vuelo nacional il volo nazionale	customs la douane der Zoll la aduana la dogana	x-ray machine la machine de rayons x die Gepäckröntgenmaschine la máquina de rayos x l'apparecchio a raggi x	check in (v) enregistrer einchecken facturar fare il check-in
connection la correspondance die Flugverbindung la conexión la coincidenza	excess baggage l'excédent de bagages das Übergepäck el exceso de equipaje il bagaglio in eccedenza	holiday brochure la brochure de vacances der Urlaubsprospekt el folleto de viajes l'opuscolo vacanze	control tower la tour de contrôle der Kontrollturm la torre de control la torre di controllo

english • français • deutsch • español • italiano

hand luggage
les bagages à main
das Handgepäck
el equipaje de mano
il bagaglio a mano

luggage
les bagages
das Gepäck
el equipaje
il bagaglio

trolley
le chariot
der Kofferkuli
el carro
il carrello

check-in desk • l'enregistrement des bagages • der Abfertigungsschalter • el mostrador de facturación • il banco accettazione

visa
le visa
das Visum
el visado
il visto

passport • le passeport • der Pass • el pasaporte • il passaporto

passport control • le contrôle de passeports • die Passkontrolle • el control de pasaportes • il controllo passaporti

boarding pass
la carte d'embarquement
die Bordkarte
la tarjeta de embarque
la carta d'imbarco

ticket • le billet • das Flugticket • el billete • il biglietto

gate number • le numéro de la porte d'embarquement • die Gatenummer • el número de puerta de embarque • il numero dell'uscita

departures
les départs
der Abflug
las salidas
le partenze

departure lounge • la salle de départ • die Abflughalle • la sala de embarque • la sala delle partenze

destination
la destination
das Reiseziel
el destino
la destinazione

arrivals
les arrivées
die Ankunft
las llegadas
gli arrivi

information screen • l'écran d'information • die Fluginformationsanzeige • la pantalla informativa • il pannello degli orari

duty-free shop
la boutique hors taxes
der Duty-free-Shop
la tienda libre de impuestos
il negozio duty free

baggage reclaim
le retrait des bagages
die Gepäckausgabe
la recogida de equipajes
il ricupero bagagli

taxi rank
la station de taxis
der Taxistand
la parada de taxis
il posteggio dei taxi

car hire
la location de voitures
der Autoverleih
el alquiler de coches
l'autonoleggio

ship • le navire • das Schiff • el barco • la nave

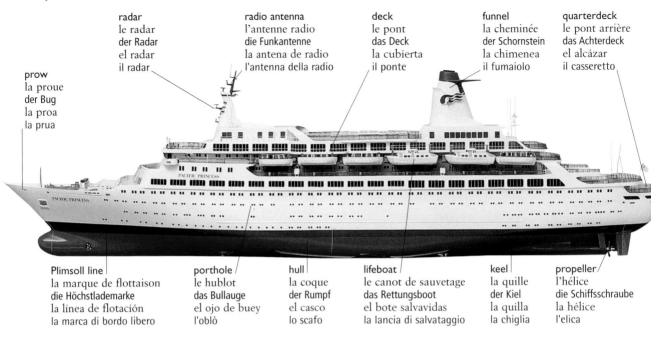

radar
le radar
der Radar
el radar
il radar

radio antenna
l'antenne radio
die Funkantenne
la antena de radio
l'antenna della radio

deck
le pont
das Deck
la cubierta
il ponte

funnel
la cheminée
der Schornstein
la chimenea
il fumaiolo

quarterdeck
le pont arrière
das Achterdeck
el alcázar
il casseretto

prow
la proue
der Bug
la proa
la prua

Plimsoll line
la marque de flottaison
die Höchstlademarke
la línea de flotación
la marca di bordo libero

porthole
le hublot
das Bullauge
el ojo de buey
l'oblò

hull
la coque
der Rumpf
el casco
lo scafo

lifeboat
le canot de sauvetage
das Rettungsboot
el bote salvavidas
la lancia di salvataggio

keel
la quille
der Kiel
la quilla
la chiglia

propeller
l'hélice
die Schiffsschraube
la hélice
l'elica

ocean liner • le paquebot • der Ozeandampfer • el transatlántico • la nave da crociera

bridge • la passerelle de commandement • die Kommandobrücke • el puente • il ponte di comando

engine room • la salle des moteurs • der Maschinenraum • la sala de máquinas • la sala macchine

cabin • la cabine • die Kabine • el camarote • la cabina

galley • la cuisine • die Kombüse • la cocina • la cucina di bordo

dock
le dock
das Dock
el muelle
il bacino

windlass
le guindeau
die Ankerwinde
el cabrestante
il mulinello

port
le port
der Hafen
el puerto
il porto

captain
le capitaine
der Kapitän
el capitán
il capitano

gangway
la passerelle
die Landungsbrücke
la pasarela
la passerella

speedboat
le runabout
das Rennboot
la lancha motora
il motoscafo

anchor
l'ancre
der Anker
el ancla
l'ancora

rowing boat
la barque
das Ruderboot
la barca de remos
la barca a remi

bollard
le bollard
der Poller
el noray
la colonna d'ormeggio

canoe
le canoë
das Kanu
la piragua
la canoa

english • français • deutsch • español • italiano

other ships • autres bateaux • andere Schiffe • otras embarcaciones • altre imbarcazioni

ferry • le ferry • die Fähre • el ferry • il traghetto

outboard motor
le hors-bord
der Außenbordmotor
el motor fueraborda
il motore fuoribordo

inflatable dinghy • le dinghy pneumatique • das Schlauchboot • la zodiac • il gommone

hydrofoil • l'hydroptère • das Tragflügelboot • el hidrodeslizador • l'aliscafo

yacht • le yacht • die Jacht • el yate • lo yacht

catamaran • le catamaran • der Katamaran • el catamarán • il catamarano

tug boat • le remorqueur • der Schleppdampfer • el remolcador • il rimorchiatore

hovercraft • l'aéroglisseur • das Luftkissenboot • el aerodeslizador • l'hovercraft

container ship • le navire porte-conteneurs • das Containerschiff • el buque portacontenedores • la nave porta container

rigging
le gréement
die Takelung
las jarcias
il sartiame

sailboat • le voilier • das Segelboot • el barco de vela • la barca a vela

hold
la cale
der Frachtraum
la bodega
la stiva

freighter • le cargo • das Frachtschiff • el buque de carga • la nave da trasporto

oil tanker • le pétrolier • der Öltanker • el petrolero • la petroliera

aircraft carrier • le porte-avions • der Flugzeugträger • el portaaviones • la portaerei

battleship • le navire de guerre • das Kriegsschiff • el barco de guerra • la nave da guerra

conning tower
le kiosque
der Kommandoturm
la falsa torre
la torretta di comando

submarine • le sous-marin • das U-Boot • el submarino • il sottomarino

port • le port • der Hafen • el puerto • il porto

warehouse
l'entrepôt
das Warenlager
el almacén
il magazzino

crane
la grue
der Kran
la grúa
la gru

fork-lift truck
le chariot élévateur
der Gabelstapler
la carretilla elevadora
il carrello elevatore

access road
la route d'accès
die Zufahrtsstraße
la carretera de acceso
la strada di accesso

customs house
le bureau des douanes
das Zollamt
las aduanas del puerto
l'ufficio della dogana

container
le conteneur
der Container
el contenedor
il container

dock
le dock
das Dock
la dársena
il bacino

quay
le quai
der Kai
el muelle
la banchina

cargo
la cargaison
die Fracht
la carga
il carico

ferry terminal
le terminal de ferrys
der Fährterminal
la terminal del ferry
il terminale dei traghetti

ferry
le ferry
die Fähre
el ferry
il traghetto

ticket office
le guichet
der Fahrkartenschalter
la ventanilla de pasajes
la biglietteria

passenger
le passager
der Passagier
el pasajero
il passeggero

container port • le port de conteneurs • der Containerhafen • el muelle comercial • il porto per container

passenger port • le port de passagers • der Passagierhafen • el muelle de pasajeros • il porto per passeggeri

net
le filet
das Netz
la red
la rete

fishing boat
le bateau de pêche
das Fischerboot
el barco de pesca
la barca da pesca

mooring
les amarres
die Verankerung
el punto de amarre
l'ormeggio

marina • la marina • die Marina • el puerto deportivo • il porto turistico

harbour • le port • der Hafen • el puerto • il porto

fishing port • le port de pêche • der Fischereihafen • el puerto de pesca • il porto da pesca

pier • l'embarcadère • der Pier • el embarcadero • il pontile

jetty • la jetée • der Landungssteg • el espigón • il molo

shipyard • le chantier naval • die Werft • el astillero • il cantiere navale

lamp
le feu
die Laterne
la lámpara
la luce

lighthouse • le phare • der Leuchtturm • el faro • il faro

buoy • la bouée • die Boje • la boya • la boa

coastguard	dry dock	board (v)
le garde-côte	la cale sèche	embarquer
die Küstenwache	das Trockendock	an Bord gehen
el guardacostas	el dique seco	embarcar
il guardacoste	il bacino di carenaggio	imbarcare
harbour master	moor (v)	disembark (v)
le capitaine de port	mouiller	débarquer
der Hafenmeister	festmachen	von Bord gehen
el capitán del puerto	amarrar	desembarcar
il capitano di porto	ormeggiare	sbarcare
drop anchor (v)	dock (v)	set sail (v)
jeter l'ancre	se mettre à quai	prendre la mer
den Anker werfen	anlegen	auslaufen
fondear	atracar	zarpar
mollare l'ancora	entrare in bacino	salpare

sports
les sports
der Sport
los deportes
gli sport

American football • le football américain • der Football • el fútbol americano • il football americano

goalpost
le poteau
der Torpfosten
el poste de la portería
la porta

sideline
la ligne de touche
die Seitenlinie
la linea de banda
la linea laterale

line judge
le juge de ligne
der Linienrichter
el juez de línea
il giudice di linea

goal line
la ligne de but
die Torlinie
la línea de gol
la linea del gol

football field • le terrain • das Spielfeld
• el campo • il campo

end zone
la zone de fond
die Endzone
la zona final
il fondo campo

football
le ballon
der Football
el balón
il pallone

pads
les protections
das Polster
las rodilleras
le ginocchiere

helmet
le casque
der Helm
el casco
il casco

boot
la botte
der Stiefel
la bota
lo scarpino

football player • le joueur de
football • der Footballspieler
• el jugador • il giocatore

tackle (v) • tacler • angreifen
• placar • placcare

pass (v) • faire une passe
• den Ball abgeben • pasar
• passare

catch (v) • attraper • fangen
• coger • prendere

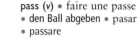

time out	team	defence	cheerleader	What is the score?
le temps mort	l'équipe	la défense	la majorette	Où en est le match?
die Auszeit	die Mannschaft	die Verteidigung	der Cheerleader	Wie ist der Stand?
el tiempo muerto	el equipo	la defensa	la animadora	¿Cómo van?
il time-out	la squadra	la difesa	la cheerleader	A quanto stanno?
fumble	attack	score	touchdown	Who is winning?
la prise de ballon maladroite	l'attaque	le score	le but	Qui est-ce qui gagne?
das unsichere Fangen des Balls	der Angriff	der Spielstand	der Touchdown	Wer gewinnt?
el mal pase de balón	el ataque	la puntuación	el ensayo	¿Quién va ganando?
il fumble	l'attacco	il punteggio	il touch-down	Chi vince?

english • français • deutsch • español • italiano

rugby • le rugby • das Rugby • el rugby • il rugby

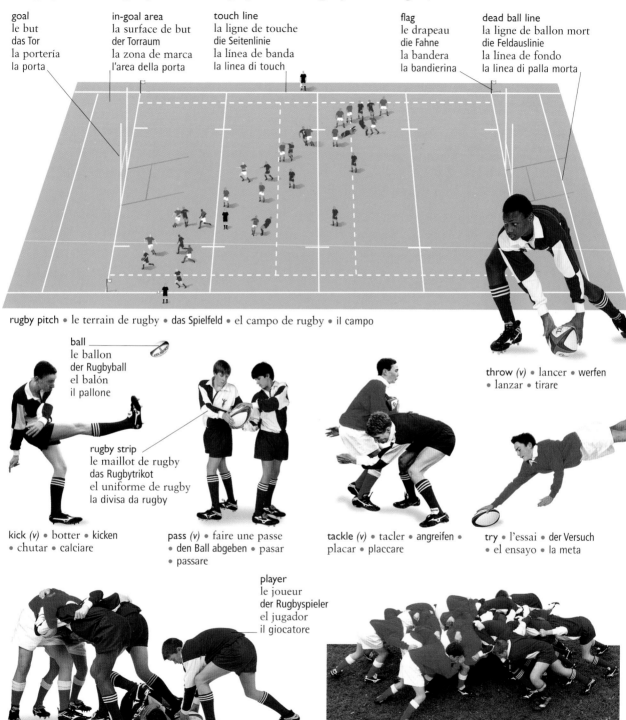

goal
le but
das Tor
la portería
la porta

in-goal area
la surface de but
der Torraum
la zona de marca
l'area della porta

touch line
la ligne de touche
die Seitenlinie
la línea de banda
la linea di touch

flag
le drapeau
die Fahne
la bandera
la bandierina

dead ball line
la ligne de ballon mort
die Feldauslinie
la línea de fondo
la linea di palla morta

rugby pitch • le terrain de rugby • das Spielfeld • el campo de rugby • il campo

ball
le ballon
der Rugbyball
el balón
il pallone

throw *(v)* • lancer • werfen
• lanzar • tirare

rugby strip
le maillot de rugby
das Rugbytrikot
el uniforme de rugby
la divisa da rugby

kick *(v)* • botter • kicken
• chutar • calciare

pass *(v)* • faire une passe
• den Ball abgeben • pasar
• passare

tackle *(v)* • tacler • angreifen •
placar • placcare

try • l'essai • der Versuch
• el ensayo • la meta

player
le joueur
der Rugbyspieler
el jugador
il giocatore

ruck • la mêlée ouverte • das offene Gedränge • la abierta • il ruck

scrum • la mêlée • das Gedränge • la melée • la mischia

football • le football • der Fußball • el fútbol • il calcio

football
le ballon
der Fußball
el balón
il pallone

forward
l'avant
der Mittelstürmer
el delantero
l'attaccante

referee
l'arbitre
der Schiedsrichter
el árbitro
l'arbitro

centre circle
le cercle central
der Mittelkreis
el círculo central
il centro campo

goalkeeper
le gardien de but
der Torwart
el portero
il portiere

football strip
la tenue
der Dress
el uniforme
la divisa

footballer • le joueur de foot • der Fußballspieler • el futbolista • il calciatore

football pitch • le terrain • das Fußballfeld • el campo de fútbol • il campo di calcio

goalpost
le poteau
der Torpfosten
el poste
il palo

net
le filet
das Tornetz
la red
la rete

crossbar
la barre transversale
die Querlatte
el larguero
la traversa

goal • le but • das Tor • el gol • il gol

dribble *(v)* • dribbler • dribbeln • regatear • dribblare

head *(v)* • faire une tête • köpfen • tirar de cabeza • colpire di testa

wall
le mur
die Mauer
la barrera
il muro

free kick • le coup franc • der Freistoß • el tiro libre • il calcio di punizione

english • français • deutsch • español • italiano

penalty area
la surface de réparation
der Strafraum
el área de penalty
l'area di rigore

goal line
la ligne de but
die Torlinie
la línea de meta
la linea di fondo

goal area
la surface de but
der Torraum
el área de meta
l'area di porta

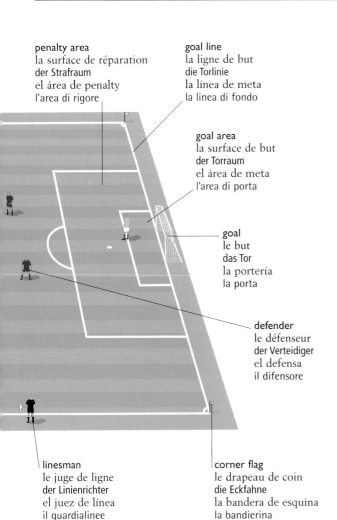

goal
le but
das Tor
la portería
la porta

defender
le défenseur
der Verteidiger
el defensa
il difensore

linesman
le juge de ligne
der Linienrichter
el juez de línea
il guardialinee

corner flag
le drapeau de coin
die Eckfahne
la bandera de esquina
la bandierina

throw-in • la rentrée en touche • der Einwurf • el saque de banda • la rimessa in gioco

kick *(v)* • botter • kicken • chutar • calciare

boot
la botte
der Fußballschuh
la bota
lo scarpino

pass *(v)* • faire une passe • den Ball abgeben • hacer un pase • passare

shoot *(v)* • shooter • schießen • tirar • tirare

save *(v)* • sauver • halten • hacer una parada • parare

tackle *(v)* • tacler • angreifen • hacer una entrada • contrastare

stadium le stade das Stadion el estadio lo stadio	**foul** la faute das Foul la falta il fallo	**yellow card** le carton jaune die gelbe Karte la tarjeta amarilla il cartellino giallo	**league** le championnat die Liga la liga il campionato	**extra time** la prolongation die Verlängerung la prórroga il tempo supplementare
score a goal *(v)* marquer un but ein Tor schießen marcar un gol segnare	**corner** le corner der Eckball el córner il calcio d'angolo	**off-side** l'hors-jeu das Abseits el fuera de juego il fuorigioco	**draw** l'egalité das Unentschieden el empate il pareggio	**substitute** le remplaçant der Ersatzspieler el reserva il sostituto
penalty le penalty der Elfmeter el penalty il rigore	**red card** le carton rouge die rote Karte la tarjeta roja il cartellino rosso	**send off** l'expulsion der Platzverweis la expulsión l'espulsione	**half time** la mi-temps die Halbzeit el descanso l'intervallo	**substitution** le remplacement die Auswechslung la sustitución la sostituzione

hockey • le hockey • das Hockey • el hockey • l'hockey

ice hockey • le hockey sur glace • das Eishockey • el hockey sobre hielo • l'hockey su ghiaccio

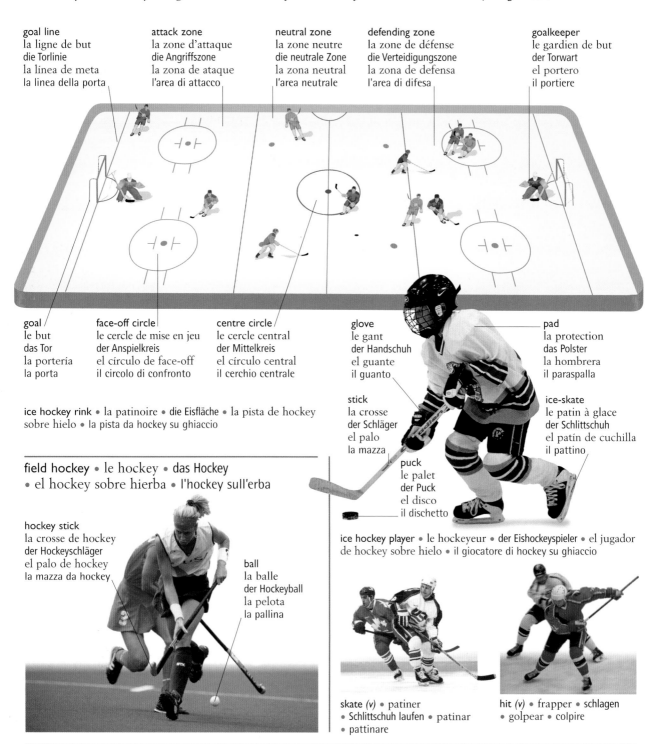

goal line
la ligne de but
die Torlinie
la línea de meta
la linea della porta

attack zone
la zone d'attaque
die Angriffszone
la zona de ataque
l'area di attacco

neutral zone
la zone neutre
die neutrale Zone
la zona neutral
l'area neutrale

defending zone
la zone de défense
die Verteidigungszone
la zona de defensa
l'area di difesa

goalkeeper
le gardien de but
der Torwart
el portero
il portiere

goal
le but
das Tor
la portería
la porta

face-off circle
le cercle de mise en jeu
der Anspielkreis
el círculo de face-off
il circolo di confronto

centre circle
le cercle central
der Mittelkreis
el círculo central
il cerchio centrale

glove
le gant
der Handschuh
el guante
il guanto

pad
la protection
das Polster
la hombrera
il paraspalla

stick
la crosse
der Schläger
el palo
la mazza

ice-skate
le patin à glace
der Schlittschuh
el patín de cuchilla
il pattino

ice hockey rink • la patinoire • die Eisfläche • la pista de hockey
sobre hielo • la pista da hockey su ghiaccio

field hockey • le hockey • das Hockey
• el hockey sobre hierba • l'hockey sull'erba

hockey stick
la crosse de hockey
der Hockeyschläger
el palo de hockey
la mazza da hockey

ball
la balle
der Hockeyball
la pelota
la pallina

puck
le palet
der Puck
el disco
il dischetto

ice hockey player • le hockeyeur • der Eishockeyspieler • el jugador
de hockey sobre hielo • il giocatore di hockey su ghiaccio

skate (v) • patiner
• Schlittschuh laufen • patinar
• pattinare

hit (v) • frapper • schlagen
• golpear • colpire

cricket • le cricket • das Kricket • el críquet • il cricket

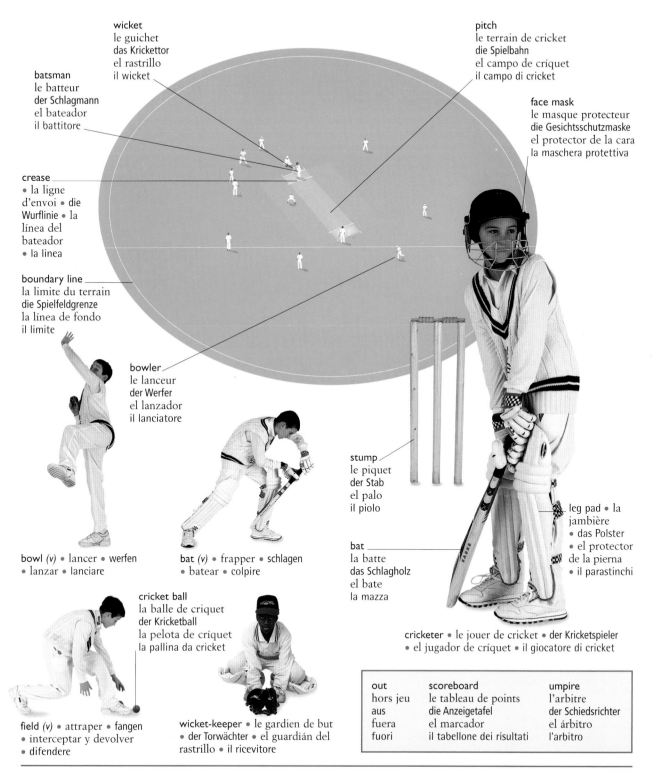

wicket
le guichet
das Krickettor
el rastrillo
il wicket

pitch
le terrain de cricket
die Spielbahn
el campo de críquet
il campo di cricket

batsman
le batteur
der Schlagmann
el bateador
il battitore

face mask
le masque protecteur
die Gesichtsschutzmaske
el protector de la cara
la maschera protettiva

crease
• la ligne
d'envoi • die
Wurflinie • la
línea del
bateador
• la linea

boundary line
la limite du terrain
die Spielfeldgrenze
la línea de fondo
il limite

bowler
le lanceur
der Werfer
el lanzador
il lanciatore

stump
le piquet
der Stab
el palo
il piolo

leg pad • la
jambière
• das Polster
• el protector
de la pierna
• il parastinchi

bowl (v) • lancer • werfen
• lanzar • lanciare

bat (v) • frapper • schlagen
• batear • colpire

bat
la batte
das Schlagholz
el bate
la mazza

cricket ball
la balle de criquet
der Kricketball
la pelota de críquet
la pallina da cricket

cricketer • le jouer de cricket • der Kricketspieler
• el jugador de críquet • il giocatore di cricket

field (v) • attraper • fangen
• interceptar y devolver
• difendere

wicket-keeper • le gardien de but
• der Torwächter • el guardián del
rastrillo • il ricevitore

out	scoreboard	umpire
hors jeu	le tableau de points	l'arbitre
aus	die Anzeigetafel	der Schiedsrichter
fuera	el marcador	el árbitro
fuori	il tabellone dei risultati	l'arbitro

basketball • le basket • der Basketball • el baloncesto • la pallacanestro

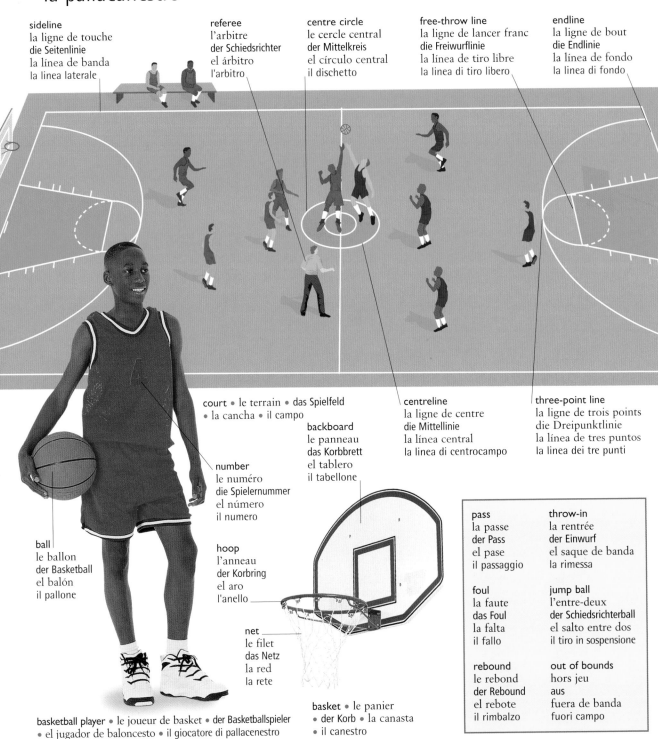

sideline
la ligne de touche
die Seitenlinie
la línea de banda
la linea laterale

referee
l'arbitre
der Schiedsrichter
el árbitro
l'arbitro

centre circle
le cercle central
der Mittelkreis
el círculo central
il dischetto

free-throw line
la ligne de lancer franc
die Freiwurflinie
la línea de tiro libre
la linea di tiro libero

endline
la ligne de bout
die Endlinie
la línea de fondo
la linea di fondo

court • le terrain • das Spielfeld • la cancha • il campo

backboard
le panneau
das Korbbrett
el tablero
il tabellone

centreline
la ligne de centre
die Mittellinie
la línea central
la linea di centrocampo

three-point line
la ligne de trois points
die Dreipunktlinie
la línea de tres puntos
la linea dei tre punti

number
le numéro
die Spielernummer
el número
il numero

ball
le ballon
der Basketball
el balón
il pallone

hoop
l'anneau
der Korbring
el aro
l'anello

net
le filet
das Netz
la red
la rete

pass la passe der Pass el pase il passaggio	**throw-in** la rentrée der Einwurf el saque de banda la rimessa
foul la faute das Foul la falta il fallo	**jump ball** l'entre-deux der Schiedsrichterball el salto entre dos il tiro in sospensione
rebound le rebond der Rebound el rebote il rimbalzo	**out of bounds** hors jeu aus fuera de banda fuori campo

basket • le panier • der Korb • la canasta • il canestro

basketball player • le joueur de basket • der Basketballspieler • el jugador de baloncesto • il giocatore di pallacenestro

actions • les actions • die Aktionen • las acciones • le azioni

throw (v) • lancer
• werfen • lanzar • tirare

catch (v) • attraper
• fangen • coger
• acchiappare

shoot (v) • tirer
• schießen • tirar
• tirare

jump (v) • sauter
• springen • saltar
• saltare

mark (v) • marquer • decken
• marcar • marcare

block (v) • bloquer • blocken
• bloquear • bloccare

bounce (v) • faire
rebondir • springen lassen
• botar • rimbalzare

dunk (v) • faire un dunk
• einen Dunk spielen
• marcar • segnare

volleyball • le volley • der Volleyball • el balonvolea • la pallavolo

block (v)
bloquer
blocken
bloquear
contrastare

net
le filet
das Netz
la red
la rete

dig (v)
• faire une
manchette
• baggern
• recibir
• difendere

referee
l'arbitre
der Schiedsrichter
el árbitro
l'arbitro

knee support
la genouillère
der Knieschützer
la rodillera
la ginocchiera

court • le terrain • das Spielfeld • la cancha • il campo

baseball • le baseball • der Baseball • el béisbol • il baseball

field • le terrain • das Spielfeld • el campo • il campo

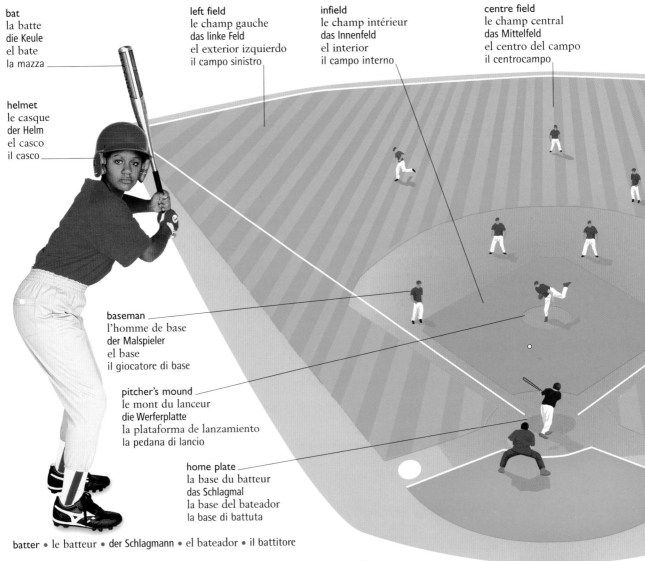

bat
la batte
die Keule
el bate
la mazza

helmet
le casque
der Helm
el casco
il casco

left field
le champ gauche
das linke Feld
el exterior izquierdo
il campo sinistro

infield
le champ intérieur
das Innenfeld
el interior
il campo interno

centre field
le champ central
das Mittelfeld
el centro del campo
il centrocampo

baseman
l'homme de base
der Malspieler
el base
il giocatore di base

pitcher's mound
le mont du lanceur
die Werferplatte
la plataforma de lanzamiento
la pedana di lancio

home plate
la base du batteur
das Schlagmal
la base del bateador
la base di battuta

batter • le batteur • der Schlagmann • el bateador • il battitore

inning le tour de batte das Inning el turno il turno di battuta	**safe** sauf in Sicherheit a salvo salvo	**strike** le coup manqué der Schlagfehler el strike lo strike
run le point der Lauf la carrera il giro	**out** hors jeu aus fuera fuori	**foul ball** la fausse balle der ungültige Schlag el fallo il fallo

ball
la balle
der Baseball
la pelota
la palla

mitt • le gant • der Handschuh
• el guante • il guantone

mask • le masque • die
Schutzmaske • la máscara
• la maschera

english • français • deutsch • español • italiano

actions • les actions • **die Aktionen** • las acciones • le azioni

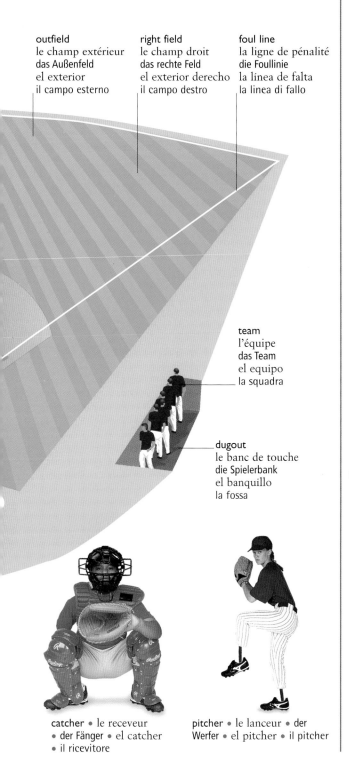

outfield
le champ extérieur
das Außenfeld
el exterior
il campo esterno

right field
le champ droit
das rechte Feld
el exterior derecho
il campo destro

foul line
la ligne de pénalité
die Foullinie
la línea de falta
la línea di fallo

team
l'équipe
das Team
el equipo
la squadra

dugout
le banc de touche
die Spielerbank
el banquillo
la fossa

catcher • le receveur • der Fänger • el catcher • il ricevitore

pitcher • le lanceur • der Werfer • el pitcher • il pitcher

throw (v) • lancer • werfen • lanzar • lanciare

catch (v) • attraper • fangen • coger • acchiappare

run (v) • courir • rennen • correr • correre

field (v) • être en défense • als Fänger spielen • defender • difendere

slide (v)
glisser
rutschen
resbalar
scivolare

tag (v) • courser • hinterherlaufen • perseguir • inseguire

pitch (v)
lancer
werfen
lanzar
servire

bat (v)
batter
schlagen
batear
battere

umpire
l'arbitre
der Schiedsrichter
el árbitro
l'arbitro

FASANO
13

play (v) • jouer • spielen • jugar • giocare

tennis • le tennis • das Tennis • el tenis • il tennis

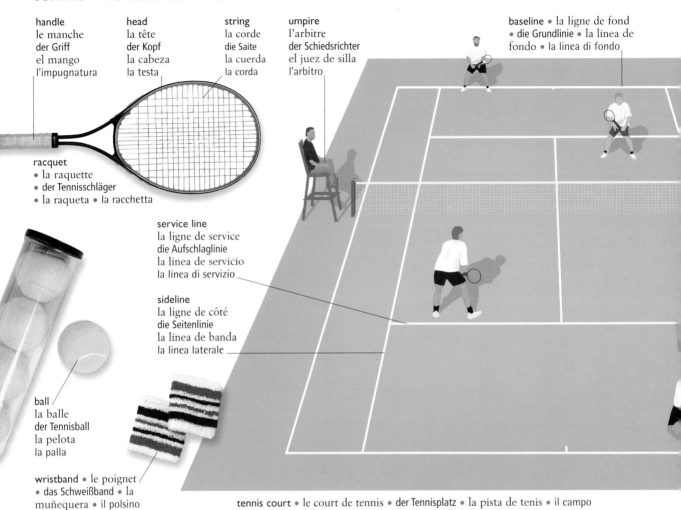

handle
le manche
der Griff
el mango
l'impugnatura

head
la tête
der Kopf
la cabeza
la testa

string
la corde
die Saite
la cuerda
la corda

umpire
l'arbitre
der Schiedsrichter
el juez de silla
l'arbitro

baseline • la ligne de fond
• die Grundlinie • la línea de
fondo • la linea di fondo

racquet
• la raquette
• der Tennisschläger
• la raqueta • la racchetta

service line
la ligne de service
die Aufschlaglinie
la línea de servicio
la linea di servizio

sideline
la ligne de côté
die Seitenlinie
la línea de banda
la linea laterale

ball
la balle
der Tennisball
la pelota
la palla

wristband • le poignet
• das Schweißband • la
muñequera • il polsino

tennis court • le court de tennis • der Tennisplatz • la pista de tenis • il campo

singles	**set**	**deuce**	**fault**	**slice**	**spin**
le simple	le set	l'égalité	la faute	le slice	l'effet
das Einzel	der Satz	der Einstand	der Fehler	der Slice	der Spin
el individual	el set	cuarenta iguales	la falta	el tiro con efecto	el efecto
il singolare	il set	il deuce	il fallo	il taglio	l'avvitamento
doubles	**match**	**advantage**	**ace**	**rally**	**linesman**
le double	le match	l'avantage	l'as	l'échange	le juge de ligne
das Doppel	das Match	der Vorteil	das Ass	der Ballwechsel	der Linienrichter
los dobles	el partido	la ventaja	el ace	el peloteo	el juez de línea
il doppio	la partita	il vantaggio	l'asso	il palleggio	il giudice di linea
game	**tiebreak**	**love**	**dropshot**	**let!**	**championship**
le jeu	le tiebreak	zéro	l'amorti	net!	le championnat
das Spiel	der Tiebreak	null	der Stoppball	Netz!	die Meisterschaft
el juego	el tiebreak	nada	la dejada	¡red!	el campeonato
il gioco	il tiebreak	a zero	la smorzata	colpo nullo!	il campionato

english • français • deutsch • español • italiano

net
le filet
das Netz
la red
la rete

smash
le smash
der Schmetterball
el mate
la schiacciata

ballboy
le ramasseur de balles
der Balljunge
el recogepelotas
il raccattapalle

serve (v)
servir
aufschlagen
sacar
battere il servizio

tennis shoes
• les tennis
• die Tennisschuhe
• los tenis • le
scarpe da tennis

strokes • les coups • die Schläge • los golpes • i colpi

serve • le service • der
Aufschlag • el servicio
• il servizio

volley • la volée • der Volley
• la volea • la volée

return • le retour • der Return
• el resto • il ritorno

lob • le lob • der Lob
• el globo • il pallonetto

forehand • le coup droit
• die Vorhand • el derecho
• il dritto

backhand • le revers
• die Rückhand • el revés
• il rovescio

player • le joueur • der Tennisspieler • el jugador • il tennista

racquet games • les jeux de raquette • die Schlägerspiele • los juegos de raqueta • i giochi con la racchetta

shuttlecock
le volant
der Federball
el volante
il volano

bat • la raquette • der
Tischtennisschläger • la
pala • la racchetta

badminton • le badminton
• das Badminton • el
bádminton • il badminton

table tennis • le tennis de
table • das Tischtennis • el
ping-pong • il ping pong

squash • le squash • das
Squash • el squash
• lo squash

racquetball • le racquetball
• das Racquetball • el
racketball • il racquetball

golf • le golf • das Golf • el golf • il golf

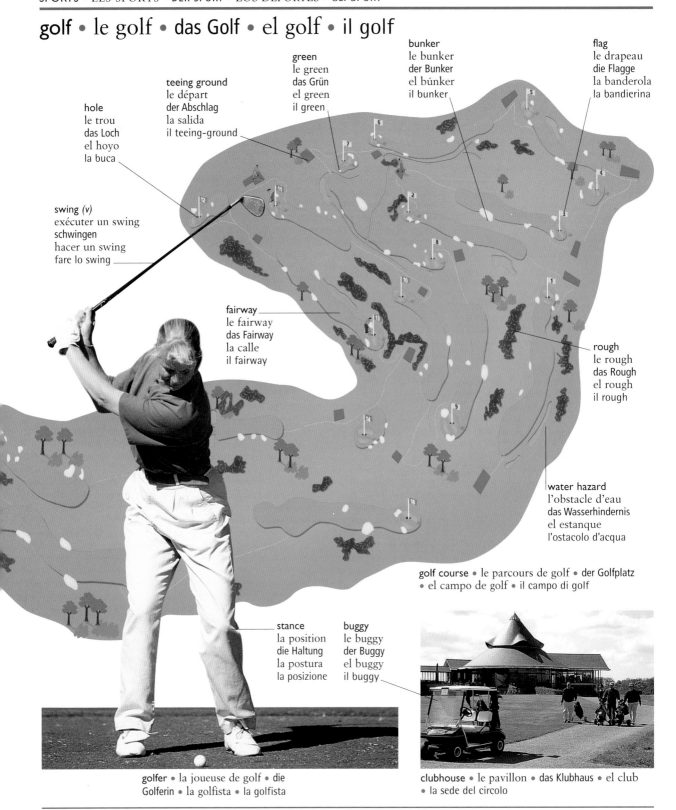

bunker
le bunker
der Bunker
el búnker
il bunker

flag
le drapeau
die Flagge
la banderola
la bandierina

green
le green
das Grün
el green
il green

teeing ground
le départ
der Abschlag
la salida
il teeing-ground

hole
le trou
das Loch
el hoyo
la buca

swing (v)
exécuter un swing
schwingen
hacer un swing
fare lo swing

fairway
le fairway
das Fairway
la calle
il fairway

rough
le rough
das Rough
el rough
il rough

water hazard
l'obstacle d'eau
das Wasserhindernis
el estanque
l'ostacolo d'acqua

golf course • le parcours de golf • der Golfplatz
• el campo de golf • il campo di golf

stance
la position
die Haltung
la postura
la posizione

buggy
le buggy
der Buggy
el buggy
il buggy

golfer • la joueuse de golf • die
Golferin • la golfista • la golfista

clubhouse • le pavillon • das Klubhaus • el club
• la sede del circolo

equipment • l'équipement • die Ausrüstung • el equipo • le attrezzature

golf clubs • les clubs de golf • die Golf-schläger • los palos de golf • le mazze da golf

golf ball
la balle de golf
der Golfball
la pelota de golf
la pallina da golf

golf bag
le sac de golf
die Golftasche
la bolsa de golf
la sacca da golf

tee • le tee • das Tee • el tee • il tee

spikes
les pointes
die Spikes
los clavos
i chiodi

wood • le bois • das Holz • el palo de madera • la mazza di legno

glove • le gant • der Handschuh • el guante • il guanto

golf trolley • le caddie • der Caddie • el carrito de golf • il carrellino

golf shoe • la chaussure de golf • der Golfschuh • el zapato de golf • la scarpa da golf

putter • le putter • der Putter • el putter • il putter

actions • les actions • die Aktionen • las acciones • le azioni

tee-off (v) • partir du tee • vom Abschlag spielen • salir • cominciare la partita

drive (v) • driver • driven • hacer un drive • colpire a distanza

putt (v) • putter • einlochen • tirar al hoyo con un putter • colpire leggermente

chip (v) • cocher • chippen • hacer un chip • colpire da vicino

iron • le fer • das Eisen • el palo de hierro • la mazza di ferro

wedge • la cale • das Wedge • el wedge • la mazza ricurva

par le par das Par el par il par	over par le over par über par el sobre par l'overpar	handicap le handicap das Handicap el handicap l'handicap	caddy le caddie der Caddie el caddy il caddy	stroke le coup der Schlag el golpe il colpo	backswing le swing en arrière der Durchschwung el backswing il back-swing
under par le under par unter par el bajo par l'underpar	hole in one le trou en un das Hole-in-One el hoyo en uno la buca in uno	tournament le tournoi das Golfturnier el torneo il torneo	spectators les spectateurs die Zuschauer los espectadores gli spettatori	practice swing le swing d'essai der Übungsschwung el swing de práctica lo swing di pratica	line of play la ligne de jeu die Spielbahn la línea de juego la linea di gioco

athletics • l'athlétisme • die Leichtathletik • el atletismo • l'atletica

lane
le couloir
die Bahn
la calle
la corsia

track
la piste
die Rennbahn
la pista
la pista

finishing line
la ligne d'arrivée
die Ziellinie
la línea de meta
il traguardo

starting line
la ligne de départ
die Startlinie
la línea de salida
la linea di partenza

field • le terrain • das Feld • el campo • il campo

athlete
l'athlète
die Leichtathletin
la atleta
l'atleta

starting block
le bloc de départ
der Startblock
el cajón de salida
la pedana di partenza

sprinter • le sprinter
• der Sprinter • el esprinter
• il velocista

discus • le disque
• das Diskuswerfen
• el lanzamiento de disco
• il lancio del disco

shotput • le lancement du
poids • das Kugelstoßen
• el lanzamiento de peso
• il lancio del peso

javelin • le javelot • das
Speerwerfen • el lanzamiento
de jabalina • il lancio del
giavellotto

race	**record**	**photo finish**	**pole vault**
la course	le record	le photo-finish	le saut à la perche
das Rennen	der Rekord	das Fotofinish	der Stabhochsprung
la carrera	el récord	la fotofinish	el salto con pértiga
la gara	il primato	il fotofinish	il salto con l'asta
time	**break a record** (v)	**marathon**	**personal best**
le temps	battre un record	le marathon	le record personnel
die Zeit	einen Rekord brechen	der Marathon	die persönliche Bestleistung
el tiempo	batir un récord	la maratón	la marca personal
il tempo	battere un primato	la maratona	il primato personale

stopwatch • le chronomètre
• die Stoppuhr • el
cronómetro • il cronometro

baton • le bâton
• der Stab • el testigo
• il testimone

crossbar • la barre
• die Latte • el listón
• la sbarra

relay race • le relais • der
Staffellauf • la carrera de
relevos • la staffetta

high jump • le saut en hauteur
• der Hochsprung • el salto de
altura • il salto in alto

long jump • le saut en
longueur • der Weitsprung
• el salto de longitud
• il salto in lungo

hurdles • les haies • der
Hürdenlauf • la carrera de
vallas • la corsa a ostacoli

gymnastics • la gymnastique • das Turnen • la gimnasia • la ginnastica

springboard
le tremplin
das Sprungbrett
el trampolín
la pedana elastica

gymnast
la gymnaste
die Turnerin
la gimnasta
la ginnasta

horse
le cheval
das Pferd
el caballo
il cavallo

somersault • le salto • der Salto
• el salto mortal • la capriola

beam • la poutre • der Schwebebalken • la barra de equilibrio
• la trave

ribbon • le drapeau
• das Gymnastikband
• la cinta • il nastro

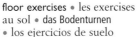

mat • le tapis • die
Matte • la colchoneta
• la pedana

vault • le saut • der Sprung
• el salto • il volteggio

floor exercises • les exercises
au sol • das Bodenturnen
• los ejercicios de suelo
• la ginnastica a corpo libero

tumble • la cabriole • die
Bodenakrobatik • la voltereta
• la ruota

rhythmic gymnastics • la gymnas-
tique rythmique • die rhythmische
Gymnastik • la gimnasia rítmica
• la ginnastica ritmica

horizontal bar la barre fixe das Reck la barra fija la sbarra	asymmetric bars les barres asymétriques der Stufenbarren las paralelas asimétricas le sbarre asimmetriche	rings les anneaux die Ringe las anillas gli anelli	medals les médailles die Medaillen las medallas le medaglie	silver l'argent das Silber la plata l'argento
parallel bars les barres parallèles der Barren las paralelas le parallele	pommel horse le cheval d'arçons das Seitpferd el caballo con arcos il cavallo	podium le podium das Siegerpodium el podio il podio	gold l'or das Gold el oro l'oro	bronze le bronze die Bronze el bronce il bronzo

combat sports • les sports de combat • der Kampfsport • los deportes de combate • gli sport da combattimento

karate • le karaté • das Karate • el karate • il karate

opponent
l'adversaire
der Gegner
el adversario
l'avversario

glove
le gant
der Handschuh
el guante
il guanto

guard
le protège-tête
der Kopfschutz
el protector
il casco

belt
la ceinture
der Gürtel
el cinturón
la cintura

tae-kwon-do • le taekwondo • das Taekwondo • el taekwondo • il tae kwondo

judo • le judo • das Judo • el judo • il judo

aikido • l'aïkido • das Aikido • el aikido • l'aikido

mask
le masque
die Maske
la careta
la maschera

sword
le sabre
der Säbel
la espada
la sciabola

kendo • le kendo • das Kendo • el kendo • il kendo

kung fu • le kung-fu • das Kung-Fu • el kung fu • il kung fu

kickboxing • la boxe thaïlandaise • das Kickboxen • el full contact • il kickboxing

wrestling • la lutte • das Ringen • la lucha libre • la lotta greco-romana

boxing • la boxe • das Boxen • el boxeo • il pugilato

actions • les actions • die Techniken • los movimientos • le mosse

fall • la chute • das Fallen • la caída • la scivolata

hold • la prise • der Griff • el agarre • la presa

throw • la projection • der Wurf • el derribo • la proiezione

pin • l'immobilisation • das Fesseln • la inmovilización • la caduta

kick • le coup de pied • der Seitfußstoß • la patada • il calcio

punch • le coup de poing • der Stoß • el puñetazo • il pugno

strike • le coup • der Angriff • el golpe • il colpo

jump • le saut • der Sprung • el salto • il salto

block • le blocage • der Block • la parada • la parata

chop • le coup • der Hieb • el golpe • il colpo di taglio

boxing ring le ring der Boxring el ring il ring	round le round die Runde el asalto il round	fist le poing die Faust el puño il pugno	black belt la ceinture noire der schwarze Gürtel el cinturón negro la cintura nera	capoeira la capoeira das Capoeira la capoeira la capoeira
boxing gloves les gants de boxe die Boxhandschuhe los guantes de boxeo i guantoni	bout le combat der Kampf el combate l'incontro	knock out le knock-out der Knockout el K.O. il k.o	self defence l'autodéfense die Selbstverteidigung la defensa personal l'autodifesa	sumo wrestling le sumo das Sumo el sumo il sumo
mouth guard le protège-dents der Mundschutz el protegedientes il paradenti	sparring l'entraînement das Sparren el entrenamiento l'allenamento	punch bag le punching-bag der Sandsack el saco de arena il sacco	martial arts les arts martiaux die Kampfsportarten las artes marciales le arti marziali	tai-chi le taï chi das Tai Chi el tai-chi il tai-chi

swimming • la natation • der Schwimmsport • la natación • il nuoto

equipment • l'équipement • die Ausrüstung • el equipo • l'attrezzatura

armband • la brassière
• der Schwimmflügel
• el flotador de brazo
• il bracciolo

nose clip
la pince pour le nez
die Nasenklemme
la pinza para la nariz
la molletta per il naso

goggles • les lunettes protectrices
• die Schwimmbrille • las gafas de
natación • gli occhialetti

float • la planche • das
Schwimmfloß • el flotador
• la tavoletta

swimsuit • le maillot de bain
• der Badeanzug • el traje de
baño • il costume da bagno

cap • le bonnet
de natation
• die Badekappe
• el gorro de
baño • la cuffia

lane
le couloir
die Bahn
la calle
la corsia

water
l'eau
das Wasser
el agua
l'acqua

starting block
le plot de départ
der Startblock
el cajón de salida
il podio di partenza

trunks
• le slip de bain
• die Badehose
• el bañador
• il costume da
bagno

swimming pool • la piscine • das Schwimmbecken • la piscina • la piscina

springboard
le tremplin
das Sprungbrett
el trampolín
il trampolino

diver
le plongeur
der Springer
el saltador
il tuffatore

swimmer • le nageur • der Schwimmer
• el nadador • il nuotatore

dive (v) • plonger • springen
• tirarse de cabeza • tuffarsi

swim (v) • nager • schwimmen • nadar
• nuotare

turn • le tour • die Kehre • el giro
• la giravolta

english • français • deutsch • español • italiano

styles • les styles • die Schwimmstile • los estilos • gli stili

front crawl • le crawl • das Kraulen • el crol • lo stile libero

breaststroke • la brasse • das Brustschwimmen • la braza • la rana

stroke
la nage
der Zug
la brazada
la bracciata

kick
le coup de pied
der Stoß
la patada
la gambata

backstroke • la nage sur le dos • das Rückenschwimmen
• la espalda • il dorso

butterfly • le papillon • der Butterfly • la mariposa
• la farfalla

scuba diving • la plongée • das Tauchen • el buceo • il nuoto subacqueo

wetsuit
• la combinaison de plongée • der Taucheranzug
• el traje de buzo • la tuta subacquea

flipper
la palme
die Schwimmflosse
la aleta
la pinna

weight belt
la ceinture de plomb
der Bleigürtel
el cinturón de pesas
la cintura dei pesi

air cylinder
la bouteille d'air
die Druckluftflasche
la botella de aire
la bombola

mask • le masque
• die Tauchermaske • las gafas • la maschera

regulator
le régulateur
der Lungenautomat
el regulador
il regolatore

snorkel • le tuba
• der Schnorchel • el tubo • il boccaglio

dive le plongeon der Sprung el salto il tuffo	racing dive le départ plongé der Startsprung el salto de salida il tuffo di rincorsa	lockers les casiers die Schließfächer las taquillas gli armadietti	water polo le water-polo der Wasserball el waterpolo la pallanuoto	shallow end le petit bassin das flache Ende la zona poco profunda la parte bassa	cramp la crampe der Krampf el tirón il crampo
high dive le plongeon de haut vol der Turmsprung el salto alto il tuffo alto	tread water (v) nager sur place Wasser treten hacer agua tenersi a galla	lifeguard le maître nageur der Bademeister el socorrista il bagnino	deep end le grand bassin das tiefe Ende la zona profunda la parte profonda	synchronized swimming la nage synchronisée das Synchronschwimmen la natación sincronizada il nuoto sincronizzato	drown (v) se noyer ertrinken ahogarse annegare

sailing • la voile • der Segelsport • la vela • la vela

compass • le compas • der Kompass • la brújula • la bussola

anchor • l'ancre • der Anker • el ancla • l'ancora

mast
le mât
der Mast
el mástil
l'albero

rigging
le gréement
die Takelung
las jarcias
il sartiame

mainsail
la grand-voile
das Großsegel
la vela mayor
la vela di maestra

headsail
la voile d'avant
die Fock
el foque
la vela di prua

boom
la bôme
der Baum
la botavara
il boma

stern
l'arrière
das Heck
la popa
la poppa

cleat
le taquet
die Klampe
la escotera
la galloccia

sidedeck
le pont de côté
das Seitendeck
la cubierta
il ponte laterale

bow
l'avant
der Bug
la proa
la prua

tiller
• la barre
• die Pinne
• la caña
del timón
• la barra

hull
la coque
der Rumpf
el casco
lo scafo

navigate *(v)* • naviguer • navigieren • navegar • navigare

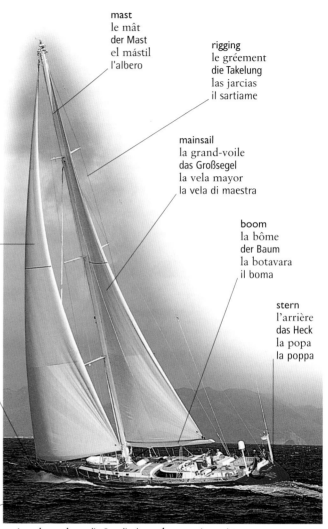

yacht • le yacht • die Segeljacht • el yate • lo yacht

safety • la sécurité • die Sicherheit • la seguridad • la sicurezza

flare • la fusée éclairante • die Leuchtrakete • la bengala • il razzo illuminante

lifebuoy • la bouée de sauvetage • der Rettungsring • el salvavidas • il salvagente

life jacket • le gilet de sauvetage • die Schwimmweste • el chaleco salvavidas • il giubbotto di salvataggio

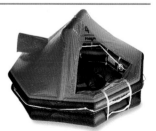

life raft • le radeau de sauvetage • das Rettungsboot • la balsa salvavidas • la zattera di salvataggio

english • français • deutsch • español • italiano

watersports • les sports aquatiques • der Wassersport • los deportes acuáticos • gli sport acquatici

rower
le rameur
der Ruderer
el remero
il rematore

oar
la rame
das Ruder
el remo
il remo

kayak
le kayak
das Kajak
el kayak
il kayak

paddle
la pagaie
das Paddel
el remo
la pagaia

row (v) • ramer • rudern • remar • remare

canoeing • le canoë • der Kanusport • el piragüismo • il canottaggio

sail
la voile
das Segel
la vela
la vela

surfboard • la planche • das Surfbrett • la tabla de surf • il surf

ski • le ski • der Wasserski • el esquí • lo sci

windsurfer
le planchiste
der Windsurfer
el windsurfista
il windsurfer

surfing • le surf • das Wellenreiten • el surfing • il surfing

waterskiing • le ski nautique • das Wasserski • el esquí acuático • lo sci d'acqua

speed boating • le motonautisme • der Schnellbootsport • la carrera de motoras • la corsa in motoscafo

board
la planche
das Surfbrett
la tabla
la tavola

footstrap
la bride
die Fußschlaufe
la cinta para el pie
la presa per il piede

windsurfing • la planche à voile • das Windsurfing • el windsurf • il windsurfing

rafting • le rafting • das Rafting • el rafting • rafting

jet skiing • le jet-ski • der Wassermotorradsport • la moto acuática • l'acquascooter

waterskier	crew	wind	surf	sheet	centreboard
le skieur nautique	l'équipage	le vent	l'écume	l'écoute	la dérive
der Wasserskifahrer	die Crew	der Wind	die Brandung	die Schot	das Schwert
el esquiador acuático	la tripulación	el viento	la rompiente	la escota	la orza
lo sciatore d'acqua	l'equipaggio	il vento	la cresta dell'onda	la scotta	il centro della tavola
surfer	tack (v)	wave	rapids	rudder	capsize (v)
le surfeur	louvoyer	la vague	les rapides	le gouvernail	chavirer
der Surfer	aufkreuzen	die Welle	das Wildwasser	das Ruder	kentern
el surfista	virar	la ola	los rápidos	el timón	volcar
il surfista	bordeggiare	l'onda	le rapide	il timone	capovolgersi

horse riding • l'équitation • der Reitsport • la equitación • l'equitazione

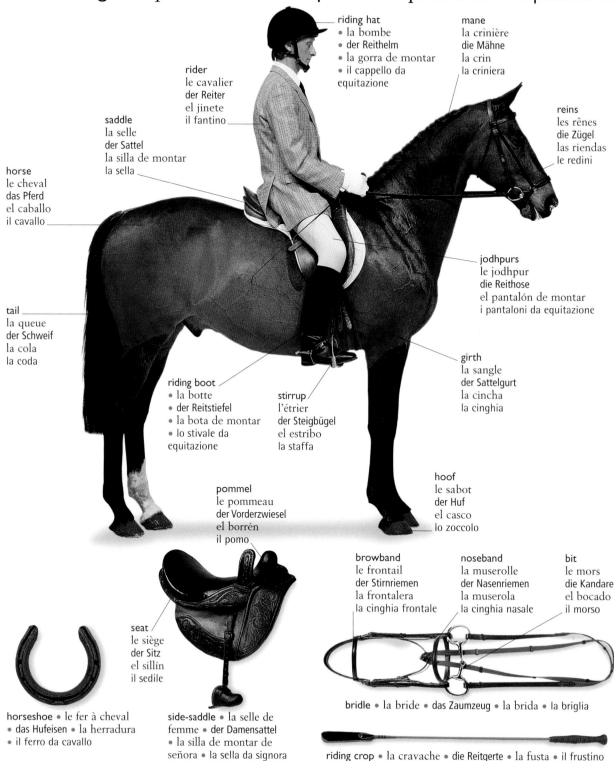

riding hat
• la bombe
• der Reithelm
• la gorra de montar
• il cappello da equitazione

mane
la crinière
die Mähne
la crin
la criniera

rider
le cavalier
der Reiter
el jinete
il fantino

reins
les rênes
die Zügel
las riendas
le redini

saddle
la selle
der Sattel
la silla de montar
la sella

horse
le cheval
das Pferd
el caballo
il cavallo

jodhpurs
le jodhpur
die Reithose
el pantalón de montar
i pantaloni da equitazione

tail
la queue
der Schweif
la cola
la coda

girth
la sangle
der Sattelgurt
la cincha
la cinghia

riding boot
• la botte
• der Reitstiefel
• la bota de montar
• lo stivale da equitazione

stirrup
l'étrier
der Steigbügel
el estribo
la staffa

hoof
le sabot
der Huf
el casco
lo zoccolo

pommel
le pommeau
der Vorderzwiesel
el borrén
il pomo

browband
le frontail
der Stirnriemen
la frontalera
la cinghia frontale

noseband
la muserolle
der Nasenriemen
la muserola
la cinghia nasale

bit
le mors
die Kandare
el bocado
il morso

seat
le siège
der Sitz
el sillín
il sedile

bridle • la bride • das Zaumzeug • la brida • la briglia

horseshoe • le fer à cheval • das Hufeisen • la herradura • il ferro da cavallo

side-saddle • la selle de femme • der Damensattel • la silla de montar de señora • la sella da signora

riding crop • la cravache • die Reitgerte • la fusta • il frustino

events • les courses • die Veranstaltungen • las modalidades • le corse

racehorse • le cheval de course
• das Rennpferd • el caballo de
carreras • il cavallo da corsa

fence • l'obstacle • das Hindernis
• la valla • l'ostacolo

horse race • la course de chevaux • das
Pferderennen • la carrera de caballos
• la corsa di cavalli

steeplechase • le steeple • das Jagdrennen
• la carrera de obstáculos • la corsa a
ostacoli

harness race • la course de trot
• das Trabrennen • la carrera al trote
• la corsa al trotto

rodeo • le rodéo • das Rodeo • el rodeo
• il rodeo

showjumping • le jumping • das
Springreiten • el concurso de saltos
• il concorso ippico

carriage race • la course attelée
• das Zweispännerrennen • la carrera de
carrozas • la corsa di carrozze

trekking • la randonnée • das Trekking
• el paseo • l'escursione a cavallo

dressage • le dressage • das Dressurreiten
• la doma y monta • il dressage

polo • le polo • das Polo • el polo
• il polo

walk	canter	jump	halter	paddock	flat race
le pas	le petit galop	le saut	le licou	l'enclos	la course de plat
der Schritt	der Kanter	der Sprung	das Halfter	die Koppel	das Flachrennen
el paso	el medio galope	el salto	el cabestro	el cercado	la carrera sin obstáculos
il passo	il piccolo galoppo	il salto	la cavezza	il recinto	la corsa in piano
trot	gallop	groom	stable	arena	racecourse
le trot	le galop	le valet d'écurie	l'écurie	l'arène	le champs de courses
der Trab	der Galopp	der Stallbursche	der Pferdestall	der Turnierplatz	die Rennbahn
el trote	el galope	el mozo de cuadra	la cuadra	el ruedo	el hipódromo
il trotto	il galoppo	il palafreniere	la stalla	l'arena	l'ippodromo

fishing • la pêche • der Angelsport • la pesca • la pesca

weight • le plomb • das Gewicht • el plomo • il peso

float • le flotteur • die Pose • el flotador • il galleggiante

tackle box • la boîte d'équipement • der Spinnerkasten • la caja de aparejos • la scatola portaesche

barb
le barbillon
der Widerhaken
la lengüeta
l'uncino

eye
l'œillet
das Öhr
el ojo
l'occhiello

fishhook • l'hameçon • der Angelhaken • el anzuelo • l'amo

lure • l'appât • der Köderhaken • el señuelo • l'esca

bait • l'amorce • der Köder • el cebo • l'esca

fly • la mouche • die Fliege • la mosca • la mosca

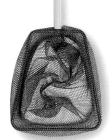

landing net • l'épuisette • der Kescher • la red para recoger • la retina

keep net • la bourriche • der Setzkescher • la red para las capturas • la rete da pesca

line
la ligne
die Schnur
el sedal
la lenza

fishing rod
la canne à pêche
die Angelrute
la caña de pescar
la canna da pesca

reel
le moulinet
die Rolle
el carrete
il mulinello

waders
les bottes de pêche
die Watstiefel
las botas altas de goma
gli stivaloni di gomma

angler • le pêcheur • der Angler • el pescador de caña • il pescatore

types of fishing • les genres de pêche • die Fischfangarten • los tipos de pesca • i tipi di pesca

freshwater fishing • la pêche en eau douce • das Süßwasserangeln • la pesca en agua dulce • la pesca in acqua dolce

fly fishing • la pêche à la mouche • das Fliegenangeln • la pesca con mosca • la pesca con la mosca

sport fishing • la pêche sportive • das Sportangeln • la pesca deportiva • la pesca sportiva

deep sea fishing • la pêche hauturière • die Hochseefischerei • la pesca de altura • la pesca il alto mare

surfcasting • la pêche au lancer en mer • das Brandungsangeln • la pesca en la orilla • la pesca dalla riva

activities • les activités • die Aktivitäten • las acciones • le attività

cast (v) • lancer • auswerfen • lanzar • lanciare

catch (v) • attraper • fangen • coger • prendere

reel in (v) • ramener • einholen • recoger • tirare con il mulinello

net (v) • prendre au filet • mit dem Netz fangen • coger con la red • pescare con la rete

release (v) • lâcher • loslassen • soltar • rilasciare

bait (v) amorcer ködern cebar fornire di esca	tackle le matériel de pêche die Angelgeräte los aparejos l'attrezzatura	waterproofs l'imperméable die Regenhaut la ropa impermeable i sovrapantaloni	fishing permit le permis de pêche der Angelschein la licencia de pesca la licenza di pesca	creel le panier de pêche der Fischkorb la nasa la nassa
bite (v) mordre anbeißen picar abboccare	spool le tambour die Rolle el carrete la bobina	pole la perche die Stake la pértiga la canna da pesca	marine fishing la pêche maritime die Seefischerei la pesca en alta mar la pesca in mare	spearfishing la pêche sous-marine das Speerfischen la pesca con arpón la pesca con la fiocina

skiing • le ski • der Skisport • el esquí • lo sci

ski slope • la pente de ski
• der Skihang • la pista
• la pista da sci

chairlift
le télésiège
der Sessellift
la telesilla
la seggiovia

cable car
la télécabine
der Kabinenlift
el teleférico
la funivia

glove
le gant
der Handschuh
el guante
il guanto

ski pole
le bâton de ski
der Skistock
el bastón
il bastone da sci

ski run • la piste de ski
• die Skipiste • la pista
de esquí • la pista da sci

edge • la carre
• die Kante
• el canto
• la lama

ski jacket
la veste de ski
die Skijacke
el chaqueta de esquí
lo scarpone da sci

tip • la pointe
• die Spitze • la
punta • la punta

safety barrier
la barrière de sécurité
die Sicherheitssperre
la barrera de seguridad
la transenna di sicurezza

ski boot • la chaussure
de ski • der Skistiefel
• la bota de esquí
• lo scarpone da sci

skier • la skieuse
• die Skiläuferin • la
esquiadora • la sciatrice

ski • le ski • der Ski
• el esquí • lo sci

events • les épreuves • die Disziplinen • las modalidades • le gare

gate • la porte
• das Tor • el poste
• la porta

downhill skiing • la descente
• der Abfahrtslauf
• el descenso • la discesa

slalom • le slalom
• der Slalom • el slálom
• lo slalom

ski jump • le saut
• der Skisprung • el salto
• il salto

cross-country skiing • le ski de
randonnée • der Langlauf • el
esquí de fondo • lo sci di fondo

winter sports • les sports d'hiver • der Wintersport • los deportes de invierno • gli sport invernali

goggles • les lunettes
de ski • die Skibrille
• las gafas
• gli occhiali

skate
le patin à glace
der Schlittschuh
el patín
il pattino

ice climbing • l'escalade en
glace • das Eisklettern
• la escalada en hielo
• l'arrampicata su ghiaccio

ice-skating • le patinage
• das Eislaufen • el patinaje
sobre hielo • il pattinaggio
su ghiaccio

figure skating • le patinage
artistique • der Eiskunstlauf
• el patinaje artístico
• il pattinaggio artistico

snowboarding
• le surf des neiges
• das Snowboarding • el
snowboarding • lo snowboard

bobsleigh • le bobsleigh
• der Bobsport • el bobsleigh
• il bob

luge • la luge • das Rennrodeln
• el luge • lo slittino

alpine skiing le ski alpin die alpine Kombination el esquí alpino lo sci alpino	dog sledding le traîneau à chiens das Hundeschlittenfahren el trineo con perros la corsa su slitta trainata da cani
giant slalom le slalom géant der Riesenslalom el slálom gigante lo slalom gigante	speed skating le patinage de vitesse das Eisschnelllauf el patinaje de velocidad il pattinaggio di velocità
off-piste hors piste abseits der Piste fuera de pista fuoripista	biathlon le biathlon das Biathlon el biatlón il biathlon
curling le curling das Curling el curling il curling	avalanche l'avalanche die Lawine la avalancha la valanga

snowmobile • l'autoneige
• das Schneemobil • la moto
de nieve • la motoslitta

sledding • la luge • das
Schlittenfahren • tirarse en
trineo • la corsa su slitta

other sports • les autres sports • die anderen Sportarten • los otros deportes • gli altri sport

glider
le planeur
das Segelflugzeug
el planeador
l'aliante

hang-glider
le deltaplane
der Drachen
el ala delta
il deltaplane

gliding • le vol plané • das Segelfliegen • el vuelo sin motor • il volo a vela

parachute
le parachute
der Fallschirm
el paracaídas
il paracadute

hang-gliding • le deltaplane • das Drachenfliegen • el vuelo con ala delta • il volo in deltaplano

rope
la corde
das Seil
la cuerda
la corda

rock climbing • l'escalade • das Klettern • la escalada • l'alpinismo in parete

parachuting • le parachutisme • das Fallschirmspringen • el paracaidismo • il paracadutismo

paragliding • le parapente • das Gleitschirmfliegen • el parapente • il parapendio

skydiving • le saut en chute libre • das Fallschirmspringen • el paracaidismo en caída libre • il paracadutismo libero

abseiling • le rappel • das Abseilen • el rappel • la cordata

bungee jumping • le saut à l'élastique • das Bungeejumping • el puenting • il bungee jumping

racing driver
le coureur automobile
der Rennfahrer
el piloto de carreras
il pilota da corsa

rally driving • le rallye • das
Rallyefahren • el rally
• il rally

motor racing • la course
automobile • der Rennsport
• el automovilismo
• l'automobilismo

motorcross • le motocross
• das Motocross • el
motocross • il motocross

motorbike racing • la course
de moto • das Motorradrennen
• el motociclismo • il
motociclismo

skateboard
la planche à roulettes
das Skateboard
el monopatín
la tavola da skateboard

stick
la crosse
der Lacrosseschläger
el palo
la mazza

mask
le masque
die Maske
la máscara
la maschera

foil
le fleuret
das Florett
el florete
il fioretto

skateboarding • la planche
à roulettes • das Skateboard-
fahren • montar en
monopatín • lo skate board

inline skating • le patin en
ligne • das Inlineskaten
• el patinaje en línea
• il pattinaggio in linea

lacrosse • le lacrosse
• das Lacrosse • el lacrosse
• il lacrosse

fencing • l'escrime
• das Fechten • el
esgrima • la scherma

pin • la quille • der Kegel
• el bolo • il birillo

arrow
la flèche
der Pfeil
la flecha
la freccia

bow • l'arc • der Bogen
• el arco• l'arco

target • la cible • die
Zielscheibe • la diana
• il bersaglio

quiver
le carquois
der Köcher
el carcaj
la faretra

archery • le tir à l'arc • das
Bogenschießen • el tiro con
arco • il tiro con l'arco

target shooting • le tir à cible
• das Scheibenschießen • el
tiro • il tiro al bersaglio

bowling ball
• la boule de
bowling • die
Bowlingkugel
• la bola de
bowling
• la palla da
bowling

bowling • le bowling • das Bowling • los
bolos • il bowling

pool • le billard américain
• das Poolbillard • el billar
americano • il biliardo

snooker • le billard
• das Snooker • el billar
• lo snooker

fitness • le conditionnement physique • die Fitness • la forma física • il fitness

exercise bike
• le vélo
d'entraînement
• das Trainingsrad
• la bicicleta
• la cyclette

gym machine • l'appareil de gym • das Fitnessgerät • la máquina de ejercicios • la macchina per esercizi

bench • le banc • die Bank • el banco • la panca

free weights
les poids
die Gewichte
las pesas
i manubri

bar
la barre
die Stange
la barra
la sbarra

gym • le gymnase • das Fitnesscenter • el gimasio • la palestra

rowing machine • la machine à ramer • die Rudermaschine • la máquina de remos • il vogatore

treadmill • la tapis roulant • das Laufband • la banda de paseo • il treadmill

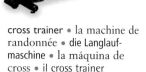

cross trainer • la machine de randonnée • die Langlauf-maschine • la máquina de cross • il cross trainer

personal trainer • l'entraîneuse individuelle • die private Fitness-trainerin • la entrenadora personal • l'istruttore individuale

step machine • l'escalier d'entraînement • die Tretmaschine • la máquina de step • la macchina per step

swimming pool • la piscine • das Schwimmbecken • la piscina • la piscina

sauna • le sauna • die Sauna • la sauna • la sauna

exercises • les exercices • die Übungen • los ejercicios • gli esercizi

stretch • l'étirement • das Strecken • el estiramiento • lo stretching

lunge • la fente en avant • der Ausfall • la flexión con estiramiento • lo stiramento

tights
le collant
die Strumpfhose
los leotardos
il collant

press-up • la traction • der Liegestütz • la flexión • le flessioni

dumb bell
l'haltère
die Hantel
la pesa
il manubrio

squat • la flexión de jambes • die Kniebeuge • ponerse en cuclillas • lo squat

sit-up • le redressement assis • das Rumpfheben • el abdominal • gli addominali

bicep curl • l'exercise pour les biceps • die Bizepsübung • el ejercicio de bíceps • le alzate con il manubrio

leg press • la traction pour les jambes • der Beinstütz • los ejercicios de piernas • la pressa per le gambe

vest
le tricot de corps
das Unterhemd
la camiseta de tirantes
la canottiera

trainers • les baskets • die Trainingsschuhe • las zapatillas • gli scarponcini

weight bar
la barre à poids
die Gewichthantel
la barra de pesas
il bilanciere

chest press • l'exercice pour la poitrine • die Brustübung • los ejercicios pectorales • la pressa per pettorali

weight training • l'entraînement poids et haltères • das Krafttraining • el levantamiento de pesas • l'addestramento ai pesi

jogging • le jogging • das Jogging • el footing • il footing

pilates • le pilates • das pilates • el pilates • il pilates

train (v) s'entraîner trainieren entrenar allenarsi	jog on the spot (v) jogger sur place auf der Stelle joggen correr en parada correre sul posto	extend (v) étendre ausstrecken estirar stendere	boxercise l'aéroboxe die Boxgymnastik la gimnasia prepugilística la ginnastica prepugilistica	skipping le saut à la corde das Seilspringen saltar a la comba saltare con la corda
warm up (v) s'échauffer sich aufwärmen calentar riscaldarsi	flex (v) fléchir beugen flexionar flettere	pull up (v) tirer hochziehen levantar sollevare	circuit training l'entraînement en circuit das Zirkeltraining la tabla de gimnasia l'allenamento in circuito	

leisure
le temps libre
die Freizeit
el ocio
il tempo libero

theatre • le théâtre • das Theater • el teatro • il teatro

curtain
le rideau
der Vorhang
el telón
il sipario

wings
les coulisses
die Kulisse
los bastidores
le quinte

set
le décor
das Bühnenbild
el decorado
la scenografia

audience
le public
das Publikum
el público
il pubblico

orchestra
l'orchestre
das Orchester
la orquesta
l'orchestra

stage • la scène • die Bühne • el escenario • il palcoscenico

seat
le fauteuil
der Sitzplatz
la butaca
la poltrona

upper circle
la deuxième galerie
der zweite Rang
la platea alta
la seconda galleria

row
la rangée
die Reihe
la fila
la fila

box
la loge
die Loge
el palco
il palco

circle
la corbeille
der erste Rang
la platea
la galleria

balcony
le balcon
der Balkon
la galería
la balconata

aisle
l'allée
der Gang
el pasillo
il corridoio

stalls
• l'orchestre
• das Parkett
• el patio
de butacas
• le poltrone
• di platea

seating • les places • die Bestuhlung
• las butacas • le poltrone

play la pièce de théâtre das Theaterstück la obra l'opera teatrale	**director** le metteur en scène der Regisseur el director il regista	**first night** la première die Premiere el estreno la prima
cast la distribution die Besetzung el reparto il cast	**producer** le metteur en scène der Regisseur el productor il produttore	**interval** l'entracte die Pause el descanso l'intervallo
actor l'acteur der Schauspieler el actor l'attore	**script** le texte das Rollenheft el guión il copione	**programme** le programme das Programm el programa il programma
actress l'actrice die Schauspielerin la actriz l'attrice	**backdrop** la toile de fond der Prospekt el telón de fondo il fondale	**orchestra pit** la fosse d'orchestre der Orchestergraben el foso de la orquesta il golfo mistico

concert • le concert • das Konzert
• el concierto • il concerto

musical • la comédie musicale • das
Musical • el musical • il musical

costume
le costume
das Theaterkostüm
el traje
il costume

usher	soundtrack
le placeur	la bande sonore
der Platzanweiser	die Tonspur
el acomodador	la banda sonora
la maschera	la colonna sonora
classical music	applaud (v)
la musique classique	applaudir
die klassische Musik	applaudieren
la música clásica	aplaudir
la musica classica	applaudire
musical score	encore
la partition	le bis
die Noten	die Zugabe
la partitura	el bis
la partitura musicale	il bis

I'd like two tickets for tonight's performance.
Je voudrais deux billets pour la
  représentation de ce soir.
Ich möchte zwei Karten für die Aufführung heute
  Abend.
Quisiera dos entradas para la sesión de esta
  noche.
Vorrei due biglietti per lo spettacolo di stasera.

What time does it start?
Ça commence à quelle heure?
Um wie viel Uhr beginnt die Aufführung?
¿A qué hora empieza?
A che ora inizia?

ballet • le ballet
• das Ballett • el ballet
• il balletto

opera • l'opéra
• die Oper • la ópera
• l'opera

cinema • le cinéma • das Kino • el cine • il cinema

popcorn
le pop-corn
das Popcorn
las palomitas
il popcorn

box office
la caisse
die Kasse
la taquilla
la biglietteria

lobby
le foyer
das Foyer
el vestíbulo
l'atrio

poster
l'affiche
das Plakat
el póster
il poster

cinema hall • la salle de
cinéma • der Kinosaal • el cine
• il cinema

screen • l'écran • die Leinwand
• la pantalla • lo schermo

comedy	romance
la comédie	la comédie romantique
die Komödie	der Liebesfilm
la comedia	la película romántica
la commedia	il film d'amore
thriller	science fiction film
le thriller	le film de science-fiction
der Thriller	der Science-Fiction-Film
la película de suspense	la película de ciencia ficción
il thriller	il film di fantascienza
horror film	adventure
le film d'horreur	le film d'aventures
der Horrorfilm	der Abenteuerfilm
la película de miedo	la película de aventuras
il film di orrore	il film di avventura
western	animated film
le western	le film d'animation
der Western	der Zeichentrickfilm
la película del oeste	la película de dibujos animados
il western	il film di animazione

orchestra • l'orchestre • das Orchester • la orquesta • l'orchestra

strings • les cordes • die Saiteninstrumente • la cuerda • le corde

harp
la harpe
die Harfe
el arpa
l'arpa

conductor
le chef d'orchestre
der Dirigent
el director de orquesta
il direttore di orchestra

double bass
le contrebasse
der Kontrabass
el contrabajo
il contrabbasso

violin
le violon
die Geige
el violín
il violino

podium
le podium
das Podium
el podio
il podio

viola
l'alto
die Bratsche
la viola
la viola

cello
le violoncelle
das Cello
el violoncelo
il violoncello

score
la partition
die Noten
la partitura
lo spartito

bass clef
la clé de fa
der Bassschlüssel
la clave de fa
la chiave di basso

treble clef
la clé de sol
der Violinschlüssel
la clave de sol
la chiave di sol

note
la note
die Note
la nota
la nota

staff
la portée
das Liniensystem
el pentagrama
il pentagramma

piano • le piano • das Klavier • el piano • il pianoforte

notation • la notation • die Notation • la notación • l'annotazione

overture	sonata	rest	sharp	natural	scale
l'ouverture	la sonate	le silence	la dièse	le bécarre	la gamme
die Ouvertüre	die Sonate	das Pausenzeichen	das Kreuz	das Auflösungszeichen	die Tonleiter
la obertura	la sonata	la pausa	sostenido	natural	la escala
l'ouverture	la sonata	la pausa	il diesis	naturale	la scala
symphony	instruments	pitch	flat	bar	baton
la symphonie	les instruments	le ton	le bémol	la barre de mesure	la baguette
die Symphonie	die Musikinstrumente	die Tonhöhe	das B	der Taktstrich	der Taktstock
la sinfonía	los instrumentos	el tono	bemol	la barra	la batura
la sinfonia	gli strumenti	il tono	il bemolle	la battuta	la bacchetta

woodwind • les bois • die Holzblasinstrumente • el viento-madera • gli strumenti a fiato

piccolo • le piccolo • die Pikkoloflöte • el flautín • il piffero

flute • la flûte traversière • die Querflöte • la flauta • il flauto

oboe • le hautbois • die Oboe • el oboe • l'oboe

cor anglais • le cor anglais • das Englischhorn • el corno inglés • il corno inglese

clarinet • la clarinette • die Klarinette • el clarinete • il clarinetto

bass clarinet • la clarinette basse • die Bassklarinette • el clarinete bajo • il clarinetto basso

bassoon • le basson • das Fagott • el fagote • il fagotto

double bassoon • le contrebasson • das Kontrafagott • el contra-fagote • il controfagotto

saxophone • le saxophone • das Saxophon • el saxofón • il sassofono

percussion • la percussion • die Schlaginstrumente • la percusión • la percussione

vibraphone • le vibraphone • das Vibraphon • el vibráfono • il vibrafono

bongos • les bongos • die Bongos • los bongos • i bongo

snare drum • la caisse claire • die kleine Trommel • el tambor pequeño • il tamburo militare

kettledrum • la timbale • die Kesselpauke • el timbal • il timpano

gong • le gong • der Gong • el gong • il gong

cymbals • les cymbales • das Becken • los platillos • i cembali

tambourine le tambour das Tamburin la pandereta il tamburino

foot pedal • les pédales • das Fußpedal • el pedal • i pedali

triangle le triangle der Triangel el triángulo il triangolo

maracas les maracas die Maracas las maracas i maracas

brass • les cuivres • die Blechblasinstrumente • el viento-metal • gli ottoni

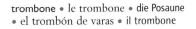

trumpet • la trompette • die Trompete • la trompeta • la tromba

trombone • le trombone • die Posaune • el trombón de varas • il trombone

French horn • le cor • das Horn • el corno de caza • il corno

tuba • le tuba • die Tuba • la tuba • la tuba

concert • le concert • das Konzert • el concierto • il concerto

fans
les fans
die Fans
los fans
i fans

speaker
le haut-parleur
der Lautsprecher
el altavoz
l'altoparlante

lead singer
le chanteur
der Leadsänger
el cantante
il cantante

guitarist
le guitariste
der Gitarrist
el guitarrista
il chitarrista

microphone
le microphone
das Mikrophon
el micrófono
il microfono

drummer
le batteur
der Schlagzeuger
el batería
il batterista

rock concert • le concert de rock • das Rockkonzert • el concierto de rock • il concerto rock

instruments • les instruments • die Instrumente • los instrumentos • gli strumenti

pickup
le pick-up
der Tonabnehmer
la pastilla
il riproduttore acustico

neck
le manche
der Hals
el mástil
il manico

fret
le sillet
der Bund
el traste
il tasto

tuning peg
la cheville
der Wirbel
la clavija
la meccanica

bridge
le chevalet
der Steg
el puente
il ponte

string
la corde
die Saite
la cuerda
la corda

drum
le tambour
die Trommel
el tambor
il tamburo

bass guitar • la basse • die Bassgitarre
• el contrabajo • il basso

keyboard • le piano électronique • das
Keyboard • el teclado • la tastiera

electric guitar • la guitare électrique
• die elektrische Gitarre • la guitarra
eléctrica • la chitarra elettrica

drum kit • la batterie
• das Schlagzeug • la
batería • la batteria

english • français • deutsch • español • italiano

musical styles • les styles de musique • die Musikstile • los estilos musicales • gli stili musicali

jazz • le jazz • der Jazz • el jazz • il jazz

blues • le blues • der Blues • el blues • il blues

punk • la musique punk • die Punkmusik • el punk • il punk

folk music • la musique folk • der Folk • la música folk • la musica folk

pop • la pop • der Pop • el pop • il pop

dance • la danse • die Tanzmusik • la música de baile • la musica da ballo

rap • le rap • der Rap • el rap • il rap

heavy metal • la heavy métal • das Heavymetal • el heavy metal • l'heavy metal

classical music • la musique classique • die klassische Musik • la música clásica • la musica classica

song	lyrics	melody	beat	reggae	country	spotlight
la chanson	les paroles	la mélodie	le beat	le reggae	la country	le projecteur
das Lied	der Text	die Melodie	der Beat	der Reggae	die Countrymusic	der Scheinwerfer
la canción	la letra	la melodía	el ritmo	el reggae	la música country	el foco
la canzone	il testo	la melodia	il ritmo	il reggae	il country	il proiettore

sightseeing • le tourisme • die Besichtigungstour • el turismo • il turismo

tourist
le touriste
der Tourist
el turista
il turista

itinerary
l'itinéraire
die Route
el itinerario
l'itinerario

open-top
à impériale
mit offenem Oberdeck
descubierto
scoperto

tour bus • le bus touristique • der Stadtrundfahrtbus • el autobús turístico • il pullman turistico

tour guide
la guide
die Fremdenführerin
la guía turística
la guida turistica

statuette • la statuette • die Figur • la estatuilla • la statuina

guided tour • la tour guidé • die Führung • la visita con guía • la visita guidata

souvenirs • les souvenirs • die Andenken • los recuerdos • i ricordi

tourist attraction • l'attraction touristique • die Touristenattraktion • la atracción turística • il luogo d'interesse turistico

open	guide book	camcorder	left	Where is...?	I'm lost.
ouvert	le guide	le caméscope	à gauche	Où est...?	Je me suis perdu.
geöffnet	der Reiseführer	der Camcorder	links	Wo ist...?	Ich habe mich verlaufen.
abierto	la guía del viajero	la cámara de vídeo	la izquierda	¿Dónde está...?	Me he perdido.
aperto	la guida	la videocamera	a sinistra	Dov'è...?	Mi sono perso.
closed	film	camera	right	Can you tell me the way to....?	
fermé	la pellicule	l'appareil photo	à droite	Pour aller à..., s'il vous plaît?	
geschlossen	der Film	die Kamera	rechts	Können Sie mir sagen, wie ich nach... komme?	
cerrado	la película	la máquina fotográfica	la derecha	¿Podría decirme cómo se va a...?	
chiuso	la pellicola	la macchina fotografica	a destra	Mi può dire come si arriva a...?	
entrance fee	batteries	directions	straight on		
le prix d'entrée	les piles	les directions	tout droit		
das Eintrittsgeld	die Batterien	die Richtungsangaben	geradeaus		
el precio de entrada	las pilas	las indicaciones	recto		
la tariffa d'ingresso	le batterie	le indicazioni	dritto		

english • français • deutsch • español • italiano

attractions • les attractions • die Sehenswürdigkeiten • los lugares de interés • i luoghi d'interesse

painting
le tableau
das Gemälde
el cuadro
il quadro

exhibit
l'objet exposé
das Ausstellungsstück
la muestra
l'oggetto

exhibition • l'exposition
• die Ausstellung • la exposición
• l'esposizione

famous ruin
la ruine célèbre
die berühmte Ruine
la ruina famosa
la rovina famosa

art gallery • le musée d'art
• die Kunstgalerie • el museo
• la galleria d'arte

monument • le monument
• das Monument • el
monumento • il monumento

museum • le musée
• das Museum • el museo
• il museo

historic building • le
monument historique • das
historische Gebäude • el edificio
histórico • l'edificio storico

casino • le casino • das Kasino
• el casino • il casinò

garden • le parc • der Park
• los jardines • i giardini

national park • le parc national • der Nationalpark • el parque
nacional • il parco nazionale

information • l'information • die Information • la información • l'informazione

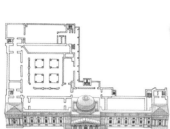

times
les heures
die Zeiten
las horas
gli orari

floor plan • le plan
• der Grundriss • el plano
de la planta • la pianta
del piano

map • le plan • der
Stadtplan • el plano
• la mappa

timetable • l'horaire
• der Fahrplan • el horario
• l'orario

tourist information
l'information touristique
die Touristeninformation
la oficina de información
l'ufficio informazioni turistiche

outdoor activities • les activités de plein air • die Aktivitäten im Freien • las actividades al aire libre • le attività all'aria aperta

footpath
le sentier
der Fußweg
el sendero
il sentiero

sundial
le cadran solaire
die Sonnenuhr
el reloj de sol
la meridiana

café
le café
das Café
la cafetería
il caffè

park • le parc • der Park • el parque • il parco

grass
la pelouse
das Gras
la hierba
il prato

bench
le banc
die Bank
el banco
la panchina

formal gardens
les jardins à la française
die Gartenanlagen
los jardines clásicos
il giardino all'italiana

roller coaster
les montagnes russes
die Berg-und-Talbahn
la montaña rusa
le montagne russe

fairground • la foire • der Jahrmarkt • la feria • il luna park

theme park • le parc d'attractions • der Vergnügungspark • el parque de atracciones • il parco a tema

safari park • la réserve • der Safaripark • el safari park • lo zoosafari

zoo • le zoo • der Zoo • el zoo • lo zoo

english • français • deutsch • español • italiano

activites • les activités • die Aktivitäten • las actividades • le attività

cycling • le vélo • das Radfahren • el ciclismo • il ciclismo

jogging • le jogging • das Jogging • el footing • il footing

skateboarding • la planche à roulette • das Skateboardfahren • montar en patinete • lo skateboard

rollerblading • le roller • das Inlinerfahren • el patinaje • il pattinaggio

bridle path • la piste cavalière • der Reitweg • el sendero para caballos • il sentiero per cavalli

hamper • le panier à pique-nique • der Picknickkorb • la cesta • la cesta

bird watching • l'observation des oiseaux • das Vogelbeobachten • la ornitología • l'ornitologia

horse riding • l'équitation • das Reiten • la equitación • l'equitazione

hiking • la randonnée • das Wandern • el senderismo • l'escursionismo

picnic • le pique-nique • das Picknick • el picnic • il picnic

playground • le terrain de jeux • der Spielplatz • el área de juegos • il parco giochi

sandpit • le bac à sable • der Sandkasten • el cajón de arena • la fossa di sabbia

paddling pool • la pataugeoire • das Planschbecken • la piscina de plástico • la piscina gonfiabile

swings • la balançoire • die Schaukel • los columpios • l'altalena

seesaw • la bascule • die Wippe • el subibaja • il bilanciere

slide • le toboggan • die Rutsche • el tobogán • lo scivolo

climbing frame • la cage à poules • das Klettergerüst • la estructura para escalar • la struttura per arrampicarsi

beach • la plage • der Strand • la playa • la spiaggia

hotel
l'hôtel
das Hotel
el hotel
l'albergo

beach umbrella
le parasol
der Sonnenschirm
la sombrilla
l'ombrellone

beach hut
la cabine de plage
das Strandhäuschen
la caseta
la cabina

sand
le sable
der Sand
la arena
la sabbia

wave
la vague
die Welle
la ola
l'onda

sea
la mer
das Meer
el mar
il mare

beach bag
le sac de plage
die Strandtasche
la bolsa de playa
la borsa da spiaggia

bikini • le bikini
• der Bikini • el
bikini • il bikini

sunbathe (v) • prendre un bain de soleil • sonnenbaden • tomar el sol • prendere il sole

lifeguard
le maître nageur
der Rettungsschwimmer
el socorrista
il bagnino

lifeguard tower • la tour de surveillance • der Rettungsturm • la torre de vigilancia • la torre di sorveglianza

windbreak • le pare-vent • der Windschutz • la barrera contra el viento • il paravento

promenade • la promenade • die Promenade • el paseo marítimo • il lungomare

deck chair • le transat • der Liegestuhl • la hamaca • la sedia a sdraio

sunglasses • les lunettes de soleil • die Sonnenbrille • las gafas de sol • gli occhiali da sole

sunhat • le chapeau de plage • der Sonnenhut • el sombrero para el sol • il cappello da spiaggia

suntan lotion • la lotion solaire • die Sonnenmilch • la crema bronceadora • la crema abbronzante

sunblock • l'écran total • der Sonnenblock • la crema protectora • la crema protettiva

swimsuit
le maillot de bain
der Badeanzug
el bañador
il costume da bagno

spade
la pelle
die Schaufel
la pala
la paletta

bucket
le seau
der Eimer
el cubo
il secchiello

beach ball • le ballon de plage • der Wasserball • la pelota de playa • il pallone da spiaggia

rubber ring • la bouée • der Schwimmreifen • el flotador • la ciambella

sandcastle
le château de sable
die Sandburg
el castillo de arena
il castello di sabbia

shell
le coquillage
die Muschel
la concha
la conchiglia

beach towel • la serviette de plage • das Strandtuch • la toalla de playa • l'asciugamano da spiaggia

camping • le camping • das Camping • el camping • il campeggio

toilets
les toilettes
die Toiletten
los aseos
i bagni

waste disposal
les poubelles
die Mülleimer
el contenedor de la basura
i rifuti

shower block
les douches
die Duschen
las duchas
le docce

electric hook-up
le branchement électrique
der Stromanschluss
el punto eléctrico
la presa di corrente

flysheet
le double toit
das Überdach
el doble techo
il telo protettivo

tent peg
le piquet
der Hering
la clavija
il piolo

guy rope
la corde
die Zeltspannleine
la cuerda
la corda tirante

caravan
la caravane
der Wohnwagen
la roulotte
la roulotte

campsite • le terrain de camping • der Campingplatz • el camping • il campeggio

camp *(v)* camper zelten acampar campeggiare	**pitch** l'emplacement der Zeltplatz la plaza il posteggio	**picnic bench** le banc à pique-nique die Picknickbank la mesa de picnic il tavola da picnic	**charcoal** le charbon de bois die Holzkohle el carbón vegetal la carbonella
site manager's office le bureau du chef die Campingplatzverwaltung la oficina del director l'ufficio del direttore	**pitch a tent** *(v)* monter une tente ein Zelt aufschlagen montar una tienda piantare una tenda	**hammock** le hamac die Hängematte la hamaca l'amaca	**firelighter** l'allume-feu der Feueranzünder la pastilla para hogueras l'esca per il fuoco
pitches available les emplacements de libre Zeltplätze frei hay plazas libres le piazzole disponibili	**tent pole** le mât die Zeltstange el palo de la tienda il palo	**camper van** l'autocaravane das Wohnmobil la cámper il camper	**light a fire** *(v)* allumer un feu ein Feuer machen encender una hoguera accendere un fuoco
full complet voll completo completo	**camp bed** le lit de camp das Faltbett el catre de campaña il lettino da campeggio	**trailer** la remorque der Anhänger el remolque il rimorchio	**campfire** le feu de camp das Lagerfeuer la hoguera il fuoco

frame
le cadre
das Gestänge
la estructura
la struttura

ground sheet
le tapis de sol
der Zeltboden
el suelo aislante
il telo isolante

backpack
le sac à dos
der Rucksack
la mochila
lo zaino

vacuum flask
le thermos
die Thermosflasche
el termo
il thermos

water bottle
la bouteille d'eau
die Wasserflasche
la cantimplora
la borraccia

tent • la tente • das Zelt • la tienda de campaña • la tenda

mosquito net
la moustiquaire
das Moskitonetz
la mosquitera
la zanzariera

thermals
les sous-vêtements thermiques
die Thermowäsche
la ropa termoaislante
gli indumenti termici

insect repellent • le spray contre
les insectes • der Insektenspray
• la loción contra los insectos
• l'insettifugo

torch • la lampe torche
• die Taschenlampe • la
linterna • la torcia

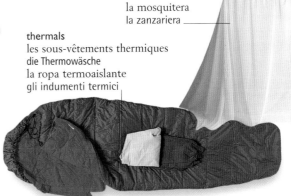

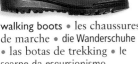

walking boots • les chaussures
de marche • die Wanderschuhe
• las botas de trekking • le
scarpe da escursionismo

waterproofs • l'imperméable
• die Regenhaut • la ropa
imperméable • gli indumenti
impermeabili

sleeping bag • le sac de couchage • der Schlafsack
• el saco de dormir • il sacco a pelo

sleeping mat
le tapis de sol
die Schlafmatte
la esterilla
il materassino

camping stove • le réchaud
• der Gasbrenner • el hornillo
• il fornelletto da campeggio

barbecue • le barbecue
• der Grill • la barbacoa
• la griglia per barbecue

air mattress • le matelat pneumatique • die Luftmatratze
• la colchoneta • il materassino ad aria

home entertainment • les distractions à la maison • die Privatunterhaltung • el ocio en el hogar • gli intrattenimenti in casa

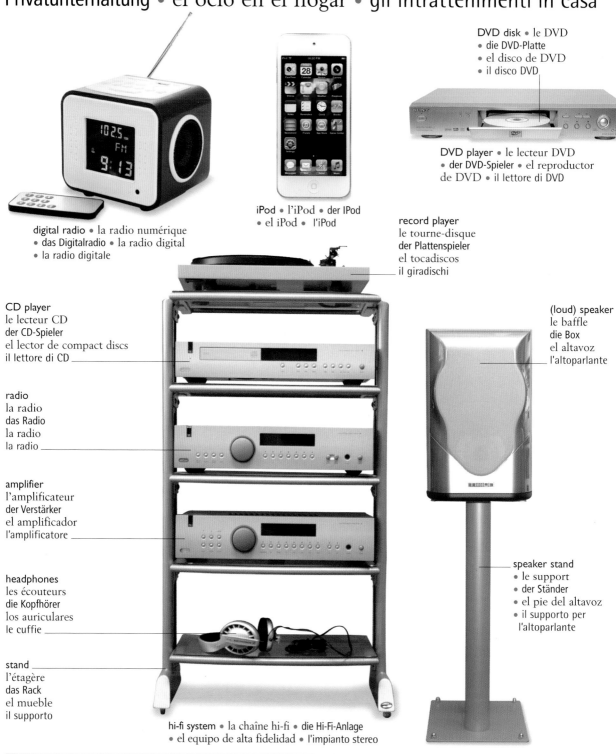

DVD disk • le DVD
• die DVD-Platte
• el disco de DVD
• il disco DVD

DVD player • le lecteur DVD
• der DVD-Spieler • el reproductor
de DVD • il lettore di DVD

iPod • l'iPod • der IPod
• el iPod • l'iPod

digital radio • la radio numérique
• das Digitalradio • la radio digital
• la radio digitale

record player
le tourne-disque
der Plattenspieler
el tocadiscos
il giradischi

CD player
le lecteur CD
der CD-Spieler
el lector de compact discs
il lettore di CD

(loud) speaker
le baffle
die Box
el altavoz
l'altoparlante

radio
la radio
das Radio
la radio
la radio

amplifier
l'amplificateur
der Verstärker
el amplificador
l'amplificatore

headphones
les écouteurs
die Kopfhörer
los auriculares
le cuffie

speaker stand
• le support
• der Ständer
• el pie del altavoz
• il supporto per
l'altoparlante

stand
l'étagère
das Rack
el mueble
il supporto

hi-fi system • la chaîne hi-fi • die Hi-Fi-Anlage
• el equipo de alta fidelidad • l'impianto stereo

english • français • deutsch • español • italiano

screen
l'écran
der Bildschirm
la pantalla
lo schermo

eyecup
l'œilleton
die Okularmuschel
el borde del ocular
l'oculare

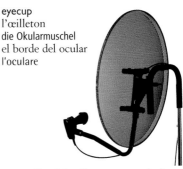

digital box • le box • **die Digitale box**
• el sintonizador digital • il decoder

camcorder • le caméscope
• **der Camcorder** • la cámara
de vídeo • la videocamera

satellite dish • l'antenne parabolique
• **die Satellitenschüssel** • la antena
parabólica • l'antenna parabolica

flatscreen TV • la télévision à écran plat
• **der Flachbildfernseher** • el televisor de
pantalla • la TV a schermo piatto

console
la console
das Pult
la consola
la console

fast forward • l'avance
rapide • **der Vorlauf**
• el avance rápido
• l'avanzamento veloce

pause
la pause
die Pause
la pausa
la pausa

record
• l'enregistrement
• **die Aufnahme**
• el botón para
grabar • la
registrazione

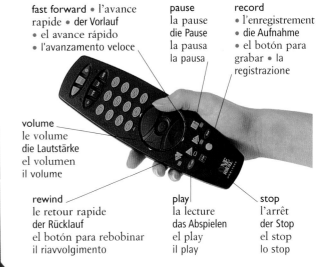

volume
le volume
die Lautstärke
el volumen
il volume

controller
la commande
der Steuerhebel
los controles
il comando

rewind
le retour rapide
der Rücklauf
el botón para rebobinar
il riavvolgimento

play
la lecture
das Abspielen
el play
il play

stop
l'arrêt
der Stop
el stop
lo stop

video game • le jeu vidéo • **das Videospiel** • el videojuego • il videogioco

remote control • la télécommande • **die Fernbedienung**
• el mando a distancia • il telecomando

compact disc le CD **die CD-Platte** el compact disc il compact disc	**feature film** le film **der Spielfilm** el largometraje il lungometraggio	**cable television** la télévision par câble **das Kabelfernsehen** la televisión por cable la televisione via cavo	**streaming** le streaming **das Streaming** la transmisión por secuencias lo streaming	**turn the television off** (v) éteindre la télévision **den Fernseher abschalten** apagar la televisión spegnere la televisione
Wi-fi le wifi **WLAN** el wi-Fi Wifi	**advertisement** la publicité **die Werbung** el anuncio la pubblicità	**programme** le programme **das Programm** el programa il programma	**turn the television on** (v) allumer la télévision **den Fernseher einschalten** encender la televisión accendere la televisione	**tune the radio** (v) régler la radio **das Radio einstellen** sintonizar la radio sintonizzare la radio
high-definition haute définition **hochauflösend** alta definición alta definizione (HD)	**digital** numérique **digital** digital digitale	**change channel** (v) changer de chaîne **den Kanal wechseln** cambiar de canal cambiare canale	**watch television** (v) regarder la télévision **fernsehen** ver la televisión guardare la televisione	**stereo** stéréo **stereo** estéreo stereo

photography • la photographie • die Fotografie • la fotografía • la fotografia

shutter release
le déclencheur
der Auslöser
el disparador
il pulsante di scatto

aperture dial
le réglage de l'ouverture
der Blendenregler
la rueda del diafragma
il regolatore di espossizione

lens
l'objectif
die Linse
el objetivo
l'obiettivo

filter • le filtre • der Filter • el filtro • il filtro

lens cap • le bouchon d'objectif • die Schutzkappe • la tapa del objetivo • il copriobiettivo

SLR camera • l'appareil réflex mono-objectif • die Spiegelreflexkamera • la cámara réflex • la macchina fotografica SLR

flash gun • le flash compact • der Elektronenblitz • el flash electrónico • il flash

lightmeter • le posemètre • der Belichtungsmesser • el fotómetro • l'esposimetro

zoom lens • le zoom • das Zoom • el teleobjetivo • lo zoom

tripod • le trépied • das Stativ • el trípode • il treppiede

---

types of camera • les types d'appareils photo • die Fotoapparattypen • los tipos de cámara • i tipi di macchina fotorafica

polaroid camera • le Polaroid® • die Polaroidkamera • la cámara Polaroid • la macchina fotografica Polaroid

flash
le flash
der Blitz
el flash
il flash

digital camera • l'appareil numérique • die Digitalkamera • la cámara digital • la macchina fotografica digitale

cameraphone • le photophone • das Kamera-Handy • el teléfono con cámara • il telefono con macchina fotografica

disposable camera • l'appareil jetable • die Einwegkamera • la cámara desechable • la macchina fotografica usa e getta

photograph (v) • photographier • **fotografieren** • fotografiar • fotografare

film spool
le rouleau de pellicule
die Filmspule
el carrete
il rullino

film • la pellicule • der Film
• la película • la pellicola

focus (v) • mettre au point
• einstellen • enfocar
• mettere a fuoco

develop (v) • développer
• entwickeln • revelar
• sviluppare

negative • le négatif • das
Negativ • el negativo • il
negativo

landscape • paysage
• quer • apaisado
• orizzontale

portrait • portrait
• hoch • en formato
vertical • verticale

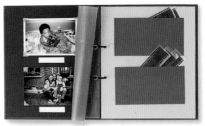

photograph • la photo • das Foto • la fotografía • la fotografia

photo album • l'album de photos
• das Fotoalbum • el álbum de
fotos • l'album fotografico

photo frame • le cadre de
photo • der Fotorahmen • el
portarretratos • la cornice

problems • les problèmes • **die Probleme** • los problemas • i difetti

underexposed • sous-exposé
• unterbelichtet • subexpuesto
• sottoesposto

overexposed • surexposé
• überbelichtet • sobreexpuesto
• sovraesposto

out of focus • flou • unscharf
• desenfocado • sfocato

red eye • la tache rouge • die
Rotfärbung der Augen • los ojos
rojos • l'occhio rosso

viewfinder le viseur der Bildsucher el visor il mirino	print l'épreuve der Abzug la foto (revelada) la fotografia (sviluppata)
camera case le sac d'appareil photo die Kameratasche la funda de la cámara la custodia	mat mat matt mate opaco
exposure la pose die Belichtung la exposición l'esposizione	gloss brilliant hochglanz con brillo lucido
darkroom la chambre noire die Dunkelkammer el cuarto oscuro la camera oscura	enlargement l'agrandissement die Vergrößerung la ampliación l'ingrandimento

I'd like this film processed.
Pourriez-vous faire développer cette pellicule?
Könnten Sie diesen Film entwickeln lassen?
Me gustaría revelar este carrete.
Vorrei far sviluppare questo rollino.

games • les jeux • die Spiele • los juegos • i giochi

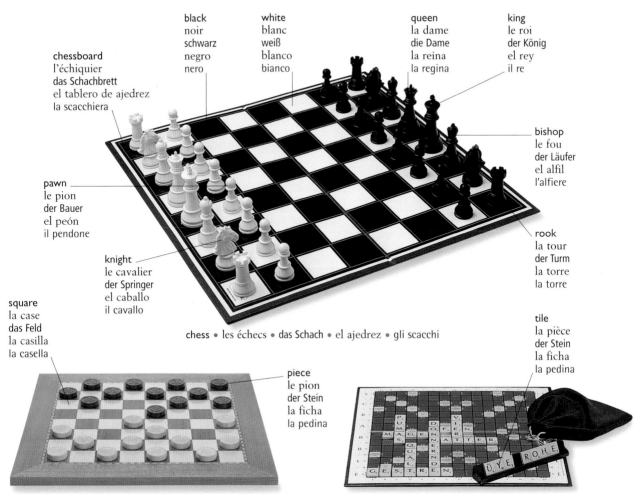

black
noir
schwarz
negro
nero

white
blanc
weiß
blanco
bianco

queen
la dame
die Dame
la reina
la regina

king
le roi
der König
el rey
il re

chessboard
l'échiquier
das Schachbrett
el tablero de ajedrez
la scacchiera

bishop
le fou
der Läufer
el alfil
l'alfiere

pawn
le pion
der Bauer
el peón
il pendone

rook
la tour
der Turm
la torre
la torre

knight
le cavalier
der Springer
el caballo
il cavallo

square
la case
das Feld
la casilla
la casella

chess • les échecs • das Schach • el ajedrez • gli scacchi

tile
la pièce
der Stein
la ficha
la pedina

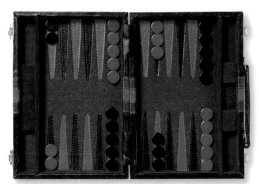

piece
le pion
der Stein
la ficha
la pedina

draughts • les dames • das Damespiel • las damas • la dama

scrabble • le scrabble • das Scrabble • el scrabble • lo scrabble

counter • le jeton
• die Spielmarke
• la ficha • la pedina

monopoly
le monopoly
das Monopoly
el monopoly
il monopoly

dice
le dé
der Würfel
el dado
il dado

backgammon • le trictrac • das Backgammon
• el backgammon • il tric trac (la tavola reale)

board games • les jeux de société • die Brettspiele
• los juegos de mesa • i giochi da tavolo

english • français • deutsch • español • italiano

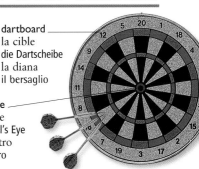

dartboard
la cible
die Dartscheibe
la diana
il bersaglio

bullseye
le mille
das Bull's Eye
el centro
il centro

stamp collecting • la philatélie
• das Briefmarkensammeln
• la filatelia • la filatelia

jigsaw puzzle • le puzzle
• das Puzzle • el puzzle
• il puzzle

dominoes • les dominos
• das Domino • el dominó
• il domino

darts • les fléchettes
• das Darts • los dardos
• le freccette

joker
le joker
der Joker
el comodín
il jolly

jack
le valet
der Bube
la jota
il fante

queen
la dame
die Dame
la reina
la regina

king
le roi
der König
el rey
il re

ace • l'as
• das Ass • el as
• l'asso

diamond
le carreau
das Karo
el rombo
il quadro

spade
le pique
das Pik
la pica
la picca

heart
le cœur
das Herz
el corazón
il cuore

club
le trèfle
das Kreuz
el trébol
il fiore

shuffle (v) • battre • mischen
• barajar • mescolare

deal (v) • donner • geben
• dar • distribuire

cards • les cartes • die Karten • las cartas
• le carte

move	win (v)	loser	point	bridge
le coup	gagner	le perdant	le point	le bridge
der Zug	gewinnen	der Verlierer	der Punkt	das Bridge
el turno	ganar	el perdedor	el punto	el bridge
la mossa	vincere	il perdente	il punto	il bridge
play (v)	winner	game	score	pack of cards
jouer	le gagnant	le jeu	la marque	le jeu de cartes
spielen	der Gewinner	das Spiel	das Spielergebnis	das Kartenspiel
jugar	el ganador	la partida	la puntuación	la baraja
giocare	il vincitore	il gioco	il punteggio	il mazzo di carte
player	lose (v)	bet	poker	suit
le joueur	perdre	le pari	le poker	la couleur
der Spieler	verlieren	die Wette	das Poker	die Farbe
el jugador	perder	la apuesta	el póquer	el palo
il giocatore	perdere	la scommessa	il poker	il colore

Whose turn is it?
C'est à qui de jouer?
Wer ist dran?
¿A quién le toca?
A chi tocca?

It's your move.
C'est à toi de jouer.
Du bist dran.
Te toca a ti.
Tocca a te.

Roll the dice.
Jette le dé.
Würfle.
Tira los dados.
Tira i dadi.

arts and crafts 1 • les arts et métiers 1 • das Kunsthandwerk 1 • las manualidades 1 • arte e artigianato 1

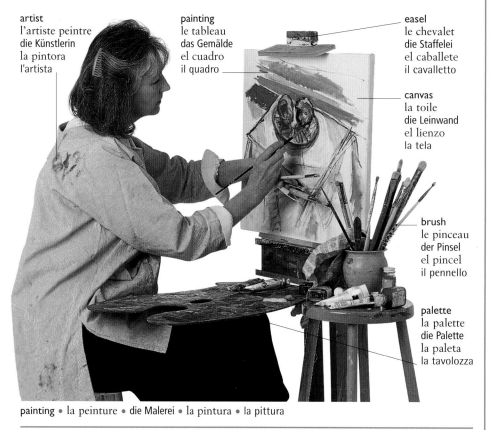

artist
l'artiste peintre
die Künstlerin
la pintora
l'artista

painting
le tableau
das Gemälde
el cuadro
il quadro

easel
le chevalet
die Staffelei
el caballete
il cavalletto

canvas
la toile
die Leinwand
el lienzo
la tela

brush
le pinceau
der Pinsel
el pincel
il pennello

palette
la palette
die Palette
la paleta
la tavolozza

painting • la peinture • die Malerei • la pintura • la pittura

paints • les couleurs • die Farben • las pinturas • la vernice

oil paints • les couleurs à l'huile • die Ölfarben • las pinturas al óleo • i colori ad olio

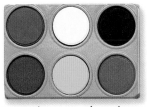

watercolour paint • la couleur à l'eau • die Aquarellfarbe • las acuarelas • gli acquarelli

pastels • les pastels • die Pastellstifte • los pasteles • i pastelli

acrylic paint • l'acrylique • die Acrylfarbe • la pintura acrílica • i colori acrilici

poster paint • la gouache • die Plakatfarbe • la témpera • la tempera

colours • les couleurs • die Farben • los colores • i colori

red • rouge • rot • rojo • rosso

blue • bleu • blau • azul • blu

yellow • jaune • gelb • amarillo • giallo

green • vert • grün • verde • verde

orange • orange • orange • naranja • arancione

purple • violet • lila • morado • viola

white • blanc • weiß • blanco • bianco

black • noir • schwarz • negro • nero

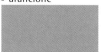

grey • gris • grau • gris • grigio

pink • rose • rosa • rosa • rosa

brown • marron • braun • marrón • marrone

indigo • indigo • indigoblau • azul añil • indaco

english • français • deutsch • español • italiano

other crafts • les autres arts • andere Kunstfertigkeiten • las otras manualidades • altri lavori artigianali

sketch pad
le carnet à croquis
der Skizzenblock
el bloc de dibujo
il blocco per schizzi

sketch
le croquis
die Skizze
el boceto
lo schizzo

ink
l'encre
die Druckfarbe
la tinta
l'inchiostro

pencil
le crayon
der Bleistift
el lápiz
la matita

charcoal
le fusain
der Kohlestift
el carboncillo
il carboncino

drawing • le dessin • das Zeichnen • el dibujo • il disegno

printing • l'imprimerie • das Drucken • la impresión • la stampa

engraving • la gravure • das Gravieren • el grabado • l'incisione

stone
la pierre
der Stein
la piedra
la pietra

mallet
le maillet
der Schlegel
el mazo
il martello

chisel
le burin
der Meißel
el cincel
lo scalpello

wood
le bois
das Holz
la madera
il legno

modelling tool • la spatule • das Modellierholz • la herramienta para modelar • l'attrezzo per modellare

potter's wheel
le tour de potier
die Drehscheibe
el torno de alfarero
il tornio da vasaio

sculpting • la sculpture • die Bildhauerei • la escultura • la scultura

woodworking • la sculpture sur bois • die Holzarbeit • la talla en madera • la falegnameria

clay
l'argile
der Ton
la arcilla
l'argilla

glue
la colle
der Klebstoff
la cola
la colla

cardboard
le carton
die Pappe
la cartulina
il cartone

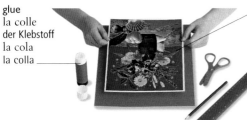

collage • le collage • die Collage • el collage • il collage

pottery • la poterie • die Töpferei • la cerámica • la ceramica

jewellery making • la joaillerie • die Juwelierarbeit • la orfebrería • l'oreficeria

papier-mâché • le papier mâché • das Papiermaché • el papel maché • la cartapesta

origami • l'origami • das Origami • la papiroflexia • l'origami

model making • le modélisme • der Modellbau • el modelismo • il modellismo

arts and crafts 2 • les arts et métiers 2 • das Kunsthandwerk 2
• las manualidades 2 • arte e artigianato 2

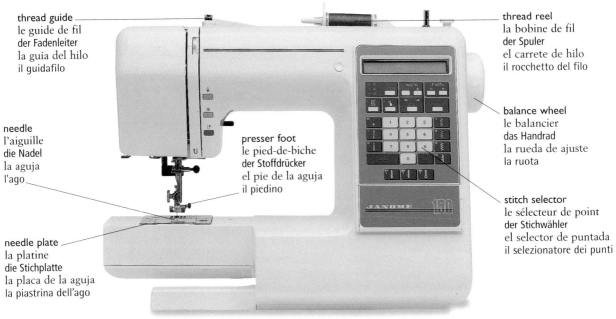

thread guide
le guide de fil
der Fadenleiter
la guía del hilo
il guidafilo

thread reel
la bobine de fil
der Spuler
el carrete de hilo
il rocchetto del filo

balance wheel
le balancier
das Handrad
la rueda de ajuste
la ruota

needle
l'aiguille
die Nadel
la aguja
l'ago

presser foot
le pied-de-biche
der Stoffdrücker
el pie de la aguja
il piedino

stitch selector
le sélecteur de point
der Stichwähler
el selector de puntada
il selezionatore dei punti

needle plate
la platine
die Stichplatte
la placa de la aguja
la piastrina dell'ago

sewing machine • la machine à coudre • die Nähmaschine • la máquina de coser • la macchina da cucire

scissors • les ciseaux • die Schere • las tijeras • le forbici

pattern • le patron • das Schnittmuster • el patrón • il modello

pincushion
la pelote à épingles
das Nadelkissen
el alfiletero
il puntaspilli

pin
l'épingle
die Stecknadel
el alfiler
lo spillo

tape measure • le centimètre • das Zentimetermaß • la cinta métrica • il metro

material • le tissu • der Stoff • la tela • la stoffa

sewing basket • la corbeille à couture • der Nähkorb • el costurero • la cesta del cucito

thread
le fil
das Garn
el hilo
il filo

eye
l'œillet
die Öse
el ojo
l'occhiello

bobbin • la bobine • die Spule • la bobina • la bobina

hook • l'agrafe • der Haken • el corchete • il gancio

thimble • le dé à coudre • der Fingerhut • el dedal • il ditale

tailor's chalk • la craie de tailleur • die Schneiderkreide • el jaboncillo • il gesso

tailor's dummy • le mannequin • die Schneiderpuppe • el maniquí • il manichino

thread (v) • enfiler
• einfädeln • enhebrar
• infilare

stitch
le point
der Stich
la puntada
il punto

sew (v) • coudre • nähen
• coser • cucire

darn (v) • repriser
• stopfen • zurcir
• rammendare

tack (v) • bâtir • heften
• hilvanar • imbastire

cut (v) • couper
• schneiden • cortar
• tagliare

needlepoint • la
tapisserie • die
Tapisserie • el bordado
en cañamazo • il
mezzopunto

embroidery • la
broderie • die Stickerei
• el bordado
• il ricamo

crochet hook
le crochet
der Häkelhaken
la aguja de ganchillo
l'uncinetto

crochet • le crochet
• das Häkeln • el
ganchillo • il lavoro
all'uncinetto

macramé • le macramé
• das Makramee • el
macramé • il macramè

patchwork • le
patchwork • das
Patchwork • la labor de
retales • il patchwork

lace bobbin • le fuseau
• der Klöppel • el
bolillo • la spoletta

loom • le métier à
tisser • der Webstuhl
• el telar • il telaio

quilting • le ouatage
• das Wattieren • el
acolchado • il trapunto

lace-making • la dentelle
• die Spitzenklöppelei • la
labor de encaje • la
fabbricazione dei merletti

weaving • le tissage
• die Weberei • tejer
• la tessitura

unpick (v)	nylon
défaire	le nylon
auftrennen	das Nylon
descoser	el nailon
scucire	il nailon
fabric	silk
le tissu	la soie
der Stoff	die Seide
la tela	la seda
il tessuto	la seta
cotton	designer
le coton	le styliste
die Baumwolle	der Modedesigner
el algodón	el diseñador
il cotone	lo stilista
linen	fashion
le lin	la mode
das Leinen	die Mode
el lino	la moda
il lino	la moda
polyester	zip
le polyester	la fermeture éclair
das Polyester	der Reißverschluss
el poliéster	la cremallera
il poliestere	la chiusura lampo

knitting needle
l'aiguille à tricoter
die Stricknadel
la aguja de tejer
il ferro da calza

wool
la laine
die Wolle
el lino
la lana
la lana

knitting • le tricot • das Stricken • la
labor de punto • il lavoro a maglia

skein • l'écheveau • der Strang
• la madeja • la matassa

environment
l'environnement
die Umwelt
el medio ambiente
l'ambiente

space • l'espace • der Weltraum • el espacio • lo spazio

Mercury
la Mercure
der Merkur
Mercurio
Mercurio

Earth
la Terre
die Erde
Tierra
la Terra

Mars
la Mars
der Mars
Marte
Marte

Jupiter
la Jupiter
der Jupiter
Júpiter
Giove

Uranus
l'Uranus
der Uranus
Urano
Uranio

Neptune
la Neptune
der Neptun
Neptuno
Nettuno

Pluto
la Pluton
der Pluto
Plutón
Plutone

Venus
la Vénus
die Venus
Venus
Venere

Sun
le soleil
die Sonne
el sol
il sole

Moon
la lune
der Mond
la luna
la luna

Saturn
la Saturne
der Saturn
Saturno
Saturno

tail
la queue
der Schweif
la cola
la coda

star
l'étoile
der Stern
la estrella
la stella

solar system • le sytème solaire • das Sonnensystem • el sistema solar • il sistema solare

galaxy • la galaxie
• die Galaxie • la galaxia
• la galassia

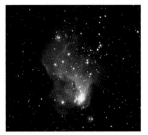

nebula • la nébuleuse
• der Nebelfleck • la nebulosa
• la nebulosa

asteroid • l'astéroïde
• der Asteroid • el asteroide
• l'asteroide

comet • la comète
• der Komet • el cometa
• la cometa

universe
l'univers
das Universum
el universo
l'universo

black hole
le trou noir
das schwarze Loch
el agujero negro
il buco nero

full moon
la pleine lune
der Vollmond
la luna llena
la luna piena

orbit
l'orbite
die Umlaufbahn
la órbita
l'orbita

planet
la planète
der Planet
el planeta
il pianeta

new moon
la nouvelle lune
der Neumond
la luna nueva
la luna nuova

gravity
la pesanteur
die Schwerkraft
la gravedad
la gravità

meteor
le météore
der Meteor
el meteorito
la meteora

crescent moon
le croissant de lune
die Mondsichel
la media luna
la mezzaluna

eclipse • l'éclipse • die Finsternis • el eclipse • l'eclisse

space exploration • l'exploration spatiale • die Raumforschung • la exploración espacial • l'esplorazione dello spazio

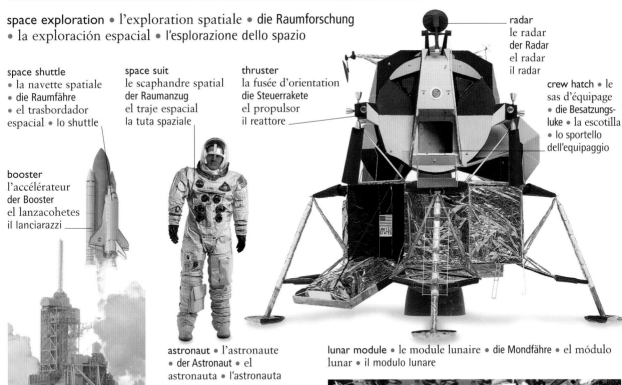

radar
le radar
der Radar
el radar
il radar

space shuttle
• la navette spatiale
• die Raumfähre
• el trasbordador
espacial • lo shuttle

space suit
le scaphandre spatial
der Raumanzug
el traje espacial
la tuta spaziale

thruster
la fusée d'orientation
die Steuerrakete
el propulsor
il reattore

crew hatch • le
sas d'équipage
• die Besatzungs-
luke • la escotilla
• lo sportello
dell'equipaggio

booster
l'accélérateur
der Booster
el lanzacohetes
il lanciarazzi

astronaut • l'astronaute
• der Astronaut • el
astronauta • l'astronauta

lunar module • le module lunaire • die Mondfähre • el módulo
lunar • il modulo lunare

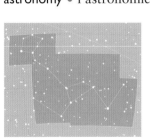

launch pad • la rampe
de lancement
• die Abschussrampe
• la rampa de
lanzamiento
• la rampa
di lancio

launch • le lancement • der
Abschuss • el lanzamiento
• il lancio

satellite • le satellite • der
Satellit • el satélite • il satellite

space station • la station spatiale • die Raumstation • la estación
espacial • la stazione spaziale

astronomy • l'astronomie • die Astronomie • la astronomía • l'astronomia

telescope
le télescope
das Teleskop
el telescopio
il telescopio

tripod
le trépied
das Stativ
el trípode
il treppiede

constellation • la constellation
• das Sternbild • la constelación
• la costellazione

binoculars • les jumelles
• das Fernglas • los prismáticos
• il binocolo

Earth • la terre • die Erde • la Tierra • la Terra

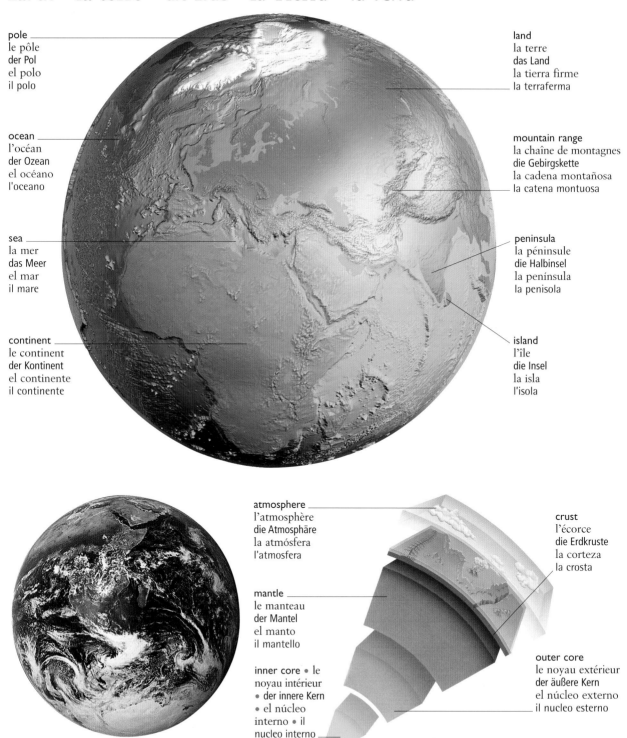

pole
le pôle
der Pol
el polo
il polo

ocean
l'océan
der Ozean
el océano
l'oceano

sea
la mer
das Meer
el mar
il mare

continent
le continent
der Kontinent
el continente
il continente

land
la terre
das Land
la tierra firme
la terraferma

mountain range
la chaîne de montagnes
die Gebirgskette
la cadena montañosa
la catena montuosa

peninsula
la péninsule
die Halbinsel
la península
la penisola

island
l'île
die Insel
la isla
l'isola

atmosphere
l'atmosphère
die Atmosphäre
la atmósfera
l'atmosfera

mantle
le manteau
der Mantel
el manto
il mantello

inner core • le
noyau intérieur
• der innere Kern
• el núcleo
interno • il
nucleo interno

crust
l'écorce
die Erdkruste
la corteza
la crosta

outer core
le noyau extérieur
der äußere Kern
el núcleo externo
il nucleo esterno

planet • la planète • der Planet
• el planeta • il pianeta

section • la section • der Längsschnitt
• la sección • lo spaccato

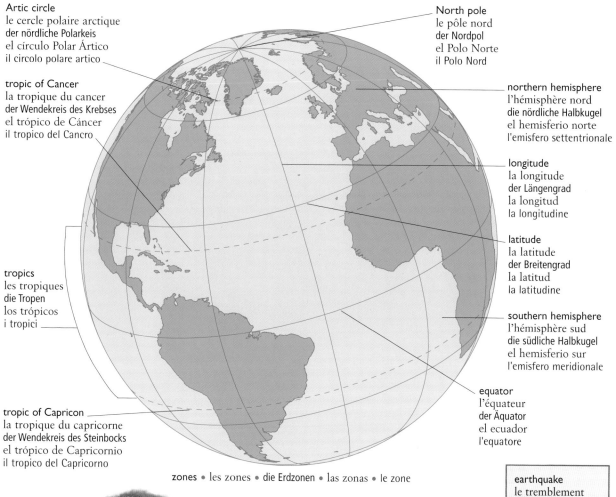

Artic circle
le cercle polaire arctique
der nördliche Polarkeis
el círculo Polar Ártico
il circolo polare artico

North pole
le pôle nord
der Nordpol
el Polo Norte
il Polo Nord

tropic of Cancer
la tropique du cancer
der Wendekreis des Krebses
el trópico de Cáncer
il tropico del Cancro

northern hemisphere
l'hémisphère nord
die nördliche Halbkugel
el hemisferio norte
l'emisfero settentrionale

longitude
la longitude
der Längengrad
la longitud
la longitudine

latitude
la latitude
der Breitengrad
la latitud
la latitudine

tropics
les tropiques
die Tropen
los trópicos
i tropici

southern hemisphere
l'hémisphère sud
die südliche Halbkugel
el hemisferio sur
l'emisfero meridionale

equator
l'équateur
der Äquator
el ecuador
l'equatore

tropic of Capricon
la tropique du capricorne
der Wendekreis des Steinbocks
el trópico de Capricornio
il tropico del Capricorno

zones • les zones • die Erdzonen • las zonas • le zone

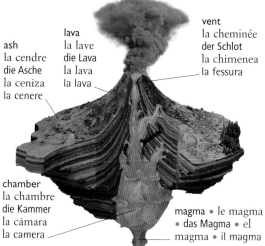

ash
la cendre
die Asche
la ceniza
la cenere

lava
la lave
die Lava
la lava
la lava

vent
la cheminée
der Schlot
la chimenea
la fessura

chamber
la chambre
die Kammer
la cámara
la camera

magma • le magma
• das Magma • el
magma • il magma

volcano • le volcan • der Vulkan
• el volcán • il vulcano

crater • le cratère • der Krater • el cráter
• il cratere

earthquake
le tremblement
das Erdbeben
el terremoto
il terremoto

plate
la plaque
die Platte
la placa
la zolla

erupt (v)
entrer en éruption
ausbrechen
entrar en erupción
eruttare

tremor
le tremblement
das Beben
el temblor
il tremore

landscape • le paysage • die Landschaft • el paisaje • il paesaggio

mountain
la montagne
der Berg
la montaña
la montagna

slope
la pente
der Hang
la ladera
la pendice

bank
la rive
das Ufer
la orilla
la riva

river
la rivière
der Fluss
el río
il fiume

rapids
les rapides
die Stromschnellen
los rápidos
le rapide

rocks
les rochers
die Felsen
las rocas
le rocce

glacier • le glacier
• der Gletscher • el glaciar
• il ghiacciaio

valley • la vallée • das Tal
• el valle • la valle

hill • la colline • der Hügel
• la colina • la collina

plateau • le plateau
• das Plateau • la meseta
• l'altipiano

gorge • la gorge • die Schlucht
• el desfiladero • la gola

cave • la caverne • die Höhle
• la cueva • la caverna

plain • la plaine • die Ebene • la llanura • la pianura

desert • le désert • die Wüste • el desierto • il deserto

forest • la forêt • der Wald • el bosque • la foresta

wood • le bois • der Wald • el bosque • il bosco

rainforest • la forêt tropicale • der Regenwald • la selva tropical • la foresta pluviale

swamp • le marais • der Sumpf • el pantano • la palude

meadow • le pré • die Wiese label • el prado • il pascolo

grassland • la prairie • das Grasland • la pradera • la prateria

waterfall • la cascade • der Wasserfall • la cascada • la cascata

stream • le ruisseau • der Bach • el arroyo • il torrente

lake • le lac • der See • el lago • il lago

geyser • le geyser • der Geysir • el géiser • il geyser

coast • la côte • die Küste • la costa • la costa

cliff • la falaise • die Klippe • el acantilado • la scogliera

coral reef • le récif de corail • das Korallenriff • el arrecife de coral • la barriera corallina

estuary • l'estuaire • die Flussmündung • el estuario • l'estuario

weather • le temps • das Wetter • el tiempo • il tempo

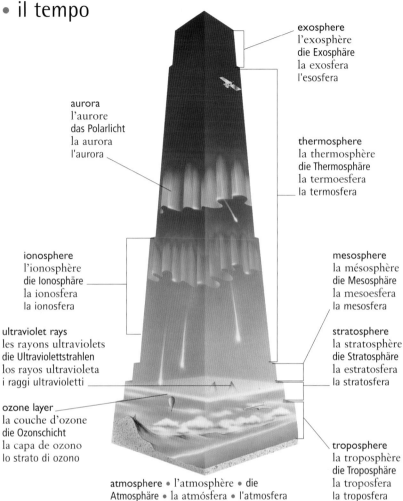

exosphere
l'exosphère
die Exosphäre
la exosfera
l'esosfera

aurora
l'aurore
das Polarlicht
la aurora
l'aurora

thermosphere
la thermosphère
die Thermosphäre
la termoesfera
la termosfera

ionosphere
l'ionosphère
die Ionosphäre
la ionosfera
la ionosfera

mesosphere
la mésosphère
die Mesosphäre
la mesoesfera
la mesosfera

ultraviolet rays
les rayons ultraviolets
die Ultraviolettstrahlen
los rayos ultravioleta
i raggi ultravioletti

stratosphere
la stratosphère
die Stratosphäre
la estratosfera
la stratosfera

ozone layer
la couche d'ozone
die Ozonschicht
la capa de ozono
lo strato di ozono

troposphere
la troposphère
die Troposphäre
la troposfera
la troposfera

atmosphere • l'atmosphère • die Atmosphäre • la atmósfera • l'atmosfera

sunshine • le soleil • der Sonnenschein • el sol • la luce del sole

wind • le vent • der Wind • el viento • il vento

sleet	shower	hot	dry	windy	I'm hot/cold.
la neige fondue	l'averse	(très) chaud	sec	venteux	J'ai chaud/froid.
der Schneeregen	der Schauer	heiß	trocken	windig	Mir ist heiß/kalt.
el aguanieve	el chubasco	caluroso	seco	ventoso	Tengo calor/frío.
il nevischio	il rovescio	caldo	secco	ventoso	Ho caldo/freddo.
hail	sunny	cold	wet	gale	It's raining.
la grêle	ensoleillé	froid	humide	la tempête	Il pleut.
der Hagel	sonnig	kalt	nass	der Sturm	Es regnet.
el granizo	soleado	frío	lluvioso	el temporal	Está lloviendo.
la grandine	soleggiato	freddo	piovoso	la bufera	Sta piovendo.
thunder	cloudy	warm	humid	temperature	It's … degrees.
le tonnerre	nuageux	chaud	humide	la température	Il fait … degrés.
der Donner	bewölkt	warm	feucht	die Temperatur	Es sind … Grad.
el trueno	nublado	cálido	húmedo	la temperatura	Estamos a … grados.
il tuono	nuvoloso	tiepido	umido	la temperatura	Fa … gradi.

cloud • le nuage • die Wolke • la nube • la nuvola

rain • la pluie • der Regen • la lluvia • la pioggia

lightning • l'éclair • der Blitz • el relámpago • il fulmine

storm • l'orage • das Gewitter • la tormenta • la tempesta

mist • la brume • der feine Nebel • la neblina • la foschia

fog • le brouillard • der dichte Nebel • la niebla • la nebbia

rainbow • l'arc-en-ciel • der Regenbogen • el arcoiris • l'arcobaleno

snow • la neige • der Schnee • la nieve • la neve

frost • le givre • der Raureif • la escarcha • il gelo

ice • la glace • das Eis • el hielo • il ghiaccio

icicle • le glaçon • der Eiszapfen • el carámbano • il ghiacciolo

freeze • le gel • der Frost • la helada • la gelata

hurricane • l'hurricane • der Hurrikan • el huracán • l'uragano

tornado • la tornade • der Tornado • el tornado • il tornado

monsoon • la mousson • der Monsun • el monzón • il monsone

flood • l'inondation • die Überschwemmung • la inundación • l'inondazione

rocks • les roches • das Gestein • las rocas • le rocce

igneous • igné • eruptiv • ígneo • igneo

granite • le granit • der Granit • el granito • il granito

obsidian • l'obsidienne • der Obsidian • la obsidiana • l'ossidiana

basalt • le basalte • der Basalt • el basalto • il basalto

pumice • la pierre ponce • der Bimsstein • la piedra pómez • la pomice

sedimentary • sédimentaire • sedimentär • sedimentario • sedimentario

sandstone • le grès • der Sandstein • la piedra arenisca • l'arenaria

limestone • le calcaire • der Kalkstein • la piedra caliza • il calcare

chalk • la craie • die Kreide • la tiza • il gesso

flint • le silex • der Feuerstein • el pedernal • la selce

conglomerate le conglomérat das Konglomerat el conglomerado il conglomerato

coal • le charbon • die Kohle • el carbón • il carbone

metamorphic • métamorphique • metamorph • metamórfico • metamorfico

slate • l'ardoise • der Schiefer • la pizarra • l'ardesia

schist • le schiste • der Glimmers • el esquisto • lo scisto

gneiss • le gneiss • der Gneis • el gneis • lo gneiss

marble • le marbre • der Marmor • el mármol • il marmo

gems • les gemmes • die Schmucksteine • las gemas • le gemme

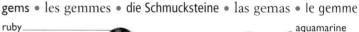

ruby
le rubis
der Rubin
el rubí
il rubino

amethyst
l'améthyste
der Amethyst
la amatista
l'ametista

jet
le jais
der Jett
el azabache
il giaietto

opal
l'opale
der Opal
el ópalo
l'opale

moonstone
la pierre de lune
der Mondstein
la piedra lunar
la lunaria

diamond
le diamant
der Diamant
el diamante
il diamante

garnet
le grenat
der Granat
el granate
il granato

topaz
le topaze
der Topas
el topacio
il topazio

aquamarine
l'aigue-marine
der Aquamarin
la aguamarina
l'acquamarina

jade
le jade
der Jade
el jade
la giada

emerald
l'émeraude
der Smaragd
la esmeralda
lo smeraldo

sapphire
le saphir
der Saphir
el zafiro
lo zaffiro

tourmaline
la toumaline
der Turmalin
la turmalina
la tormalina

minerals • les minéraux • die Mineralien • los minerales • i minerali

quartz • le quartz
• der Quarz • el
cuarzo • il quarzo

mica • le mica
• der Glimmer
• la mica • la mica

sulphur • le soufre
• der Schwefel
• el azufre • lo zolfo

hematite • l'hématite
• der Hämatit • el
hematites • l'ematite

calcite • la calcite
• der Kalzit • la calcita
• la calcite

malachite
la malachite
der Malachit
la malaquita
la malachite

turquoise • la
turquoise • der Türkis
• la turquesa
• il turchese

onyx • l'onyx
• der Onyx • el ónice
• l'onice

agate • l'agate
• der Achat • el ágata
• l'agata

graphite • le graphite
• der Graphit • el
grafito • la grafite

---

metals • les métaux • die Metalle • los metales • i metalli

gold • l'or • das Gold
• el oro • l'oro

silver • l'argent
• das Silber • la plata
• l'argento

platinum • le platine
• das Platin • el
platino • il platino

nickel • le nickel
• das Nickel • el
níquel • il nichel

iron • le fer • das Eisen
• el hierro • il ferro

copper • le cuivre
• das Kupfer • el cobre
• il rame

tin • l'étain • das
Zinn • el estaño
• lo stagno

aluminium
• l'aluminium • das
Aluminium • el aluminio
• l'alluminio

mercury • le mercure
• das Quecksilber • el
mercurio • il mercurio

zinc • le zinc
• das Zink • el zinc
• lo zinco

animals 1 • les animaux 1 • die Tiere 1 • los animales 1 • gli animali 1

mammals • les mammifères • die Säugetiere • los mamíferos • i mammiferi

whiskers
les poils
die Schnurrhaare
los bigotes
i baffi

tail
la queue
der Schwanz
la cola
la coda

rabbit • le lapin
• das Kaninchen
• el conejo • il coniglio

hamster • le hamster
• der Hamster • el
hámster • il criceto

mouse • la souris
• die Maus • el ratón
• il topo

rat • le rat • die Ratte
• la rata • il ratto

hedgehog
• le hérisson • der Igel
• el erizo • il riccio

squirrel • l'écureuil
• das Eichhörnchen •
la ardilla • lo scoiattolo

bat • la chauve-souris
• die Fledermaus • el
murciélago
• il pipistrello

raccoon • le raton laveur
• der Waschbär • el
mapache • il procione

fox • le renard
• der Fuchs • el zorro
• la volpe

wolf • le loup
• der Wolf • el lobo
• il lupo

puppy
le chiot
der Welpe
el cachorro
il cucciolo

kitten
le chaton
das Kätzchen
el gatito
il gattino

pup
le bébé-phoque
das Junge
la cría
il cucciolo

dog • le chien • der Hund
• el perro • il cane

cat • le chat • die Katze
• el gato • il gatto

otter • la loutre • der Otter
• la nutria • la lontra

seal • le phoque • die Robbe
• la foca • la foca

blowhole
l'évent
das Atemloch
el orificio nasal
lo sfiatatoio

flipper
la nageoire
die Flosse
la aleta
la pinna

sea lion • l'otarie
• der Seelöwe • el león
marino • il leone marino

walrus • le morse
• das Walross • la
morsa • il tricheco

whale • la baleine • der Wal
• la ballena • la balena

dolphin
• le dauphin
• der Delphin
• el delfín • il delfino

antler
la ramure
das Geweih
el asta
le corna

mane
la crinière
die Mähne
la crin
la criniera

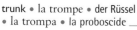

hoof
le sabot
der Huf
la pezuña
lo zoccolo

hump • la bosse
• der Höcker • la
giba • la gobba

deer • le cerf • der Hirsch
• el ciervo • il cervo

zebra • le zèbre
• das Zebra • la cebra
• la zebra

giraffe • la girafe
• die Giraffe • la jirafa
• la giraffa

camel • le chameau
• das Kamel • el camello
• il cammello

trunk • la trompe • der Rüssel
• la trompa • la proboscide

horn • la corne
• das Horn • el
cuerno • il corno

tusk
la défense
der Stoßzahn
el colmillo
la zanna

hippopotamus • le
hippopotame • das Nilpferd
• el hipopótamo
• l'ippopotamo

elephant • l'éléphant
• der Elefant • el elefante
• l'elefante

rhinoceros • le rhinocéros
• das Nashorn • el rinoceronte
• il rinoceronte

tiger • le tigre • der Tiger
• el tigre • la tigre

mane
la crinière
die Mähne
la melena
la criniera

lion • le lion • der Löwe
• el león • il leone

monkey • le singe
• der Affe • el mono
• la scimmia

gorilla • le gorille
• der Gorilla • el gorila
• il gorilla

koala • le koala • der Koalabär
• el koala • il koala

pouch
la poche
der Beutel
la bolsa
il marsupio

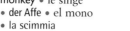

panda • le panda
• der Pandabär
• el oso panda
• il panda

claw
la griffe
die Klaue
la zarpa
l'artiglio

kangaroo • le kangourou
• das Känguru • el canguro
• il canguro

bear • l'ours
• der Bär • el oso
• l'orso

polar bear • l'ours blanc
• der Eisbär • el oso polar
• l'orso polare

animals 2 • les animaux 2 • die Tiere 2 • los animales 2 • gli animali 2

birds • les oiseaux • die Vögel • las aves • gli uccelli

tail
la queue
der Schwanz
la cola
la coda

canary • le canari
• der Kanarienvogel • el
canario • il canarino

sparrow • le moineau
• der Spatz • el gorrión
• il passero

hummingbird • le
colibri • der Kolibri
• el colibrí • il colibri

swallow • l'hirondelle
• die Schwalbe • la
golondrina • la rondine

crow • le corbeau
• die Krähe • el cuervo
• la cornacchia

pigeon • le pigeon
• die Taube • la
paloma • il piccione

woodpecker • le pic
• der Specht • el pájaro
carpintero • il picchio

falcon • le faucon
• der Falke • el halcón
• il falco

owl • la chouette
• die Eule • el búho
• il gufo

gull • la mouette • die
Möwe • la gaviota
• il gabbiano

eagle • l'aigle
• der Adler • el águila
• l'aquila

pelican • le pélican
• der Pelikan • el
pelícano • il pellicano

flamingo • le flamant
• der Flamingo
• el flamenco
• il fenicottero

stork • la cigogne • der
Storch • la cigüeña
• la cicogna

crane • la grue
• der Kranich
• la grulla • la gru

penguin • le pingouin
• der Pinguin • el
pingüino • il pinguino

ostrich • l'autruche
• der Strauß • el
avestruz • lo struzzo

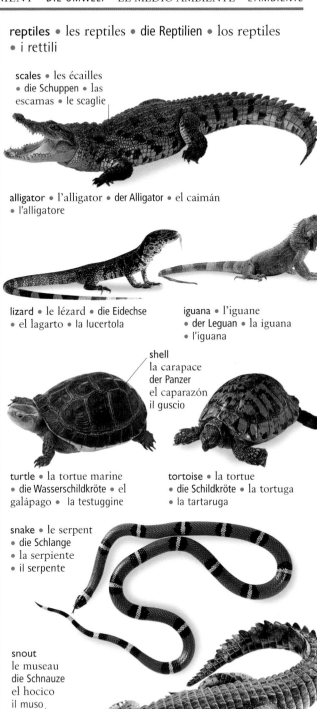

goose • l'oie • die Gans
• la oca • l'oca

swan • le cygne • der Schwan
• el cisne • il cigno

peacock • le paon • der Pfau
• el pavo real • il pavone

pheasant • le faisan
• der Fasan • el
faisán • il fagiano

bill
le bec
der Schnabel
el pico
il becco

turkey • le dindon
• der Truthahn • el pavo
• il tacchino

feather
la plume
die Feder
la pluma
la piuma

wing
l'aile
der Flügel
el ala
l'ala

cockatoo
le cacatoès
der Kakadu
la cacatúa
il cacatoa

claw
la griffe
die Kralle
la garra
l'artiglio

parrot • le perroquet
• der Papagei • el loro
• il pappagallo

reptiles • les reptiles • die Reptilien • los reptiles
• i rettili

scales • les écailles
• die Schuppen • las
escamas • le scaglie

alligator • l'alligator • der Alligator • el caimán
• l'alligatore

lizard • le lézard • die Eidechse
• el lagarto • la lucertola

iguana • l'iguane
• der Leguan • la iguana
• l'iguana

shell
la carapace
der Panzer
el caparazón
il guscio

turtle • la tortue marine
• die Wasserschildkröte • el
galápago • la testuggine

tortoise • la tortue
• die Schildkröte • la tortuga
• la tartaruga

snake • le serpent
• die Schlange
• la serpiente
• il serpente

snout
le museau
die Schnauze
el hocico
il muso

crocodile • le crocodile
• das Krokodil • el
cocodrilo • il coccodrillo

animals 3 • les animaux 3 • die Tiere 3 • los animales 3 • gli animali 3

amphibians • les amphibiens • die Amphibien • los anfibios • gli anfibi

frog • la grenouille • der Frosch • la rana • la rana

toad • le crapaud • die Kröte • el sapo • il rospo

tadpole • le têtard • die Kaulquappe • el renacuajo • il girino

salamander • la salamandre • der Salamander • la salamandra • la salamandra

fish • les poissons • die Fische • los peces • i pesci

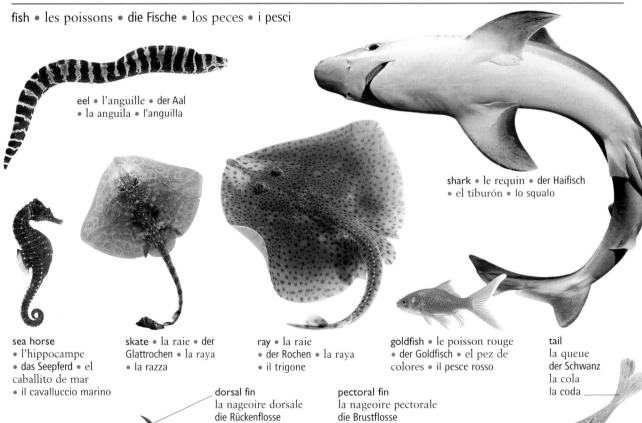

eel • l'anguille • der Aal • la anguila • l'anguilla

shark • le requin • der Haifisch • el tiburón • lo squalo

sea horse • l'hippocampe • das Seepferd • el caballito de mar • il cavalluccio marino

skate • la raie • der Glattrochen • la raya • la razza

ray • la raie • der Rochen • la raya • il trigone

goldfish • le poisson rouge • der Goldfisch • el pez de colores • il pesce rosso

tail la queue der Schwanz la cola la coda

dorsal fin la nageoire dorsale die Rückenflosse la aleta dorsal la pinna dorsale

pectoral fin la nageoire pectorale die Brustflosse la aleta pectoral la pinna pettorale

scale l'écaille die Schuppe la escama la scaglia

gill l'ouïe die Kieme la agalla la branchia

swordfish • l'espadon • der Schwertfisch • el pez espada • il pesce spada

koi carp • la carpe koi • der Koikarpfen • la carpa koi • la carpa koi

invertebrates • les invertébrés • die Wirbellosen • los invertebrados • gli invertebrati

ant • la fourmi • die Ameise • la hormiga • la formica

termite • la termite • die Termite • la termita • la termite

bee • l'abeille • die Biene • la abeja • l'ape

wasp • la guêpe • die Wespe • la avispa • la vespa

beetle • le scarabée • der Käfer • el escarabajo • lo scarafaggio

cockroach • le cafard • der Kakerlak • la cucaracha • la blatta

moth • le papillon • die Motte • la polilla • la falena

antenna
l'antenne
der Fühler
la antena
l'antenna

butterfly • le papillon • der Schmetterling • la mariposa • la farfalla

cocoon • le cocon • der Kokon • el capullo • il bozzolo

caterpillar • la chenille • die Raupe • la oruga • il bruco

cricket • le grillon • die Grille • el grillo • il grillo

grasshopper
la sauterelle
die Heuschrecke
el saltamontes
la cavalletta

praying mantis
la mante religieuse
die Gottesanbeterin
la mantis religiosa
la mantide religiosa

sting
le dard
der Stachel
el aquijón
il pungiglione

scorpion • le scorpion • der Skorpion • el escorpión • lo scorpione

centipede • le mille-pattes • der Tausendfüßer • el ciempiés • il millepiedi

dragonfly • la libellule • die Libelle • la libélula • la libellula

fly • la mouche • die Fliege • la mosca • la mosca

mosquito • le moustique • die Stechmücke • el mosquito • la zanzara

ladybird • la coccinelle • der Marienkäfer • la mariquita • la coccinella

spider • l'araignée • die Spinne • la araña • il ragno

slug • la limace • die Wegschnecke • la babosa • la lumaca

snail • l'escargot • die Schnecke • el caracol • la chiocciola

worm • le ver • der Wurm • el gusano • il verme

starfish • l'étoile de mer • der Seestern • la estrella de mar • la stella di mare

mussel • la moule • die Muschel • el mejillón • la cozza

crab • le crabe • der Krebs • el cangrejo • il granchio

lobster • le homard • der Hummer • la langosta • l'aragosta

octopus • la pieuvre • der Krake • el pulpo • la piovra

squid • le calmar • der Tintenfisch • el calamar • il calamaro

jellyfish • la méduse • die Qualle • la medusa • la medusa

plants • les plantes • die Pflanzen • las plantas • le piante

tree • l'arbre • der Baum • el árbol • l'albero

leaf
la feuille
das Blatt
la hoja
la foglia

branch
la branche
der Ast
la rama
il ramo

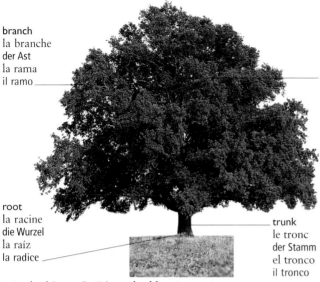

bark
l'écorce
die Rinde
la corteza
la corteccia

twig
la brindille
der Zweig
la ramita
il ramoscello

willow • le saule • die Weide • el sauce • il salice

root
la racine
die Wurzel
la raíz
la radice

trunk
le tronc
der Stamm
el tronco
il tronco

oak • le chêne • die Eiche • el roble • la quercia

poplar • le peuplier • die Pappel • el álamo • il pioppo

eucalyptus • l'eucalyptus • der Eukalyptus • el eucalipto • l'eucalipto

larch • le mélèze • die Lärche • el alerce • il larice

beech • le hêtre • die Buche • la haya • il faggio

birch • le bouleau • die Birke • el abedul • la betulla

pine • le pin • die Kiefer • el pino • il pino

cedar • le cèdre • die Zeder • el cedro • il cedro

maple • l'érable • der Ahorn • el arce • l'acero

elm • l'orme • die Ulme • el olmo • l'olmo

lime • le tilleul • die Linde • el tilo • il tiglio

berry
la baie
die Beere
la baya
la bacca

holly • le houx • die Stechpalme • el acebo • l'agrifoglio

palm • le palmier • die Palme • la palmera • la palma

flowering plant • la plante à fleurs • die blühende Pflanze • la planta de flor • la pianta da fiori

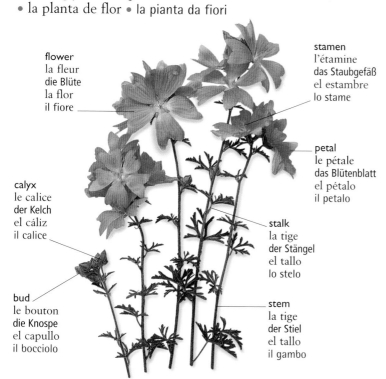

flower
la fleur
die Blüte
la flor
il fiore

stamen
l'étamine
das Staubgefäß
el estambre
lo stame

petal
le pétale
das Blütenblatt
el pétalo
il petalo

calyx
le calice
der Kelch
el cáliz
il calice

stalk
la tige
der Stängel
el tallo
lo stelo

bud
le bouton
die Knospe
el capullo
il bocciolo

stem
la tige
der Stiel
el tallo
il gambo

buttercup • la renoncule
• der Hahnenfuß
• el ranúnculo
• il ranuncolo

daisy • la pâquerette
• das Gänseblümchen
• la margarita
• la margherita

thistle • le chardon
• die Distel • el cardo
• il cardo

dandelion • le pissenlit
• der Löwenzahn
• el diente de león
• il dente di leone

heather • la bruyère
• das Heidekraut • el
brezo • l'erica

poppy • le coquelicot
• der Klatschmohn • la
amapola • il papavero

foxglove • la digitale
• der Fingerhut •
• la dedalera
• la digitale

honeysuckle • le
chèvrefeuille • das
Geißblatt • la madreselva
• il caprifoglio

sunflower • le
tournesol • die
Sonnenblume • el
girasol • il girasole

clover • le trèfle
• der Klee • el trébol
• il trifoglio

bluebells • les jacinthes des
bois • die Sternhyazinthen
• los narcisos silvestres
• i giacinti di bosco

primrose • la
primevère • die
Schlüsselblume • la
prímula • la primula

lupins • les lupins
• die Lupinen • el
lupino • i lupini

nettle • l'ortie
• die Nessel • la ortiga
• l'ortica

town • la ville • die Stadt • la ciudad • la città

street
la rue
die Straße
la calle
la strada

kerb
le bord du trottoir
die Bordkante
el bordillo
il ciglio

street corner
le coin de la rue
die Straßenecke
la esquina
l'angolo della strada

shop
le magasin
der Laden
la tienda
il negozio

intersection
le carrefour
die Kreuzung
el cruce
il crocevia

one-way system
• la voie à sens
unique • die
Einbahnstraße
• la calle de
sentido único
• il senso unico

pavement
le trottoir
der Bürgersteig
la acera
il marciapiede

office block
• l'immeuble de
bureaux • das
Bürogebäude
• el edificio de
oficinas • il
complesso di
uffici

apartment block
• l'immeuble
• der Wohnblock
• el edificio de
pisos • il
caseggiato

alley
la ruelle
die Gasse
el callejón
il vicolo

car park
le parking
der Parkplatz
el aparcamiento
il parcheggio

street sign
le panneau de signalisation
das Straßenschild
la señal de tráfico
il segnale stradale

bollard
la borne
der Poller
la baliza
la colonnina

street light
le lampadaire
die Straßenlaterne
la farola
il lampione

buildings • les bâtiments • die Gebäude • los edificios • gli edifici

town hall • la mairie • das Rathaus • el ayuntamiento • il municipio

library • la bibliothèque • die Bibliothek • la biblioteca • la biblioteca

cinema • le cinéma • das Kino • el cine • il cinema

theatre • le théâtre • das Theater • el teatro • il teatro

university • l'université • die Universität • la universidad • l'università

skyscraper • le gratte-ciel • der Wolkenkratzer • el rascacielos • il grattacielo

school • l'école • die Schule • el colegio • la scuola

areas • les environs • die Wohngegend • las zonas • le zone

industrial estate • la zone industrielle • das Industriegebiet • la zona industrial • la zona industriale

city • la ville • die Stadt • la ciudad • la città

suburb • la banlieue • der Vorort • la periferia • la periferia

village • le village • das Dorf • el pueblo • il villaggio

pedestrian zone	side street	manhole	gutter	church
la zone piétonnière	la rue transversale	la bouche d'égout	le caniveau	l'église
die Fußgängerzone	die Seitenstraße	der Kanalschacht	der Rinnstein	die Kirche
la zona peatonal	la calle lateral	la boca de alcantarilla	la alcantarilla	la iglesia
la zona pedonale	la via laterale	il tombino	la cunetta	la chiesa
avenue	square	bus stop	factory	drain
l'avenue	la place	l'arrêt de bus	l'usine	l'égout
die Allee	der Platz	die Bushaltestelle	die Fabrik	der Kanal
la avenida	la plaza	la parada de autobús	la fábrica	el sumidero
il viale	la piazza	la fermata dell'autobus	la fabbrica	il canale di scolo

architecture • l'architecture • die Architektur • la arquitectura • l'archittettura

buildings and structures • les bâtiments et structures • die Gebäude und Strukturen • los edificios y las estructuras • edifici e strutture

skyscraper • le gratte-ciel • der Wolkenkratzer • el rascacielos • il grattacielo

turret
la tourelle
der Mauerturm
el torreón
la torre

moat
la douve
der Burggraben
el foso
il fossato

castle • le château • die Burg • el castillo • il castello

church • l'église • die Kirche • la iglesia • la chiesa

dome
le dôme
die Kuppel
la cúpula
la cupola

mosque • la mosquée • die Moschee • la mezquita • la moschea

temple • le temple • der Tempel • el templo • il tempio

synagogue • la synagogue • die Synagoge • la sinagoga • la sinagoga

vault
la voûte
das Gewölbe
la bóveda
la volta

dam • le barrage • der Staudamm • el embalse • la diga

bridge • le pont • die Brücke • el puente • il ponte

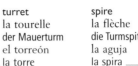

spire
la flèche
die Turmspitze
la aguja
la spira

finial
le fleuron
die Kreuzblume
el florón
il pinnacolo

gable
le pignon
der Giebel
el frontón
il frontone

tower
la tour
der Turm
la torre
la torretta

cornice
la corniche
das Gesims
la cornisa
il cornicione

pillar
la colonne
die Säule
la columna
la colonna

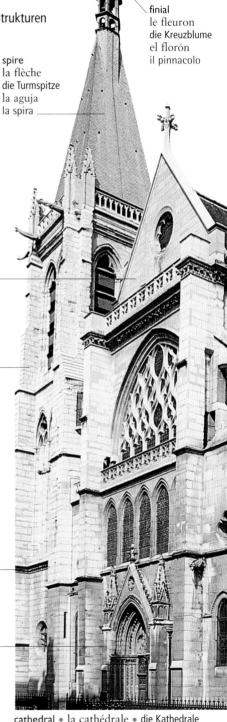

cathedral • la cathédrale • die Kathedrale • la catedral • la cattedrale

english • français • deutsch • español • italiano

styles • les styles • die Baustile • los estilos • gli stili

architrave
l'architrave
der Architrav
el arquitrabe
l'architrave

baroque • baroque • barock • barroco • barocco

gothic • gothique • gotisch • gótico • gotico

Renaissance • Renaissance • Renaissance- • Renacimiento • Rinascimento

arch
l'arc
der Bogen
el arco
l'arco

frieze
la frise
der Fries
el friso
il fregio

choir
le chœur
der Chor
el coro
il coro

rococo • rococo • Rokoko- • rococó • rococò

pediment
le fronton
das Giebeldreieck
el frontón
il frontone

buttress
le contrefort
der Strebepfeiler
el contrafuerte
il contrafforte

neoclassical • néoclassique • klassizistisch • neoclásico • neoclassico

art nouveau • art nouveau • der Jugendstil • el estilo modernista • l'art nouveau

art deco • art déco • Art-déco- • art decó • art déco

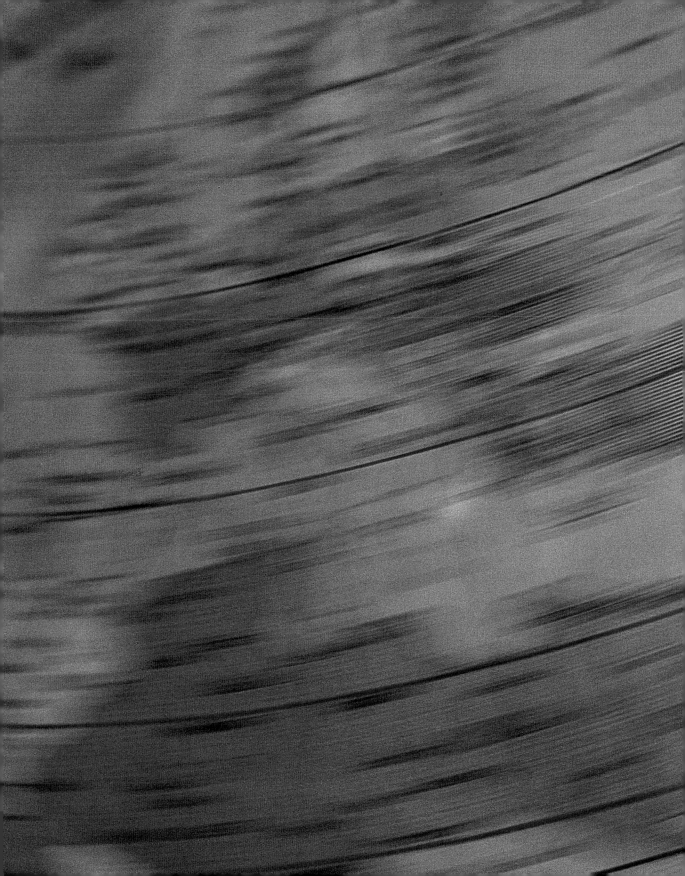

reference
l'information
die Information
los datos
i dati

time • l'heure • die Uhrzeit • el tiempo • l'ora

minute hand
la grande aiguille
der Minutenzeiger
el minutero
la lancetta dei minuti

hour hand
la petite aiguille
der Stundenzeiger
la aguja de la hora
la lancetta delle ore

clock • l'horloge • die Uhr • el reloj • l'orologio

second la seconde die Sekunde el segundo il secondo	now maintenant jetzt ahora adesso	a quarter of an hour un quart d'heure eine Viertelstunde un cuarto de hora un quarto d'ora
minute la minute die Minute el minuto il minuto	later plus tard später más tarde più tardi	twenty minutes vingt minutes zwanzig Minuten veinte minutos venti minuti
hour l'heure die Stunde la hora l'ora	half an hour une demi-heure eine halbe Stunde media hora una mezzora	forty minutes quarante minutes vierzig Minuten cuarenta minutos quaranta minuti

What time is it?
Quelle heure est-il?
Wie spät ist es?
¿Qué hora es?
Che ore sono?

It's three o'clock.
Il est trois heures.
Es ist drei Uhr.
Son las tres en punto.
Sono le tre.

five past one • une heure cinq • fünf nach eins • la una y cinco • l'una e cinque

ten past one • une heure dix • zehn nach eins • la una y diez • l'una e dieci

quarter past one • une heure et quart • Viertel nach eins • la una y cuarto • l'una e un quarto

twenty past one • une heure vingt • zwanzig nach eins • la una y veinte • l'una e venti

second hand • la trotteuse • der Sekundenzeiger • el segundero • la lancetta dei secondi

twenty five past one • une heure vingt-cinq • fünf vor halb zwei • la una y veinticinco • l'una e venticinque

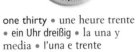

one thirty • une heure trente • ein Uhr dreißig • la una y media • l'una e trente

twenty five to two • deux heures moins vingt-cinq • fünf nach halb zwei • las dos menos veinticinco • le due meno venticinque

twenty to two • deux heures moins vingt • zwanzig vor zwei • las dos menos veinte • le due meno venti

quarter to two • deux heures moins le quart • Viertel vor zwei • las dos menos cuarto • le due meno un quarto

ten to two • deux heures moins dix • zehn vor zwei • las dos menos diez • le due meno dieci

five to two • deux heures moins cinq • fünf vor zwei • las dos menos cinco • le due meno cinque

two o'clock • deux heures • zwei Uhr • las dos en punto • le due

night and day • la nuit et le jour • die Nacht und der Tag • la noche y el día • la notte e il giorno

midnight • le minuit • die Mitternacht • la medianoche • la mezzanotte

sunrise • le lever du soleil • der Sonnenaufgang • el amanecer • il sorgere del sole

dawn • l'aube • die Morgendämmerung • el alba • l'alba

morning • le matin • der Morgen • la mañana • il mattino

sunset • le coucher du soleil • der Sonnenuntergang • la puesta de sol • il tramonto

midday • le midi • der Mittag • el mediodía • il mezzogiorno

dusk • le crépuscule • die Abenddämmerung • el anochecer • l'imbrunire

evening • le soir • der Abend • la noche • la sera

afternoon • l'après-midi • der Nachmittag • la tarde • il pomeriggio

early	You're early.	Please be on time.	What time does it finish?
tôt	Tu es en avance.	Sois à l'heure, s'il te plaît.	Ça finit à quelle heure?
früh	Du bist früh.	Sei bitte pünktlich.	Wann ist es zu Ende?
temprano	Llegas temprano.	Por favor, sé puntual.	¿A qué hora termina?
presto	Sei in anticipo.	Per favore, vieni in orario.	A che ora finisce?
on time	You're late.	I'll see you later.	How long will it last?
à l'heure	Tu es en retard.	À tout à l'heure.	Ça dure combien de temps?
pünktlich	Du hast dich verspätet.	Bis später.	Wie lange dauert es?
puntual	Llegas tarde.	Hasta luego.	¿Cuánto dura?
in orario	Sei in ritardo.	A più tardi.	Quanto durerà?
late	I'll be there soon.	What time does it start?	It's getting late.
tard	J'y arriverai bientôt.	Ça commence à quelle heure?	Il se fait tard.
spät	Ich werde bald dort sein.	Wann fängt es an?	Es ist schon spät.
tarde	Llegaré dentro de poco.	¿A qué hora comienza?	Se está haciendo tarde.
tardi	Arrivo subito.	A che ora inizia?	Si sta facendo tardi.

calendar • le calendrier • der Kalender • el almanaque • il calendario

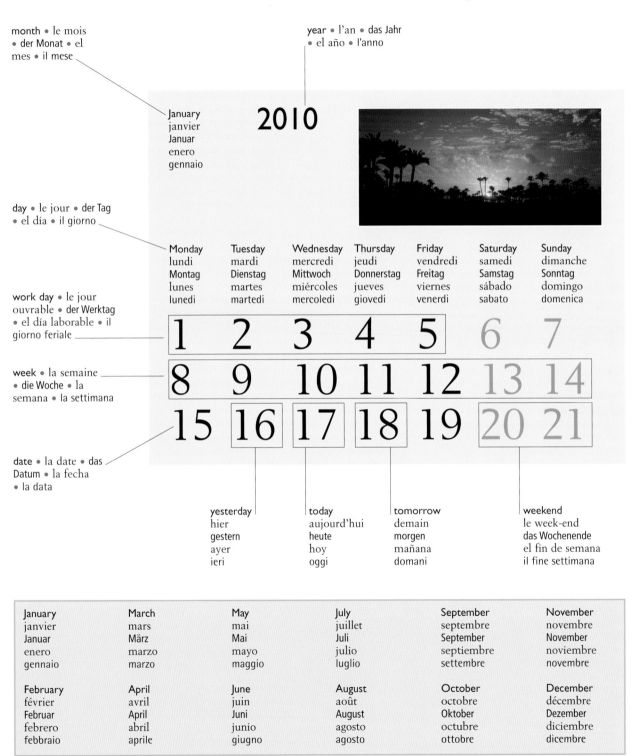

month • le mois
• der Monat • el
mes • il mese

year • l'an • das Jahr
• el año • l'anno

January
janvier
Januar
enero
gennaio

2010

day • le jour • der Tag
• el día • il giorno

Monday	Tuesday	Wednesday	Thursday	Friday	Saturday	Sunday
lundi	mardi	mercredi	jeudi	vendredi	samedi	dimanche
Montag	Dienstag	Mittwoch	Donnerstag	Freitag	Samstag	Sonntag
lunes	martes	miércoles	jueves	viernes	sábado	domingo
lunedì	martedì	mercoledì	giovedì	venerdì	sabato	domenica

work day • le jour
ouvrable • der Werktag
• el día laborable • il
giorno feriale

1 2 3 4 5 6 7

week • la semaine
• die Woche • la
semana • la settimana

8 9 10 11 12 13 14

15 16 17 18 19 20 21

date • la date • das
Datum • la fecha
• la data

yesterday
hier
gestern
ayer
ieri

today
aujourd'hui
heute
hoy
oggi

tomorrow
demain
morgen
mañana
domani

weekend
le week-end
das Wochenende
el fin de semana
il fine settimana

January	March	May	July	September	November
janvier	mars	mai	juillet	septembre	novembre
Januar	März	Mai	Juli	September	November
enero	marzo	mayo	julio	septiembre	noviembre
gennaio	marzo	maggio	luglio	settembre	novembre
February	April	June	August	October	December
février	avril	juin	août	octobre	décembre
Februar	April	Juni	August	Oktober	Dezember
febrero	abril	junio	agosto	octubre	diciembre
febbraio	aprile	giugno	agosto	ottobre	dicembre

english • français • deutsch • español • italiano

years • les ans • die Jahre • los años • gli anni

1900 nineteen hundred • mille neuf cents • neunzehnhundert • mil novecientos • millenovecento

1901 nineteen hundred and one • mille neuf cent un • neunzehnhunderteins • mil novecientos uno • millenovecentouno

1910 nineteen ten • mille neuf cent dix • neunzehnhundertzehn • mil novecientos diez • millenovecentodieci

2000 two thousand • deux mille • zweitausend • dos mil • duemila

2001 two thousand and one • deux mille un • zweitausendeins • dos mil uno • duemilauno

seasons • les saisons • die Jahreszeiten • las estaciones • le stagioni

spring • le printemps • der Frühling • la primavera • la primavera

summer • l'été • der Sommer • el verano • l'estate

autumn • l'automne • der Herbst • el otoño • l'autunno

winter • l'hiver • der Winter • el invierno • l'inverno

century • le siècle • das Jahrhundert • el siglo • il secolo

decade • la décennie • das Jahrzehnt • la década • la decade

millennium • le millénaire • das Jahrtausend • el milenio • il millennio

fortnight • quinze jours • vierzehn Tage • quince días • quindici giorni

this week • cette semaine • diese Woche • esta semana • questa settimana

last week • la semaine dernière • letzte Woche • la semana pasada • la settimana scorsa

next week • la semaine prochaine • nächste Woche • la semana que viene • la settimana prossima

the day before yesterday • avant-hier • vorgestern • antes de ayer • l'altroieri

the day after tomorrow • après-demain • übermorgen • pasado mañana • il dopodomani

weekly • hebdomadaire • wöchentlich • semanalmente • settimanale

monthly • mensuel • monatlich • mensual • mensile

annual • annuel • jährlich • anual • annuo

What's the date today?
Quelle est la date aujourd'hui?
Welches Datum haben wir heute?
¿Qué día es hoy?
Oggi che giorno è?

It's February seventh, two thousand and two.
C'est le sept février deux mille deux.
Heute ist der siebte Februar zweitausendzwei.
Es el siete de febrero del dos mil dos.
È il sette febbraio, duemiladue.

numbers • les nombres • die Zahlen • los números • i numeri

0   zero • zéro • null • cero • zero

1   one • un • eins • uno • uno

2   two • deux • zwei • dos • due

3   three • trois • drei • tres • tre

4   four • quatre • vier • cuatro • quattro

5   five • cinq • fünf • cinco • cinque

6   six • six • sechs • seis • sei

7   seven • sept • sieben • siete • sette

8   eight • huit • acht • ocho • otto

9   nine • neuf • neun • nueve • nove

10   ten • dix • zehn • diez • dieci

11   eleven • onze • elf • once • undici

12   twelve • douze • zwölf • doce • dodici

13   thirteen • treize • dreizehn • trece • tredici

14   fourteen • quatorze • vierzehn • catorce • quattordici

15   fifteen • quinze • fünfzehn • quince • quindici

16   sixteen • seize • sechzehn • dieciséis • sedici

17   seventeen • dix-sept • siebzehn • diecisiete • diciassette

18   eighteen • dix-huit • achtzehn • dieciocho • diciotto

19   nineteen • dix-neuf • neunzehn • diecinueve • diciannove

20   twenty • vingt • zwanzig • veinte • venti

21   twenty-one • vingt et un • einundzwanzig • veintiuno • ventuno

22   twenty-two • vingt-deux • zweiundzwanzig • veintidós • ventidue

30   thirty • trente • dreißig • treinta • trenta

40   forty • quarante • vierzig • cuarenta • quaranta

50   fifty • cinquante • fünfzig • cincuenta • cinquanta

60   sixty • soixante • sechzig • sesenta • sessanta

70   seventy • soixante-dix • siebzig • setenta • settanta

80   eighty • quatre-vingt • achtzig • ochenta • ottanta

90   ninety • quatre-vingt-dix • neunzig • noventa • novanta

100   one hundred • cent • hundert • cien • cento

110   one hundred and ten • cent dix • hundertzehn • ciento diez • centodieci

200   two hundred • deux cents • zweihundert • doscientos • duecento

300   three hundred • trois cents • dreihundert • trescientos • trecento

400   four hundred • quatre cents • vierhundert • cuatrocientos • quattrocento

500   five hundred • cinq cents • fünfhundert • quinientos • cinquecento

600   six hundred • six cents • sechshundert • seiscientos • seicento

700   seven hundred • sept cents • siebenhundert • setecientos • settecento

800   eight hundred • huit cents • achthundert • ochocientos • ottocento

900   nine hundred • neuf cents • neunhundert • novecientos • novecento

1000 one thousand • mille • tausend • mil • mille

10,000 ten thousand • dix mille • zehntausend • diez mil • diecimila

20,000 twenty thousand • vingt mille • zwanzigtausend • veinte mil • ventimila

50,000 fifty thousand • cinquante mille • fünfzigtausend • cincuenta mil • cinquantamila

55,500 fifty-five thousand five hundred • cinqante-cinq mille cinq cents • fünfundfünfzigtausend-fünfhundert • cincuenta y cinco mil quinientos • cinquantacinquemilacinquecento

100,000 one hundred thousand • cent mille • hunderttausend • cien mil • centomila

1,000,000 one million • un million • eine Million • un millón • un milione

1,000,000,000 one billion • un milliard • eine Milliarde • mil millones • un miliardo

---

first / premier / erster / primero / primo

second / deuxième / zweiter / segundo / secondo

third / troisième / dritter / tercero / terzo

fourth • quatrième • vierter • cuarto • quarto

fifth • cinquième • fünfter • quinto • quinto

sixth • sixième • sechster • sexto • sesto

seventh • septième • siebter • séptimo • settimo

eighth • huitième • achter • octavo • ottavo

ninth • neuvième • neunter • noveno • nono

tenth • dixième • zehnter • décimo • decimo

eleventh • onzième • elfter • undécimo • undicesimo

twelfth • douzième • zwölfter • duodécimo • dodicesimo

thirteenth • treizième • dreizehnter • decimotercero • tredicesimo

fourteenth • quatorzième • vierzehnter • decimocuarto • quattordicesimo

fifteenth • quinzième • fünfzehnter • decimoquinto • quindicesimo

sixteenth • seizième • sechzehnter • decimosexto • sedicesimo

seventeenth • dix-septième • siebzehnter • decimoséptimo • diciassettesimo

eighteenth • dix-huitième • achtzehnter • décimo octavo • diciottesimo

nineteenth • dix-neuvième • neunzehnter • décimo noveno • diciannovesimo

twentieth • vingtième • zwanzigster • vigésimo • ventesimo

twenty-first • vingt et unième • einundzwanzigster • vigésimo primero • ventunesimo

twenty-second vingt-deuxième zweiundzwanzigster vigésimo segundo ventiduesimo

twenty-third • vingt-troisième • dreiundzwanzigster • vigésimo tercero • ventitreesimo

thirtieth • trentième • dreißigster • trigésimo • trentesimo

fortieth • quarantième • vierzigster • cuadragésimo • quarantesimo

fiftieth • cinquantième • fünfzigster • quincuagésimo • cinquantesimo

sixtieth • soixantième • sechzigster • sexagésimo • sessantesimo

seventieth • soixante-dixième • siebzigster • septuagésimo • settantesimo

eightieth • quatre-vingtième • achtzigster • octogésimo • ottantesimo

ninetieth • quatre-vingt-dixième • neunzigster • nonagésimo • novantesimo

one hundredth • centième • hundertster • centésimo • centesimo

weights and measures • les poids et mesures • die Maße und Gewichte • los pesos y las medidas • i pesi e le misure

area • la superficie • die Fläche • el área • la superficie

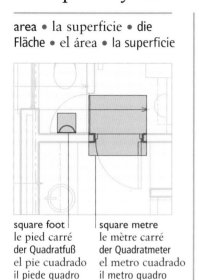

square foot
le pied carré
der Quadratfuß
el pie cuadrado
il piede quadro

square metre
le mètre carré
der Quadratmeter
el metro cuadrado
il metro quadro

distance • la distance • die Entfernung • la distancia • la distanza

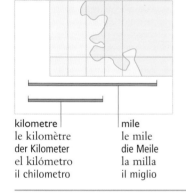

kilometre
le kilomètre
der Kilometer
el kilómetro
il chilometro

mile
le mile
die Meile
la milla
il miglio

pan • le plateau• die Waagschale • la bandeja • il piatto

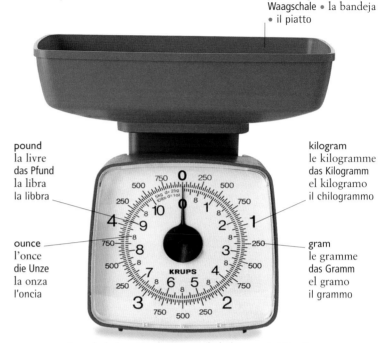

pound
la livre
das Pfund
la libra
la libbra

kilogram
le kilogramme
das Kilogramm
el kilogramo
il chilogrammo

ounce
l'once
die Unze
la onza
l'oncia

gram
le gramme
das Gramm
el gramo
il grammo

scales • la balance • die Waage • la balanza • la bilancia

yard	tonne	measure (v)
le yard	la tonne	mesurer
das Yard	die Tonne	messen
la yarda	la tonelada	medir
la iarda	la tonnellata	misurare
metre	milligram	weigh (v)
le mètre	le milligramme	peser
der Meter	das Milligramm	wiegen
el metro	el miligramo	pesar
il metro	il milligrammo	pesare

length • la longueur • die Länge • la longitud • la lunghezza

foot • le pied • der Fuß • el pie • il piede

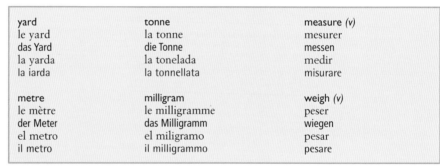

millimetre • le millimètre • der Millimeter • el milímetro • il millimetro

centimetre • le centimètre • der Zentimeter • el centímetro • il centimetro

inch • le pouce • der Zoll • la pulgada • il pollice

capacity • la capacité • das Fassungsvermögen • la capacidad • la capacità

half-litre • le demi-litre • der halbe Liter • el medio litro • il mezzo litro

pint • la pinte • das Pint • la pinta • la pinta

volume • le volume • das Volumen • el volumen • il volume

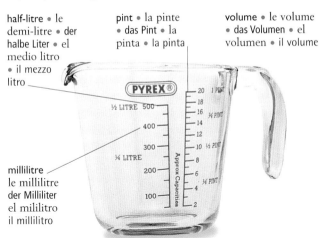

millilitre le millilitre der Milliliter el mililitro il millilitro

measuring jug • le pot gradué • der Messbecher • la jarra graduada • la brocca graduata

liquid measure • la mesure pour les liquides • das Flüssigkeitsmaß • la medida de capacidad • la misura di liquido

gallon
le gallon
die Gallone
el galón
il gallone

quart
deux pintes
das Quart
el cuarto de galón
il quarto di gallone

litre
le litre
der Liter
el litro
il litro

container • le récipient • der Behälter • el recipiente • il contenitore

carton • le carton • die Tüte • el tetrabrik • il cartone

packet • le paquet • das Päckchen • el paquete • il pacchetto

bottle • la bouteille • die Flasche • la botella • la bottiglia

bag • le sac • der Beutel • la bolsa • il sacchetto

tub • le pot • die Dose • la tarrina • la vaschetta

jar • le pot • das Glas • el tarro • il barattolo

can • la boîte • die Dose • la lata • la lattina

tin • la boîte • die Dose • la lata • la scatoletta

liquid dispenser • le pulvérisateur • die Spritze • el pulverizador • il nebulizzatore

bar
le pain
das Stück
la pastilla
la saponetta

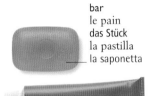

tube • le tube • die Tube • el tubo • il tubetto

roll • le rouleau • die Rolle • el rollo • il rotolo

pack • le paquet • das Päckchen • el paquete • il pacchetto

spray can • la bombe • die Sprühdose • el spray • la bomboletta spray

world map • la carte du monde • die Weltkarte • el mapamundi • il mappamondo

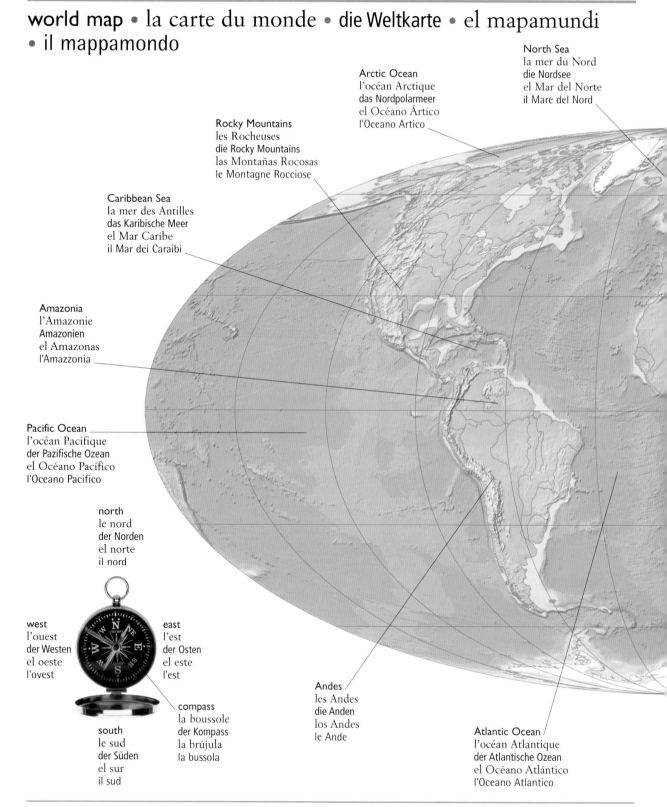

North Sea
la mer du Nord
die Nordsee
el Mar del Norte
il Mare del Nord

Arctic Ocean
l'océan Arctique
das Nordpolarmeer
el Océano Ártico
l'Oceano Artico

Rocky Mountains
les Rocheuses
die Rocky Mountains
las Montañas Rocosas
le Montagne Rocciose

Caribbean Sea
la mer des Antilles
das Karibische Meer
el Mar Caribe
il Mar dei Caraibi

Amazonia
l'Amazonie
Amazonien
el Amazonas
l'Amazzonia

Pacific Ocean
l'océan Pacifique
der Pazifische Ozean
el Océano Pacífico
l'Oceano Pacifico

north
le nord
der Norden
el norte
il nord

west
l'ouest
der Westen
el oeste
l'ovest

east
l'est
der Osten
el este
l'est

compass
la boussole
der Kompass
la brújula
la bussola

south
le sud
der Süden
el sur
il sud

Andes
les Andes
die Anden
los Andes
le Ande

Atlantic Ocean
l'océan Atlantique
der Atlantische Ozean
el Océano Atlántico
l'Oceano Atlantico

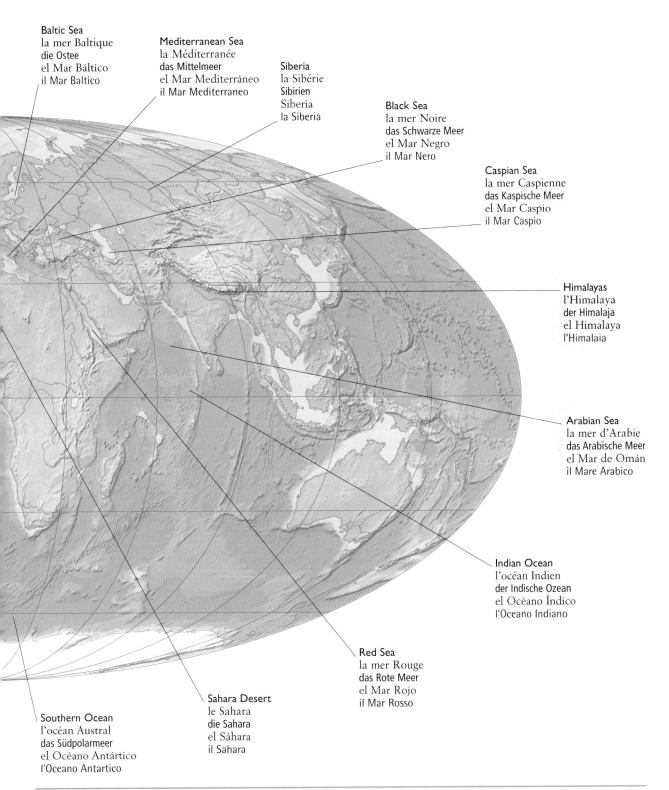

Baltic Sea
la mer Baltique
die Ostee
el Mar Báltico
il Mar Baltico

Mediterranean Sea
la Méditerranée
das Mittelmeer
el Mar Mediterráneo
il Mar Mediterraneo

Siberia
la Sibérie
Sibirien
Siberia
la Siberia

Black Sea
la mer Noire
das Schwarze Meer
el Mar Negro
il Mar Nero

Caspian Sea
la mer Caspienne
das Kaspische Meer
el Mar Caspio
il Mar Caspio

Himalayas
l'Himalaya
der Himalaja
el Himalaya
l'Himalaia

Arabian Sea
la mer d'Arabie
das Arabische Meer
el Mar de Omán
il Mare Arabico

Indian Ocean
l'océan Indien
der Indische Ozean
el Océano Índico
l'Oceano Indiano

Red Sea
la mer Rouge
das Rote Meer
el Mar Rojo
il Mar Rosso

Sahara Desert
le Sahara
die Sahara
el Sáhara
il Sahara

Southern Ocean
l'océan Austral
das Südpolarmeer
el Océano Antártico
l'Oceano Antartico

North and Central America • l'Amérique du Nord et centrale • Nord- und Mittelamerika • América del Norte y Central • l'America del Nord e Centrale

Hawaii • Hawaii • Hawaii • Hawaii • le Hawaii

1 Alaska • l'Alaska • Alaska • Alaska • l'Alaska
2 Canada • le Canada • Kanada • Canadá • il Canada
3 Greenland • le Groenland • Grönland • Groenlandia • la Groenlandia
4 United States of America • les États-Unis d'Amérique • die Vereinigten Staaten von Amerika • Estados Unidos de América • gli Stati Uniti d'America
5 Mexico • le Mexique • Mexiko • México • il Messico
6 Guatemala • le Guatemala • Guatemala • Guatemala • il Guatemala
7 Belize • le Bélize • Belize • Belice • il Belize
8 El Salvador • Le Salvador • El Salvador • El Salvador • l'El Salvador
9 Honduras • le Honduras • Honduras • Honduras • l'Honduras
10 Nicaragua • le Nicaragua • Nicaragua • Nicaragua • il Nicaragua
11 Costa Rica • le Costa Rica • Costa Rica • Costa Rica • il Costa Rica
12 Panama • le Panama • Panama • Panamá • il Panama
13 Cuba • Cuba • Kuba • Cuba • Cuba
14 Bahamas • les Bahamas • die Bahamas • Bahamas • le Bahamas
15 Jamaica • la Jamaïque • Jamaika • Jamaica • la Giamaica
16 Haiti • Haïti • Haiti • Haití • Haiti
17 Dominican Republic • la République dominicaine • die Dominikanische Republik • República Dominicana • la Repubblica Dominicana
18 Puerto Rico • la Porto Rico • Puerto Rico • Puerto Rico • Puerto Rico
19 Barbados • la Barbade • Barbados • Barbados • Barbados
20 Trinidad and Tobago • la Trinité-et-Tobago • Trinidad und Tobago • Trinidad y Tobago • Trinidad e Tobago
21 St. Kitts and Nevis • Saint-Kitts-et-Nevis • Saint Kitts und Nevis • Saint Kitts y Nevis • Saint Kitts-Nevis

22 Antigua and Barbuda • Antigua-et-Barbuda • Antigua und Barbuda • Antigua y Barbuda • Antigua e Barbuda
23 Dominica • la Dominique • Dominica • Dominica • Dominica
24 St Lucia • Sainte-Lucie • Saint Lucia • Santa Lucía • Saint Lucia
25 St Vincent and The Grenadines • Saint-Vincent-et-les-Grenadines • Saint Vinzent und die Grenadinen • San Vicente y las Granadinas • Saint Vincent e Grenadine
26 Grenada • la Grenade • Grenada • Granada • Grenada

South America • l'Amérique du Sud • Südamerika • América del Sur • l'America del Sud

1 Venezuela • le Venezuela • Venezuela • Venezuela • il Venezuela

2 Colombia • la Colombie • Kolumbien • Colombia • la Colombia

3 Ecuador • l'Équateur • Ecuador • Ecuador • l'Ecuador

4 Peru • le Pérou • Peru • Perú • il Perù

5 Galapagos Islands • les îles Galapagos • die Galapagosinseln • las Islas Galápagos • le Isola Galapagos

6 Guyana • la Guyane • Guyana • Guyana • la Guyana

7 Suriname • le Surinam • Suriname • Suriname • il Suriname

8 French Guiana • la Guyane française • Französisch-Guayana • la Guayana Francesa • la Guyana Francese

9 Brazil • le Brésil • Brasilien • Brasil • il Brasile

10 Bolivia • la Bolivie • Bolivien • Bolivia • la Bolivia

11 Chile • le Chili • Chile • Chile • il Cile

12 Argentina • l'Argentine • Argentinien • Argentina • l'Argentina

13 Paraguay • le Paraguay • Paraguay • Paraguay • il Paraguay

14 Uruguay • l'Uruguay • Uruguay • Uruguay • l'Uruguay

15 Falkland Islands • les îles Malouines • die Falklandinseln • las Malvinas • le Isole Falkland

continent	province	zone
le continent	la province	la zone
der Kontinent	die Provinz	die Zone
el continente	la provincia	la zona
il continente	la provincia	la zona
country	territory	district
le pays	le territoire	le district
das Land	das Territorium	der Bezirk
el país	el territorio	el distrito
il paese	il territorio	il distretto
nation	principality	region
la nation	la principauté	la région
die Nation	das Fürstentum	die Region
la nación	el principado	la región
la nazione	il principato	la regione
state	colony	capital
l'État	la colonie	la capitale
der Staat	die Kolonie	die Hauptstadt
el estado	la colonia	la capital
lo stato	la colonia	la capitale

english • français • deutsch • español • italiano

REFERENCE • L'INFORMATION • DIE INFORMATION • LOS DATOS • I DATI

Europe • l'Europe • Europa • Europa • l'Europa

1 Ireland • l'Irlande • Irland • Irlanda • l'Irlanda

2 United Kingdom • le Royaume-Uni • das Vereinigte Königreich • Reino Unido • il Regno Unito

3 Portugal • le Portugal • Portugal • Portugal • il Portogallo

4 Spain • l'Espagne • Spanien • España • la Spagna

5 Balearic Islands • les Baléares • die Balearen • las Islas Baleares • le Isole Baleari

6 Andorra • l'Andorre • Andorra • Andorra • Andorra

7 France • la France • Frankreich • Francia • la Francia

8 Belgium • la Belgique • Belgien • Bélgica • il Belgio

9 Netherlands • les Pays-Bas • die Niederlande • los Países Bajos • i Paesi Bassi

10 Luxembourg • le Luxembourg • Luxemburg • Luxemburgo • il Lussemburgo

11 Germany • l'Allemagne • Deutschland • Alemania • la Germania

12 Denmark • le Danemark • Dänemark • Dinamarca • la Danimarca

13 Norway • la Norvège • Norwegen • Noruega • la Norvegia

14 Sweden • la Suède • Schweden • Suecia • la Svezia

15 Finland • la Finlande • Finnland • Finlandia • la Finlandia

16 Estonia • l'Estonie • Estland • Estonia • l'Estonia

17 Latvia • la Lettonie • Lettland • Letonia • la Lettonia

18 Lithuania • la Lituanie • Litauen • Lituania • la Lituania

19 Kaliningrad • Kaliningrad • Kaliningrad • Kaliningrado • Kaliningrad

20 Poland • la Pologne • Polen • Polonia • la Polonia

21 Czech Republic • la République tchèque • die Tschechische Republik • República Checa • la Repubblica Ceca

22 Austria • l'Autriche • Österreich • Austria • l'Austria

23 Liechtenstein • le Liechtenstein • Liechtenstein • Liechtenstein • il Liechtenstein

24 Switzerland • la Suisse • die Schweiz • Suiza • la Svizzera

25 Italy • l'Italie • Italien • Italia • l'Italia

26 Monaco • Monaco • Monaco • Mónaco • Monaco

27 Corsica • la Corse • Korsika • Córcega • la Corsica

28 Sardinia • la Sardaigne • Sardinien • Cerdeña • la Sardegna

29 San Marino • le Saint-Marin • San Marino • San Marino • San Marino

30 Vatican City • la Cité du Vatican • die Vatikanstadt • la Ciudad del Vaticano • la Città del Vaticano

31 Sicily • la Sicile • Sizilien • Sicilia • la Sicilia

32 Malta • Malte • Malta • Malta • Malta

33 Slovenia • la Slovénie • Slowenien • Eslovenia • la Slovenia

34 Croatia • la Croatie • Kroatien • Croacia • la Croazia

35 Hungary • la Hongrie • Ungarn • Hungría • l'Ungheria

36 Slovakia • la Slovaquie • die Slowakei • Eslovaquia • la Slovacchia

37 Ukraine • l'Ukraine • die Ukraine • Ucrania • l'Ucraina

38 Belarus • la Bélarus • Weißrussland • Belarús • la Bielorussia

39 Moldova • la Moldavie • Moldawien • Moldavia • la Moldavia

40 Romania • la Roumanie • Rumänien • Rumanía • la Romania

41 Serbia • la Serbie • Serbien • Serbia • la Serbia

42 Bosnia and Herzogovina • la Bosnie-Herzégovine • Bosnien und Herzegowina • Bosnia y Herzegovina • la Bosnia ed Erzegovina

43 Albania • l'Albanie • Albanien • Albania • l'Albania

44 Macedonia • la Macédonie • Mazedonien • Macedonia • la Macedonia

45 Bulgaria • la Bulgarie • Bulgarien • Bulgaria • la Bulgaria

46 Greece • la Grèce • Griechenland • Grecia • la Grecia

47 Kosovo • le Kosovo • Kosovo • Kosovo • il Kosovo

48 Montenegro • le Montenegro • Montenegro • Montenegro • Montenegro

49 Iceland • l'Islande • Island • Islandia • l'Islanda

english • français • deutsch • español • italiano

Africa • l'Afrique • Afrika • África • l'Africa

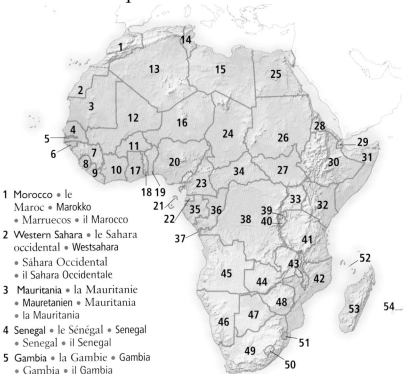

1 **Morocco** • le Maroc • Marokko • Marruecos • il Marocco

2 **Western Sahara** • le Sahara occidental • Westsahara • Sáhara Occidental • il Sahara Occidentale

3 **Mauritania** • la Mauritanie • Mauretanien • Mauritania • la Mauritania

4 **Senegal** • le Sénégal • Senegal • Senegal • il Senegal

5 **Gambia** • la Gambie • Gambia • Gambia • il Gambia

6 **Guinea-Bissau** • la Guinée-Bissau • Guinea-Bissau • Guinea-Bissau • la Guinea-Bissau

7 **Guinea** • la Guinée • Guinea • Guinea • la Guinea

8 **Sierra Leone** • la Sierra Leone • Sierra Leone • Sierra Leona • Sierra Leone

9 **Liberia** • le Libéria • Liberia • Liberia • la Liberia

10 **Ivory Coast** • la Côte d'Ivoire • Elfenbeinküste • Costa de Marfil • la Costa d'Avorio

11 **Burkina Faso** • le Burkina • Burkina Faso • Burquina Faso • il Burkina Faso

12 **Mali** • le Mali • Mali • Malí • il Mali

13 **Algeria** • l'Algérie • Algerien • Argelia • l'Algeria

14 **Tunisia** • la Tunisie • Tunesien • Túnez • la Tunisia

15 **Libya** • la Libye • Libyen • Libia • la Libia

16 **Niger** • le Niger • Niger • Níger • il Niger

17 **Ghana** • le Ghana • Ghana • Ghana • il Ghana

18 **Togo** • le Togo • Togo • Togo • il Togo

19 **Benin** • le Bénin • Benin • Benin • il Benin

20 **Nigeria** • le Nigéria • Nigeria • Nigeria • la Nigeria

21 **São Tomé and Principe** • Sao Tomé-et-Principe • São Tomé und Príncipe • Santo Tomé y Príncipe • São Tomé e Príncipe

22 **Equatorial Guinea** • la Guinée equatoriale • Äquatorialguinea • Guinea Ecuatorial • la Guinea Equatoriale

23 **Cameroon** • le Cameroun • Kamerun • Camerún • il Camerun

24 **Chad** • le Tchad • Tschad • Chad • il Ciad

25 **Egypt** • l'Égypte • Ägypten • Egipto • l'Egitto

26 **Sudan** • le Soudan • der Sudan • Sudán • il Sudan

27 **South Sudan** • le Soudan du Sud • Südsudan • Sudán del Sur • il Sudan del Sud

28 **Eritrea** • l'Érythrée • Eritrea • Eritrea • l'Eritrea

29 **Djibouti** • Djibouti • Dschibuti • Djibouti • Gibuti

30 **Ethiopia** • l'Éthiopie • Äthiopien • Etiopía • l'Etiopia

31 **Somalia** • la Somalie • Somalia • Somalia • la Somalia

32 **Kenya** • le Kenya • Kenia • Kenya • il Kenya

33 **Uganda** • l'Ouganda • Uganda • Uganda • l'Uganda

34 **Central African Republic** • la République centrafricaine • die Zentralafrikanische Republik • República Centroafricana • la Repubblica Centrafricana

35 **Gabon** • le Gabon • Gabun • Gabón • il Gabon

36 **Congo** • le Congo • Kongo • Congo • il Congo

37 **Cabinda (Angola)** • Cabinda • Kabinda • Cabinda • Cabinda

38 **Democratic Republic of the Congo** • la République démocratique du Congo • die Demokratische Republik Kongo • República Democrática del Congo • la Repubblica Democratica del Congo

39 **Rwanda** • le Rwanda • Ruanda • Rwanda • il Ruanda

40 **Burundi** • le Burundi • Burundi • Burundi • il Burundi

41 **Tanzania** • la Tanzanie • Tansania • Tanzania • la Tanzania

42 **Mozambique** • le Mozambique • Mosambik • Mozambique • il Mozambico

43 **Malawi** • le Malawi • Malawi • Malawi • il Malawi

44 **Zambia** • la Zambie • Sambia • Zambia • lo Zambia

45 **Angola** • l'Angola • Angola • Angola • l'Angola

46 **Namibia** • la Namibie • Namibia • Namibia • la Namibia

47 **Botswana** • le Botswana • Botsuana • Botswana • il Botswana

48 **Zimbabwe** • le Zimbabwe • Simbabwe • Zimbabwe • lo Zimbabwe

49 **South Africa** • l'Afrique du Sud • Südafrika • Sudáfrica • il Sud Africa

50 **Lesotho** • le Lesotho • Lesotho • Lesotho • il Lesotho

51 **Swaziland** • le Swaziland • Swasiland • Swazilandia • lo Swaziland

52 **Comoros** • les Comores • die Komoren • Comoros • le Comore

53 **Madagascar** • Madagascar • Madagaskar • Madagascar • il Madagascar

54 **Mauritius** • l'île Maurice • Mauritius • Mauricio • Mauritius

Asia • l'Asie • Asien • Asia • l'Asia

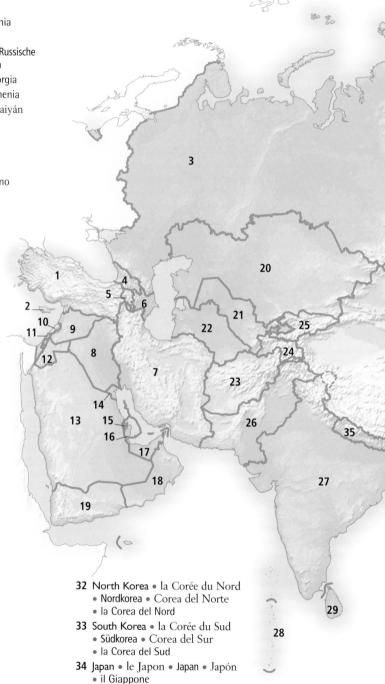

1 Turkey • la Turquie • die Türkei • Turquía • la Turchia

2 Cyprus • Chypre • Zypern • Chipre • Cipro

3 Russian Federation • la Fédération de Russie • die Russische Föderation • Federación Rusa • la Federazione Russa

4 Georgia • la Géorgie • Georgien • Georgia • la Georgia

5 Armenia • l'Arménie • Armenien • Armenia • l'Armenia

6 Azerbaijan • l'Azerbaïdjan • Aserbaidschan • Azerbaiyán • l'Azerbaigian

7 Iran • l'Iran • der Iran • Irán • l'Iran

8 Iraq • l'Irak • der Irak • Iraq • l'Iraq

9 Syria • la Syrie • Syrien • Siria • la Siria

10 Lebanon • le Liban • der Libanon • Líbano • il Libano

11 Israel • Israël • Israel • Israel • l'Israele

12 Jordan • la Jordanie • Jordanien • Jordania • la Giordania

13 Saudi Arabia • l'Arabie Saoudite • Saudi-Arabien • Arabia Saudita • l'Arabia Saudita

14 Kuwait • le Koweït • Kuwait • Kuwait • il Kuwait

15 Bahrein • le Bahreïn • Bahrain • Bahrein • il Bahrain

16 Qatar • le Qatar • Katar • Qatar • il Qatar

17 United Arab Emirates • les Émirats arabes unis • Vereinigte Arabische Emirate • Emiratos Árabes Unidos • gli Emirati Arabi Uniti

18 Oman • l'Oman • Oman • Omán • l'Oman

19 Yemen • le Yémen • der Jemen • Yemen • lo Yemen

20 Kazakhstan • le Kasakhastan • Kasachstan • Kazajstán • il Kazakistan

21 Uzbekistan • l'Ouzbékistan • Usbekistan • Uzbekistán • l'Uzbekistan

22 Turkmenistan • le Turkmenistan • Turkmenistan • Turkmenistán • il Turkmenistan

23 Afghanistan • l'Afghanistan • Afghanistan • Afganistán • l'Afghanistan

24 Tajikistan • le Tadjikistan • Tadschikistan • Tayikistán • il Tagikistan

25 Kyrgyzstan • le Kirghizistan • Kirgisistan • Kirguistán • il Kirghizistan

26 Pakistan • le Pakistan • Pakistan • Pakistán • il Pakistan

27 India • l'Inde • Indien • India • l'India

28 Maldives • les Maldives • die Malediven • Maldivas • le Maldive

29 Sri Lanka • Sri Lanka • Sri Lanka • Sri Lanka • lo Sri Lanka

30 China • la Chine • China • China • la Cina

31 Mongolia • la Mongolie • die Mongolei • Mongolia • la Mongolia

32 North Korea • la Corée du Nord • Nordkorea • Corea del Norte • la Corea del Nord

33 South Korea • la Corée du Sud • Südkorea • Corea del Sur • la Corea del Sud

34 Japan • le Japon • Japan • Japón • il Giappone

35 Nepal • le Népal • Nepal • Nepal • il Nepal

36 Bhutan • le Bhoutan • Bhutan • Bhutan • il Bhutan

37 Bangladesh • le Bangladesh • Bangladecsh • Bangladesh • il Bangladesh

Australasia • l'Australasie • Australien und Ozeanien • Australasia • l'Oceania

1 Australia • l'Australie
• Australien • Australia
• l'Australia

2 Tasmania • la Tasmanie • Tasmanien
• Tasmania • la Tasmania

3 New Zealand • la Nouvelle-Zélande
• Neuseeland • Nueva Zelandia • la Nuova Zelanda

38 Burma (Myanmar) • la Birmanie (le Myanmar) • Birma
(Myanmar) • Birmania (Myanmar) • la Birmania (il Myanmar)

39 Thailand • la Thaïlande • Thailand • Tailandia • la Tailandia

40 Laos • le Laos • Laos • Laos • il Laos

41 Viet Nam • le Vietnam • Vietnam • Viet Nam • il Vietnam

42 Cambodia • le Cambodge • Kambodscha • Camboya • la Cambogia

43 Malaysia • la Malaisie • Malaysia • Malasia • la Malaysia

44 Singapore • Singapour • Singapur • Singapur • Singapore

45 Indonesia • l'Indonésie • Indonesien • Indonesia • l'Indonesia

46 Brunei • le Brunei • Brunei • Brunei • Brunei

47 Philippines • les Philippines • die Philippinen • Filipinas • le Filippine

48 East Timor • le Timor oriental • Ost-Timor • Timor Oriental • Timor Est

49 Papua New Guinea • la Papouasie-Nouvelle-Guinée • Papua-
Neuguinea • Papua Nueva Guinea • la Papua Nuova Guinea

50 Solomon Islands • les îles Saloman • die Salomonen
• Islas Salomón • le Isole Salomone

51 Vanuatu • Vanuatu • Vanuatu • Vanuatu • Vanuatu

52 Fiji • Fidji • Fidschi • Fiji • Figi

particles and antonyms • particules et antonymes • Partikeln und Antonyme • partículas y antónimos • particelle e antonimi

to	from	through	around
à	de	à travers	autour de
zu, nach	von, aus	durch	um
a, hacia	de, desde	a través de	alrededor de
a	da	attraverso	attorno
over	under	on top of	beside
au-dessus de	sous	sur	à côté de
über	unter	auf	neben
encima de	debajo de	encima de	al lado de
sopra	sotto	in cima	accanto
in front of	behind	between	opposite
devant	derrière	entre	en face de
vor	hinter	zwischen	gegenüber
delante de	detrás de	entre	en frente de
davanti	dietro	tra	di fronte
onto	into	near	far
sur	dans	près de	loin de
auf	in	nahe	weit
sobre	dentro de	cerca	lejos
sopra	dentro	vicino	lontano
in	out	with	without
dans	dehors	avec	sans
in	aus	mit	ohne
en	fuera	con	sin
dentro	fuori	con	senza
above	below	before	after
au-dessus de	au-dessous de	avant	après
über	unter	vor	nach
sobre	bajo	antes	después
sopra	sotto	prima	dopo
inside	outside	by	until
à l'intérieur de	à l'extérieur de	avant	jusqu'à
innerhalb	außerhalb	bis	bis
dentro	fuera	antes de	hasta
all'interno	all'esterno	entro	fino
up	down	for	towards
en haut	en bas	pour	vers
hinauf	hinunter	für	zu
arriba	abajo	para	hacia
su	giù	per	verso
at	beyond	along	across
à	au-delà de	le long de	à travers
an, bei	jenseits	entlang	über
en	más allá de	por	al otro lado de
a	oltre	lungo	attraverso

large	**small**	**hot**	**cold**
grand	petit	chaud	froid
groß	klein	heiß	kalt
grande	pequeño	caliente	frío
grande	piccolo	caldo	freddo
wide	**narrow**	**open**	**closed**
large	étroit	ouvert	fermé
breit	schmal	offen	geschlossen
ancho	estrecho	abierto	cerrado
largo	stretto	aperto	chiuso
tall	**short**	**full**	**empty**
grand	court	plein	vide
groß	kurz	voll	leer
alto	bajo	lleno	vacío
alto	basso	pieno	vuoto
high	**low**	**new**	**old**
haut	bas	neuf	vieux
hoch	niedrig	neu	alt
alto	bajo	nuevo	viejo
alto	basso	nuovo	vecchio
thick	**thin**	**light**	**dark**
épais	mince	clair	foncé
dick	dünn	hell	dunkel
grueso	delgado	claro	oscuro
spesso	sottile	chiaro	scuro
light	**heavy**	**easy**	**difficult**
léger	lourd	facile	difficile
leicht	schwer	leicht	schwer
ligero	pesado	fácil	dificil
leggero	pesante	facile	difficile
hard	**soft**	**free**	**occupied**
dur	mou	libre	occupé
hart	weich	frei	besetzt
duro	blando	libre	ocupado
duro	morbido	libero	occupato
wet	**dry**	**beginning**	**end**
humide	sec	le début	la fin
nass	trocken	der Anfang	das Ende
húmedo	seco	el principio	el final
bagnato	asciutto	l'inizio	la fine
good	**bad**	**strong**	**weak**
bon	mauvais	fort	faible
gut	schlecht	stark	schwach
bueno	malo	fuerte	débil
buono	cattivo	forte	debole
fast	**slow**	**fat**	**thin**
rapide	lent	gros	mince
schnell	langsam	dick	dünn
rápido	lento	gordo	delgado
veloce	lento	grasso	magro

useful phrases • phrases utiles • praktische Redewendungen • frases útiles • frasi utili

essential phrases
• phrases essentielles
• wesentliche Redewendungen
• frases esenciales
• frasi essenziali

Yes
Oui
Ja
Sí
Sì

No
Non
Nein
No
No

Maybe
Peut-être
Vielleicht
Quizá
Forse

Please
S'il vous plaît
Bitte
Por favor
Per favore

Thank you
Merci
Danke
Gracias
Grazie

You're welcome
De rien
Bitte sehr
De nada
Prego

Excuse me
Pardon
Entschuldigung
Perdone
Permesso

I'm sorry
Je suis désolé
Es tut mir Leid
Lo siento
Mi dispiace

Don't
Ne... pas
Nicht
No
No

OK
D'accord
Okay
Vale
D'accordo

That's fine
Très bien
In Ordnung
Así vale
Vabbene

That's correct
C'est juste
Das ist richtig
Está bien
È giusto

That's wrong
C'est faux
Das ist falsch
Está mal
È sbagliato

greetings • salutations
• Begrüßungen
• saludos • saluti

Hello
Bonjour
Guten Tag
Hola
Buongiorno

Goodbye
Au revoir
Auf Wiedersehen
Adiós
Arrivederci

Good morning
Bonjour
Guten Morgen
Buenos días
Buongiorno

Good afternoon
Bonjour
Guten Tag
Buenas tardes
Buon pomeriggio

Good evening
Bonsoir
Guten Abend
Buenas tardes
Buona sera

Good night
Bonne nuit
Gute Nacht
Buenas noches
Buona notte

How are you?
Comment allez-vous?
Wie geht es Ihnen?
¿Cómo está?
Come sta?

My name is...
Je m'appelle...
Ich heiße...
Me llamo...
Mi chiamo...

What is your name?
Vous vous appelez comment?
Wie heißen Sie?
¿Cómo se llama?
Come si chiama?

Whis is his/her name?
Il/Elle s'appelle comment?
Wie heißt er/sie?
¿Cómo se llama?
Come si chiama lui/lei?

May I introduce...
Je vous présente...
Darf ich... vorstellen
Le presento a...
Le posso presentare...

This is...
C'est...
Das ist...
Este es...
Le presento...

Pleased to meet you
Enchanté
Angenehm
Encantado de conocerle
Piacere di conoscerla

See you later
À tout à l'heure
Bis später
Hasta luego
A più tardi

signs • panneaux
• Schilder • letreros
• insegne

Tourist information
Office de tourisme
Touristen-Information
Información
Ufficio informazioni turistiche

Entrance
Entrée
Eingang
Entrada
Entrata

Exit
Sortie
Ausgang
Salida
Uscita

Emergency exit
Sortie de secours
Notausgang
Salida de emergencia
Uscita di emergenza

Push
Poussez
Drücken
Empuje
Spingere

Danger
Danger
Lebensgefahr
Peligro
Pericolo

No smoking
Défense de fumer
Rauchen verboten
Prohibido fumar
Vietato fumare

Out of order
En panne
Außer Betrieb
Fuera de servicio
Guasto

Opening times
Heures d'ouverture
Öffnungszeiten
Horario de apertura
Orario di apertura

Free admission
Entrée gratuite
Eintritt frei
Entrada libre
Ingresso libero

Knock before entering
Frappez avant d'entrer
Bitte anklopfen
Llame antes de entrar
Bussare prima di entrare

Keep off the grass
Défense de marcher sur la
    pelouse
Betreten des Rasens verboten
Prohibido pisar el césped
Non calpestare l'erba

help • assistance • Hilfe
    • ayuda • aiuto

Can you help me?
Pouvez-vous m'aider?
Können Sie mir helfen?
¿Me puede ayudar?
Mi può aiutare?

I don't understand
Je ne comprends pas
Ich verstehe nicht
No entiendo
Non capisco

I don't know
Je ne sais pas
Ich weiß nicht
No lo sé
Non lo so

Do you speak English,
    French…?
Vous parlez anglais,
    français…?
Sprechen Sie Englisch,
    Französisch…?
¿Habla inglés, francés…?
Parla inglese, francese…?

I speak English, Spanish…
Je parle anglais, espagnol…
Ich spreche Englisch, Spanisch…
Hablo inglés, español…
Parlo inglese, spagnolo…

Please speak more slowly
Parlez moins vite, s'il vous
    plaît
Sprechen Sie bitte langsamer
Hable más despacio, por
    favor
Parli più lentamente

Please write it down for me
Écrivez-le pour moi, s'il
    vous plaît
Schreiben Sie es bitte für mich auf
¿Me lo puede escribir?
Me lo scriva, per favore

I have lost…
J'ai perdu…
Ich habe… verloren
He perdido…
Ho perso…

directions • directions
    • Richtungsangaben
    • indicaciones
    • indicazioni

I am lost
Je me suis perdu
Ich habe mich verlaufen
Me he perdido
Mi sono perso/a

Where is the…?
Où est le/la…?
Wo ist der/die/das…?
¿Dónde está el/la…?
Dov'è il/la…?

Where is the nearest…?
Où est le/la…le/la plus proche?
Wo ist der/die/das nächste…?
¿Dónde está el/la… más
    cercano/a?
Dov'è il/la … più vicino/a?

Where are the toilets?
Où sont les toilettes?
Wo sind die Toiletten?
¿Dónde están los servicios?
Dov'è il bagno?

How do I get to…?
Pour aller à…?
Wie komme ich nach…?
¿Cómo voy a…?
Come si arriva a…?

To the right
À droite
Nach rechts
A la derecha
A destra

To the left
À gauche
Nach links
A la izquierda
A sinistra

Straight ahead
Tout droit
Geradeaus
Todo recto
Sempre dritto

How far is…?
C'est loin…?
Wie weit ist…?
¿A qué distancia está…?
Quant'è lontano…?

accommodation
    • logement • Unterkunft
    • alojamiento
    • alloggio

I have a reservation
J'ai réservé une chambre
Ich habe ein Zimmer reserviert
Tengo una reserva
Ho una prenotazione

What time is breakfast?
Le petit déjeuner est à quelle
    heure?
Wann gibt es Frühstück?
¿A qué hora es el desayuno?
A che ora è la colazione?

Where is the dining room?
Où est la salle à manger?
Wo ist der Speisesaal?
¿Dónde está el comedor?
Dov'è la sala da pranzo?

eating and drinking
    • nourriture et boissons
    • Essen und Trinken
    • comida y bebida
    • cibo e bevande

Cheers!
À la vôtre!
Zum Wohl!
¡Salud!
Salute!

It's delicious/awful
C'est délicieux/terrible
Es ist köstlich/scheußlich
Está buenísimo/malísimo
È buonissimo/disgustoso

I don't drink/smoke
Je ne bois/fume pas
Ich trinke/rauche nicht
Yo no bebo/fumo
Non bevo/fumo

I don't eat meat
Je ne mange pas de la viande
Ich esse kein Fleisch
Yo no como carne
Non mangio la carne

No more for me, thank you
Je n'en veux plus, merci
Nichts mehr, danke
Ya no más, gracias
Per me basta, grazie

May I have some more?
Encore un peu, s'il vous plaît.
Könnte ich noch etwas mehr
    haben?
¿Puedo repetir?
Posso prenderne ancora?

May we have the bill?
L'addition, s'il vous plaît.
Wir möchten bitte zahlen.
¿Me trae la cuenta?
Il conto, per favore.

Can I have a receipt?
Je voudrais un reçu.
Ich hätte gerne eine Quittung.
¿Me da un recibo?
Mi dà una ricevuta?

No-smoking area
Partie non-fumeurs
Nichtraucherbereich
Zona de no fumadores
Area riservata i non fumatori

English index • index anglais • englisches Register • índice inglés • indice inglese

english

english

english

english

english

english

english

english

english

english

english

english

english

village 299
vine 183
vinegar 135, 142
vineyard 183
vintage 199
viola 256
violin 256
virus 44
visa 213
vision 51
visiting hours 48
visor 205
vitamins 108
v-neck 33
vocal cords 19
vodka 145
vodka and orange 151
voice message 99
volcano 283
volley 231
volleyball 227
voltage 60
volume 165, 179, 269, 311
vomit v 44

W

waders 244
waffles 157
waist 12
waistband 35
waistcoat 33
waiter 148, 152
waiting room 45
waitress 191
wake up v 71
walk 243
walking boot 37
walking boots 267
walkway 212
wall 58, 186, 222
wall light 62
wallet 37
wallpaper 82, 177
wallpaper v 82
wallpaper brush 82
wallpaper paste 82
walnut 129
walnut oil 134
walrus 290
ward 48
wardrobe 70
warehouse 216
warm 286
warm up v 251
warrant 180
wash v 38, 77

washbasin 72
washer 80
washer-dryer 76
washing machine 76
wasp 295
waste disposal 61, 266
waste disposal unit 61
waste pipe 61
wastebasket 172
watch 36
watch television v 269
water 144, 238
water v 90, 183
water bottle 206, 267
water chamber 61
water chestnut 124
water closet 61
water garden 84
water hazard 232
water jet 95
water plant 86
water polo 239
watercolour paints 274
watercress 123
waterfall 285
watering 89
watering can 89
watermelon 127
waterproofs 245, 267
waterskier 241
waterskiing 241
watersports 241
wave 241, 264
wavelength 179
wax 41
weak 321
weather 286
weaving 277
website 177
wedding 26. 35
wedding cake 141
wedding dress 35
wedding reception 26
wedge 37, 233
Wednesday 306
weed v 91
weed killer 91
weeds 86
week 306
weekend 306
weekly 307
weigh v 310
weight 166, 244
weight bar 251
weight belt 239
weight training 251

wellington boots 31
west 312
western 255
Western sahara 317
wet 286, 321
wet wipe 75, 108
wetsuit 239
whale 290
wheat 130, 184
wheel 198, 207
wheel nuts 203
wheelbarrow 88
wheelchair 48
wheelchair access 197
whiplash 46
whipped cream 137
whisk 68
whisk v 67
whiskers 290
whisky 145
white 39, 145, 272, 274
white bread 139
white chocolate 113
white coffee 148
white currant 127
white flour 138
white meat 118
white rice 130
white spirit 83
whiting 120
whole 129, 132
whole milk 136
wholegrain 131
wholegrain mustard 135
wholemeal bread 139
wholemeal flour 138
Wi-Fi 269
wicket 225
wicket-keeper 225
wide 321
width 165
wife 22
wig 39
wild rice 130
willow 296
win v 273
wind 241, 286
windbreak 265
windlass 214
window 58, 96, 98, 177, 186,
    197, 209, 210
windpipe 18
windscreen 198
windscreen wiper 198
windshield 205
windsurfer 241

windsurfing 241
windy 286
wine 145, 151
wine glass 65
wine list 152
wine vinegar 135
wing 119, 210, 293
wing mirror 198
wings 254
winner 273
winter 31, 307
winter sports 247
wipe v 77
wire 79
wire cutter 80
wire strippers 81
wire wool 81
wires 60
with 320
withdrawal slip 96
without 320
witness 180
wok 69
wolf 290
woman 23
womb 52
women's clothing 34
women's wear 105
wood 79, 233, 275, 285
wood glue 78
wood shavings 78
wooden spoon 68
woodpecker 292
woodstain 79
woodwind 257
woodworking 275
wool 277
work 172
work day 306
workbench 78
workshop 78
worktop 66
world map 312
worm 295
worried 25
wound 46
wrap 155
wrapping 111
wreath 111
wrench 81, 203
wrestling 236
wrinkle 15
wrist 13, 15
wristband 230
writ 180
write v 162

X

x-ray 48
x-ray film 50
x-ray machine 212
x-ray viewer 45

Y

yacht 215
yam 125
yard 310
yatch 240
yawn v 25
year 163, 306
yeast 138
yellow 274
yellow card 223
Yemen 318
yes 322
yesterday 306
yoga 54
yoghurt 137
yolk 137, 157
you're welcome 322
Yugoslavia 316

Z

Zambia 317
zebra 291
zero 308
zest 126
Zimbabwe 317
zinc 289
zip 277
zone 315
zones 283
zoo 262
zoology 169
zoom lens 270

French index • index français • französisches Register • índice francés • indice francese

français

français

français

français

français

français

english • **français** • deutsch • español • italiano

français

français

français

français

français

German index • index allemand • deutsches Register • índice alemán • indice tedesco

deutsch

deutsch

deutsch

Enkel m 22
Enkelin f 22
Enkelkinder n 23
Entbindung f 52
Entbindungsstation f 48, 49
Ente f 119, 185
Entenei n 137
Entenküken n 185
Entfernung f 310
entgrätet 121
Enthaarung f 41
enthäutet 121
Entisolierzange f 81
entlang 320
entlassen 48
entschuppt 121
Entspannung f 55
Entwässerung f 91
entwickeln 271
Entzündungshemmer m 109
Epilepsie f 44
Erbsen f 131
Erdbeben n 283
Erdbeere f 127
Erdbeermilchshake m 149
Erde f 85, 280, 282
Erdgeschoss n 104
Erdkruste f 282
Erdkunde f 162
Erdnuss f 129
Erdnussbutter f 135
Erdnüsse f 151
Erdnussöl n 135
Erdung f 60
Erdzonen f 283
Ereignisse des Lebens n 26
Erfrischungstuch n 75
Ergänzung f 55
Ergebnis n 49
erhalten 177
Eritrea 317
Erkältung f 44
Erkennungsetikett n 53
Ermittlung f 94
ernten 91, 183
Ersatzrad n 203
Ersatzspieler m 223
erschrocken 25
erste Etage f 104
erste Hilfe f 47
Erste-Hilfe-Kasten m 47
erste Rang m 254
erster 309
ersticken 47
ertrinken 239
eruptiv 288
Erwachsene m 23
Erweiterung f 52
Esel m 185
Espresso m 148
Essen n 64, 75, 149
essen 64
Essig m 135, 142
Esskastanie f 129
Essteller m 65
Esszimmer n 64
Estland 316
Estragon m 133
Eukalyptus m 296
Eule f 292
Europa 316
Examensarbeit f 169
Exosphäre f 286
Externe Festplatte f 176
Extraktion f 50
Eyeliner m 40

F

Fabrik f 299
Fach n 100
Facharzt m 49
Fachbereich m 169
Fächerordner m 173
Fachhochschulen f 169
Fadenleiter m 276
Fagott n 257
Fahne f 221
fahrbare Liege f 48
Fähre f 215, 216
fahren 195
Fahrer m 196
Fahrerkabine f 95
Fahrersitz m 196
Fahrkarte f 209
Fahrkartenschalter m 209, 216
Fahrplan m 197, 209, 261
Fahrpreis m 197, 209
Fahrrad n 206
Fahrradhelm m 206
Fahrradkette f 206
Fahrradlampe f 207
Fahrradschloss n 207
Fahrradständer m 207
Fahrradweg m 206
Fahrschein m 197
Fahrstuhl m 59, 100, 104
Fährterminal m 216
Fairway n 232
Falke m 292
Falklandinseln 315
Fallen n 237
Fallschirm m 248
Fallschirmspringen n 248
Faltbett n 266
Falte f 15
Familie f 22
fangen 220, 225, 227, 229, 245
Fänger m 229
Fans m 258
Farbe f 83, 273
Farben f 274
Farbton m 41
Farbtopf m 83
Farn m 86
Fasan m 119, 293
Faser f 127
Fassungsvermögen n 311
faul 127
Faust f 15, 237
Fax n 98
Faxgerät n 172
Februar m 306
Fechten n 249
Feder f 163, 293
Federball n 231
Federhalter m 172
Federmäppchen n 163
Federwaage f 166
fegen 77
Fehler m 230
Fehlgeburt f 52
Feier f 140
Feige f 129
Feijoa f 128
Feile f 81
feine Nebel m 287
Feinkost f 107, 142
Feld n 182, 234, 272
Feldausline f 221
Feldfrucht f 183
Feldfrüchte f 184
Felge f 206
Felgenbremse f 206

Felsen m 284
Fenchel m 122, 133
Fenchelsamen m 133
Feng Shui m 55
Fenster n 58, 177, 186, 197, 210
Fensterladen m 58
Ferkel n 185
Fernbedienung f 269
Fernglas n 281
fernsehen 269
Fernseher m 268
Fernsehserie f 178, 179
Fernsehstudio n 178
Fernsehtelefon n 99
Ferse f 13, 15
Fertiggerichte n 107
Fertigkeiten f 79
Fesseln n 237
fest 124
Feste n 27
feste Honig m 134
festlichen Kuchen m 141
festmachen 217
Festnahme f 94
Feststation f 99
Fett n 119
fettarme Sahne f 137
fettfrei 137
fettig 39, 41
Fettpflanze f 87
Fetus m 52
feucht 286
Feuchtigkeitscreme f 41
Feueranzünder m 266
feuerfest 69
Feuerlöscher m 95
Feuermelder m 95
Feuerstein m 288
Feuertreppe f 95
Feuerwache f 95
Feuerwehr f 95
Feuerwehrleute 95
Feuerwehrmann m 189
Feuerzeug n 112
Fidschi 319
Fieber n 44
Figur f 86
Filet n 119, 121
filetiert 121
Filialleiter m 96
Film m 260, 271
Filmfach n 270
Filmspule f 271
Filter m 270
Filterkaffee m 148
Filterpapier n 167
Finanzberaterin f 97
Fingerabdruck m 94
Fingerhut m 276, 297
Fingernagel m 15
Finnland 316
Finsternis f 280
Firma f 175
Fisch m 107, 120
Fische m 294
Fischer m 189
Fischerboot n 217
Fischereihafen m 217
Fischfangarten f 245
Fischgeschäft n 114, 120
Fischhändlerin f 188
Fischkorb m 245
Fischzucht f 183
Fitness f 250
Fitnesscenter n 250
Fitnessgerät n 250

Fitnessraum m 101
Flachbildfernseher m 269
Fläche f 165, 310
flache Ende n 239
Flachholzbohrer m 80
Flachrennen n 243
Flachs m 184
Flachzange f 80
Fladenbrot n 139
Flagge f 232
Flamingo m 292
Flasche f 61, 135, 311
Flaschenöffner m 68, 150
Flaschenwasser n 144
Flauschdecke f 74
Fledermaus f 290
Fleisch n 119, 124
Fleisch und das Geflügel n 106
Fleischerhaken m 118
Fleischklopfer m 68
Fleischklöße m 158
Fleischsorten f 119
Flicken m 207
Fliege f 36, 244, 295
fliegen 211
Fliegenangeln n 245
Fließhecklimousine f 199
Flipchart n 174
Florentiner m 141
Florett n 249
Floristin f 188
Flosse f 290
Flöte f 139
Flugbegleiterin f 190, 210
Flügel m 60, 119, 293
Fluggastbrücke f 212
Flughafen m 212
Fluginformationsanzeige f 213
Flugnummer f 213
Flugticket n 213
Flugverbindung f 212
Flugzeug n 210
Flugzeugträger m 215
Fluss m 284
flüssige Honig m 134
Flüssigkeit f 77
Flüssigkeitsmaß n 311
Flussmündung f 285
Fock f 240
Fohlen n 185
Föhn m 38
föhnen 38
Folk m 259
Follikel m 20
Football n 220
Footballspieler m 220
Forelle f 120
formell 34
Formen f 164
Formschnitt m 87
Forschung f 169
Fortpflanzung f 20
Fortpflanzungsorgane n 20
Fortpflanzungssystem n 19
Foto n 271
Fotoalbum n 271
Fotoapparattypen m 270
Fotofinish n 234
Fotogeschäft n 115
Fotograf m 191
Fotografie f 270
fotografieren 271
Fotorahmen m 271
Foul n 222, 226
Foullinie f 229
Foyer n 255

Fracht f 216
Frachtraum m 215
Frachtschiff n 215
Frage f 163
fragen 163
Fraktur f 46
Frankreich 316
französische Senf m 135
französischen Bohnen f 131
Französisch-Guyana 315
Frau f 12, 23
Fräulein n 23
Freesie f 110
frei 321
freigesprochen 181
Freistoß m 222
Freitag m 306
Freiwurflinie f 226
Freizeit f 254, 258, 264
Freizeitkleidung f 33
Fremdenführerin f 260
Frequenz f 179
Freund m 24
Freundin f 24
Fries m 301
frisch 121, 127, 130
frische Fleisch n 142
Frischkäse m 136
Friseur m 188
Friseurin f 38
Frisierartikel m 38
Frisiersalon m 115
Frisiertisch m 71
Frisierumhang m 38
Frisuren f 39
frittiert 159
Frosch m 294
Frost n 287
Frostschutzmittel n 199, 203
Früchtejoghurt m 157
Fruchtfleisch n 127, 129
Fruchtgummi m 113
Fruchtmark n 127
Fruchtwasser n 52
früh 305
Frühkohl m 123
Frühling m 307
Frühlingszwiebel f 125
Frühstück n 64, 156
Frühstücksbuffet n 156
Frühstücksspeck m 157
Frühstückstablett n 101
Frühstückstisch m 156
Fuchs m 290
Fuchsschwanz m 80
Fugenkitt m 83
Fühler m 295
Führerstand m 208
Führung f 260
füllen 76
Füller m 163
Füllung f 140, 155
fünf 308
Fünfeck n 164
fünfhundert 308
fünfter 309
fünfundfünfzigtausend-
    fünfhundert 309
fünfzehn 308
fünfzehnter 309
fünfzig 308
fünfzigster 309
fünfzigtausend 309
Funkantenne f 214
für 320
Furche f 183

deutsch

deutsch

deutsch

deutsch

deutsch

deutsch

deutsch

schnitzen 79
Schnorchel *m* 239
Schnur *f* 244
schnurlose Telefon *n* 99
Schnurrhaare *m* 290
Schnürschuh *m* 37
Schnürsenkel *m* 37
Schock *m* 47
schockiert 25
Schokolade *f* 156
Schokoladenaufstrich *m* 135
Schokoladenmilchshake *m* 149
Schokoladentorte *f* 140
Schönheit *f* 40
Schönheitsbehandlungen *f* 41
Schönheitspflege *f* 105
Schöpflöffel *m* 68
Schornstein *m* 58, 214
Schot *f* 241
Schote *f* 122
Schraube *f* 80
Schraubenschlüssel *m* 80
Schraubenzieher *m* 80
Schraubenziehereinsätze *m* 80
Schraubstock *m* 78
schreiben 162
Schreibtisch *m* 172
Schreibwaren *f* 105
schreien 25
Schreiner *m* 188
Schriftart *f* 177
Schritt *m* 243
schrubben 77
Schubkarren *m* 88
Schublade *f* 66, 70, 172
schüchtern 25
Schuh *m* 233
Schuh mit hohem Absatz *m* 37
Schuhabteilung *f* 104
Schuhe *m* 34, 37
Schuhgeschäft *n* 114
Schulbuch *n* 163
Schulbus *m* 196
schuldig 181
Schule *f* 162, 299
Schüler *m* 162
Schuljunge *m* 162
Schulleiter *m* 163
Schulmädchen *n* 162
Schultasche *f* 162
Schulter *f* 13
Schulterblatt *n* 17
Schulterpolster *n* 35
Schulterriemen *m* 37
Schuppe *f* 121, 294
Schuppen *f* 39, 293
Schuppen *m* 84
Schürze *f* 30, 69
Schuss *m* 151
Schüssel *f* 65
Schutz *m* 88
Schutzanstrich *m* 83
Schutzblech *n* 205
Schutzbrille *f* 81, 167
Schutzhelm *m* 95, 186, 224
Schutzkappe *f* 270
Schutzmaske *f* 228
schwach 321
Schwager *m* 23
Schwägerin *f* 23
Schwalbe *f* 292
Schwamm *m* 73, 74, 83
Schwan *m* 293
schwanger 52
Schwangerschaft *f* 52
Schwangerschaftstest *m* 52

Schwanz *m* 121, 242, 290, 294
Schwänzchen *n* 39
Schwarte *f* 119
schwarz 39, 272, 274
schwarze Gürtel *m* 237
schwarze Johannisbeere *f* 127
schwarze Kaffee *m* 148
schwarze Loch *n* 280
Schwarze Meer *m* 313
schwarze Olive *f* 143
schwarze Tee *m* 149
Schwebebalken *m* 235
Schwebedeck *n* 240
Schweden 316
Schwefel *m* 289
Schweif *m* 280
Schweißsäge *f* 81
Schwein *n* 185
Schweinefarm *f* 183
Schweinefleisch *n* 118
Schweinestall *m* 185
Schweißband *n* 230
Schweiz *f* 316
schwer 321
Schwerkraft *f* 280
Schwert *n* 241
Schwertfisch *m* 120, 294
Schwester *f* 22
Schwiegermutter *f* 23
Schwiegersohn *m* 22
Schwiegertochter *f* 22
Schwiegervater *m* 23
Schwimmbad *n* 101
Schwimmbecken *n* 238, 250
Schwimmbrille *f* 238
schwimmen 238
Schwimmer *m* 61, 238
Schwimmfloß *n* 238
Schwimmflosse *f* 239
Schwimmflügel *m* 238
Schwimmreifen *m* 265
Schwimmsport *m* 238
Schwimmstile *m* 239
Schwimmweste *f* 240
schwingen 232
Science-Fiction-Film *m* 255
Scotch mit Wasser *m* 151
Scrabble *n* 272
Scrollbalken *m* 177
sechs 308
Sechseck *n* 164
sechshundert 308
sechster 309
sechzehn 308
sechzehnter 309
sechzig 308
sechzigster 309
sedimentär 288
See *m* 285
Seebarsch *m* 120
Seebrassen *m* 120
Seefischerei *f* 245
Seelöwe *m* 290
Seemann *m* 189
Seepferd *n* 294
Seepolyp *m* 121, 295
Seestern *m* 295
Seezunge *f* 120
Segel *n* 241
Segelboot *n* 215
Segelfliegen *n* 248
Segelflugzeug *n* 211, 248
Segeljacht *f* 240
Segelsport *m* 240
Sehenswürdigkeiten *f* 261
Sehkraft *f* 51
Sehne *f* 17

Sehnenband *n* 17
Sehnerv *m* 51
Sehtest *m* 51
Seide *f* 277
Seife *f* 73
Seifenoper *f* 178
Seifenschale *f* 73
Seil *n* 248
Seilspringen *n* 251
sein Testament machen 26
Seite *f* 164
Seitendeck *n* 240
Seitenleitwerk *n* 210
Seitenlinie *f* 220, 221, 226, 230
Seitenpferd *n* 235
Seitenruder *n* 210
Seitenspiegel *m* 198
Seitenstraße *f* 299
Seitenstreifen *m* 194
Seitfußstoß *m* 237
Sekretariat *n* 168
Sekunde *f* 304
Sekundenzeiger *m*
Selbstbräunungscreme *f* 41
selbstsicher 25
Selbstverteidigung *f* 237
Sellerie *m* 124
senden 177, 178
Sendung *f* 179
Senegal 317
Senf *m* 155
Senfkorn *n* 131
Senkblei *n* 82
senkrecht 165
Sepie *f* 121
September *m* 306
Server *m* 176
Serviceprovider *m* 177
servieren 64
Servierlöffel *m* 68
Serviette *f* 65
Serviettenring *m* 65
Sesamkorn *n* 131
Sesamöl *n* 134
Sessel *m* 63
Sessellift *m* 246
Set *n* 64, 179
Setzkasten *m* 89
Setzkescher *m* 244
seufzen 25
Shampoo *n* 38
Sherry *m* 145
Shiatsu *n* 54
Shorts 30, 33
Sibirien 313
sich aufwärmen 251
sich befreunden 26
sich übergeben 44
sich verlieben 26
Sicherheit *f* 75, 240
Sicherheitsbohrer *m* 80
Sicherheitsgurt *m* 198, 211
Sicherheitsnadel *f* 47
Sicherheitssperre *f* 246
Sicherheitsventil *n* 61
Sicherheitsvorkehrungen *f* 212
sichern 177
Sicherung *f* 60
Sicherungskasten *m* 60, 203
Sieb *n* 68, 89
sieben 91, 138, 308
siebenhundert 308
siebter 309
siebzehn 308
siebzehnter 309
siebzig 308

siebzigster 309
Siegerpodium *n* 235
Sierra Leone 317
Signal *n* 209
Silber *n* 235, 289
Silo *m* 183
Simbabwe 317
Singapur 319
Sinus *m* 19
Sirene *f* 94
Sitz *m* 204, 209, 210, 242
Sitzfläche *f* 64
Sitzung *f* 174
Sitzungsraum *m* 174
Sizilien 316
Skalpell *n* 81, 167
Skateboard *n* 249
Skateboardfahren *n* 249, 263
Skelett *n* 17
Ski *m* 246
Skibrille *f* 247
Skihang *m* 246
Skijacke *f* 246
Skiläuferin *f* 246
Skipiste *f* 246
Skisport *m* 246
Skisprung *m* 247
Skistiefel *m* 246
Skistock *m* 246
Skizze *f* 275
Skizzenblock *m* 275
Skorpion *m* 295
Slalom *m* 247
Slice *m* 230
Slip *m* 33, 35
Slipeinlage *f* 108
Slipper *m* 37
Slowakei 316
Slowenien 316
Smaragd *m* 288
Smartphone *n* 99, 176
SMS *f* 99
Snackbar *f* 148
Snooker *n* 249
Snowboarding *n* 247
Socken *m* 33
Sodabrot *n* 139
Sodawasser *n* 144
Sofa *n* 62
Sofakissen *n* 62
Software *f* 176
Sohle *f* 37
Sohn *m* 22
Sojabohnen *f* 131
Sojasprosse *f* 122
Soldat *m* 189
Somalia 317
Sommer *m* 31, 307
Sommersprosse *f* 15
Sonate *f* 256
Sonde *f* 50
Sonne *f* 280
Sonnenaufgang *m* 305
sonnenbaden 264
Sonnenbank *f* 41
Sonnenblock *m* 108, 265
Sonnenblume *f* 184, 297
Sonnenblumenkern *m* 131
Sonnenblumenöl *n* 134
Sonnenbrand *m* 46
Sonnenbräune *f* 41
Sonnenbrille *f* 51, 265
Sonnenhut *m* 30, 265
Sonnenmilch *f* 265
Sonnenschein *m* 286
Sonnenschirm *m* 264

Sonnenschutzcreme *f* 108
Sonnensystem *n* 280
Sonnenuhr *f* 262
Sonnenuntergang *m* 305
sonnig 286
Sonntag *m* 306
Sorbett *n* 141
Soße *f* 134, 143, 155
Soufflé *n* 158
Soufflêform *f* 69
Soziussitz *m* 204
Spachtel *n* 68, 82
Spachtelmasse *f* 83
spachteln 82
Spalier *n* 84
Spanholz *n* 79
Spanien 316
Spann *m* 15
Spannung *f* 60
Spareinlagen *f* 96
Spargel *m* 124
Sparkonto *n* 97
Sparren *m* 237
spät 305
Spatel *m* 167
Spaten *m* 88, 265
später 304
Spatz *m* 292
Specht *m* 292
Speck *m* 118
Speckscheibe *f* 119
Speerfischen *n* 245
Speerwerfen *n* 234
Speibecken *n* 50
Speiche *f* 17, 207
Speicher *m* 176
Speisekarte *f* 148, 153, 154
Speiseröhre *f* 19
Speisewagen *m* 209
Spermium *n* 20
Sperrholz *n* 79
Spezialitäten *f* 152
Spiegel *m* 40, 71, 167
Spiegelei *n* 157
Spiel *n* 230, 273
Spielanzug *m* 30
Spielbahn *f* 225, 233
Spiele *n* 272
spielen 229, 273
Spielen *n* 75
Spieler *m* 273
Spielerbank *f* 229
Spielergebnis *n* 273
Spielernummer *f* 226
Spielfeld *n* 220, 221, 226, 228
Spielfeldgrenze *f* 225
Spielfilm *m* 269
Spielhaus *n* 75
Spielmarke *f* 272
Spielplatz *m* 263
Spielshow *f* 178
Spielstand *m* 220
Spielwaren *f* 105
Spielzeug *n* 75
Spielzeugkorb *m* 75
Spieß *m* 68
Spikes *m* 233
Spin *m* 230
Spinat *m* 123
Spinne *f* 295
Spinnerkasten *m* 244
Spion *m* 59
Spirale *f* 21
Spitze *f* 35, 37, 122, 165, 246
Spitzenklöppelei *f* 277
Spitzer *m* 163

Spitzhacke f 187
Splitter m 46
Sport m 162, 220, 236
Sportangeln n 245
Sportartikel m 105
Sportjackett n 33
Sportkabriolett n 198
Sportler m 191
Sportplatz m 168
Sportschuh m 37
Sportschuhe m 31
Sportwagen m 75
Sprachen f 162
Sprachmitteilung f 99
Spray m 109
Sprechanlage f 59
Sprecher m 174
Sprechzimmer n 45
Springbrunnen m 85
springen 227
springen lassen 227
Springer m 238, 272
Springreiten n 243
Sprinter m 234
Spritzbeutel m 69
Spritze 48, 109, 167, 311
Spritzschutz m 66
Sprühdose f 311
sprühen 91
Sprung m 235, 237, 239, 243
Sprungbrett n 235, 238
Sprungfeder f 71
Spülbecken n 66
Spule f 276
Spüle f 61
spülen 76, 77
Spuler m 276
Spülkasten m 61
Spülmaschine f 66
Squash n 231
Sri Lanka 318
Staat m 315
Staatsanwaltschaft f 180
Stab m 225, 235
Stabhochsprung m 234
Stachel m 295
Stachelbeere f 127
Stadien n 23
Stadion n 223
Stadt f 298, 299
Stadtplan m 261
Stadtrundfahrtbus m 260
Staffelei f 274
Staffellauf m 235
Stahlwolle f 81
Stake f 245
Stall m 185
Stallbursche m 243
Stamm m 296
Stammaktie f 97
Ständer m 88, 268
Stange f 90, 207, 250
Stangen f 133
Stangenbohne f 122
Stangensellerie m 122
stark 321
Start- und Landebahn f 212
Startblock m 234, 238
starten 211
Startlinie f 234
Startsprung m 239
Stativ n 166, 270, 281
Staub wischen 77
Staubgefäß n 297
Staubsauger m 77, 188
Staubtuch n 77

Staudamm m 300
Staudenrabatte f 85
stechen 90
Stechmücke f 295
Stechpalme f 296
Steckdose f 60
Stecker m 60
Stecknadel f 276
Steckschlüssel m 80
Steg m 258
Steigbügel m 242
Stein m 272, 275
Steingarten m 84
Steinobst n 126
Steiß- 52
Steißbein n 17
Stempel m 173
Stempelkissen n 173
Stengel m 111, 297
Steppdecke f 71
sterben 26
stereo 269
steril 20, 47
Stern m 280
Sternanis m 133
Sternbild n 281
Sternfrucht f 128
Sternhyazinthen f 297
Stethoskop n 45
Steuer f 96
Steuerhebel m 269
Steuerrakete f 281
Steuerung f 204
Stich m 46, 277
Stichplatte f 276
Stichsäge f 78
Stichwähler m 276
Stickerei f 277
Stickrahmen m 277
Stiefel m 37, 220
Stiefmutter f 23
Stiefsohn m 23
Stieftochter f 23
Stiefvater m 23
Stiel m 112, 187, 297
Stier m 185
Stillbüstenhalter m 53
stillen 53
Stillen n 53
Stimmbänder n 19
Stipendium n 169
Stirn f 14
Stirnmuskel m 16
Stirnriemen m 242
Stirnrunzeln n 25
Stock m 58, 91
Stoff m 276, 277
Stoffdrücker m 276
Stoffwindel f 30
stolz 25
Stop n 269
stopfen 277
Stoppball m 230
Stoppuhr f 234
Stöpsel m 72, 166
Storch m 292
Stoß m 237, 239
Stößel m 68
Stoßstange f 198
Stoßzahn m 291
Stoßzeit f 209
Stout m 145
Strafmaß n 181
Strafraum m 223
Strafregister n 181
Straftäter m 181

Strähnen f 39
Strampelanzug m 30
Strand m 264
Strandhäuschen n 264
Strandsandale f 37
Strandpalme f 296
Strandtasche f 264
Strandtuch n 265
Strang m 277
Straße f 298
Straßen f 194
Straßenanzug m 32
Straßenarbeiten f 187
Straßenbahn f 196, 208
Straßenbaustelle f 195
Straßencafé n 148
Straßenecke f 298
Straßenlaterne f 298
Straßenmarkierungen f 194
Straßenrad n 206
Straßenschild n 298
Stratosphäre f 286
Strauß m 111, 292
Streaming n 269
Strebepfeiler m 301
Strecken n 251
Streichbürste f 83
Stress m 55
Strichkode m 106
Stricken n 277
Strickjacke f 32
Stricknadel f 277
Strohhalm m 144, 154
Strom m 60
Stromanschluss m 266
Stromausfall m 60
stromführende Schiene f 209
Stromkabel n 176
Stromnetz n 60
Stromschnellen f 284
Stromzähler m 60
Strumpf m 35
Strumpfband n 35
Strumpfhalter m 35
Strumpfhose f 35, 251
Strunk m 122
Stuck m 63
Stück n 140, 311
Student m 169
Studentenheim n 168
Studioeinrichtung f 178
Stufenbarren m 235
Stuhl m 64
Stunde f 163
Stundenzeiger m
Sturm m 286
Sturz m 186
Stütze f 187
stutzen 90
Stützräder m 207
subtrahieren 165
suchen 177
Südafrika 317
Sudan 317
Süden m 312
Südfrüchte f 128
Südkorea 318
südliche Halbkugel f 283
Südpolarmeer n 313
Südsudan 317
Sultanine f 129
Sumo m 237
Sumpf m 285
Supermarkt m 106
Suppe f 153, 158
Suppenlöffel m 65
Suppenteller m 65

Surfbrett n 241
Surfer m 241
Suriname 315
süß 124, 127, 155
süße Aufstrich m 134
Süßkartoffel f 125
Süßwaren f 107, 113
Süßwarengeschäft n 113
Süßwasserangeln n 245
Swasiland 317
Sweatshirt n 33
Symbol n 177
Symphonie f 256
Synagoge f 300
Synchronschwimmen n 239
synthetisch 31
Syrien 318
System n 176

T

Tabak m 112, 184
Tablett 152, 154
Tachometer m 201, 204
Tadschikistan 318
Taekwondo n 236
Tafel f 162
Tafel Schokolade f 113
Tag m 306
Tagesdecke f 70
Tagesordnung f 174
Tai Chi m 236
Taille f 12
Taiwan 319
Takelung f 215, 240
Taktstock m 256
Taktstrich m 256
Tal n 284
Tamburin n 257
Tampon m 108
Tandem n 206
Tangelo f 126
Tankstelle f 199
Tankstellenplatz m 199
Tansania 317
Tante f 22
Tanzakademie f 169
Tänzerin f 191
Tanzmusik f 259
Tapedeck n 268
Tapete f 82, 177
Tapetenkleister m 82
Tapezierbürste f 82
Tapezieren n 82
tapezieren 82
Tapezierer m 82
Tapeziermesser n 82
Tapezierschere f 82
Tapeziertisch m 82
Tapisserie f 277
Tarowurzel f 124
Tasche f 32
Taschen f 37
Taschenlampe f 267
Taschenrechner m 165
Taschentuch n 36
Tasmanien 319
Tastatur f 176
Taste f 176
Tastenfeld n 97, 99
Tätigkeiten f 77, 183
Tätowierung f 41
Taube f 292
tauchen 238
Tauchen n 239
Taucheranzug m 239
Tauchermaske f 239

Taufe f 26
Tausendfüßler m 295
Taxifahrer m 190
Taxistand m 213
Team n 229
Techniken f 237
Teddy m 75
Tee m 144, 149, 184
Tee mit Milch m 149
Tee mit Zitrone m 149
Teebeutel m 144
Teeblätter f 144
Teekanne f 65
Teelöffel m 65
Teetasse f 65
Teich m 85
Teig m 138, 140
Teilchen n 140
Teiler m 173
teilnehmen 174
Teint m 41
Telefon n 99
Telefonzelle f 99
Telegramm n 98
Teleprompter m 179
Teleskop n 281
Tempel m 300
Temperatur f 286
Temperaturanzeige f 201
Tennis n 230
Tennisball m 230
Tennisplatz m 230
Tennisschläger m 230
Tennisschuhe m 231
Tennisspieler m 231
Teppich m 63, 71
Tequila m 145
Termin m 45, 175
Terminal n 212
Terminkalender m 173, 175
Terminplaner m 175
Termite f 295
Terparybohnen f 131
Terpentin n 83
Terrassencafé n 148
Territorium n 315
Tesafilm m 173
Tesafilmhalter m 173
Text n 259
Thailand 318
Thanksgiving Day m 27
Theater m 254, 299
Theaterkostüm n 255
Theaterstück n 254
Theke f 142, 150
Therapeutin f 55
Thermometer n 45, 167
Thermosflasche f 267
Thermosphäre f 286
Thermostat m 61
Thermounterwäsche f 35
Thermowäsche f 267
Thriller m 255
Thymian m 133
Tiefe f 165
tiefe Ende n 239
tiefgefroren 121, 124
Tiegel m 166
Tierärztin f 189
Tiere n 292, 294
Tierfutter n 107
Tierhandlung f 115
Tiger m 291
Tintenfisch m 121, 295
Tisch m 64, 148, 167
Tischdecke f 64

deutsch

deutsch

deutsch

english · français · deutsch · español · italiano

Spanish index • index espagnol • spanisches Register • índice español • indice spagnolo

español

español

español

español

español

español

español

español

español

español

español

español

español

english • français • deutsch • español • italiano

Italian index • index italien • italienisches Register • índice italiano • indice italiano

italiano

italiano

italiano

italiano

italiano

italiano

italiano

italiano

italiano

english • français • deutsch • español • italiano

italiano

italiano

italiano

italiano

italiano

italiano

acknowledgments • remerciements • Dank • agradecimientos • ringraziamenti

DORLING KINDERSLEY would like to thank Tracey Miles and Christine Lacey for design assistance, Georgina Garner for editorial and administrative help, Sonia Gavira, Polly Boyd, and Cathy Meeus for editorial help, Claire Bowers for compiling the DK picture credits, and Surabhi Wadhwa, Harish Aggarwal, and Saloni Singh for jacket design

The publisher would like to thank the following for their kind permission to reproduce their photographs:
Abbreviations key:
t = top, b = bottom, r = right, l = left, c = centre

123RF.com: Andriy Popov 34tl; Daniel Ernst 179tc; Hongqi Zhang 24cla. 175cr; Ingvar Bjork 60c; Kobby Dagan 259c; leonardo255 269c; Liubov Vadimovna (Luba) Nel 39cla; Ljupco Smokovski 75crb; Oleksandr Marynchenko 60bl; Olga Popova 33c; oneblink 49bc; Racorn 162tl; Robert Churchill 94c; Roman Gorielov 33bc; Ruslan Kudrin 35bc, 35br; Subbotina 39cra; Sutichak Yachaingkham 39tc; Tarzhanova 37tc; Vitaly Valua 39tl; Wavebreak Media Ltd 188bl; Wilawan Khasawong 75cb; **Action Plus:** 224bc; **Alamy Images:** 154t; A.T. Willett 287bcl; Alex Segre 105ca, 105cb, 195cl; Ambrophoto 24cra; Blend Images 168cr; Cultura RM 33r; Doug Houghton 107fbr; Ekkapon Sriharun 172bl; Hugh Threlfall 35tl; 176tr; Ian Allenden 48br; Ian Dagnall (iPod is a trademark of Apple Inc., registered in the U.S. and other countries) 268tc, 270t; Ievgen Chepil 250bc; imagebroker 199tl, 249c; keith morris 178c; Martyn Evans 210b; MBI 175tl; Michael Burrell 213cra; Michael Foyle 184bl; Oleksiy Maksymenko 105tc; Paul Weston 168br; Prisma Bildagentur AG 246b; Radharc Images 197tr; RBtravel 112tl; Ruslan Kudrin 176tl; Sasa Huzjak 258t; Sergey Kravchenko 37ca; Sergio Azenha 270bc; Stanca Sanda (iPad is a trademark of Apple Inc., registered in the U.S. and other countries) 176bc; Stock Connection 287bcr; tarczas 35cr; vitaly suprun 176cl; Wavebreak Media ltd 39cl, 174b, 175tr; **Allsport/Getty Images:** 238cl; **Alvey and Towers:** 209 acr, 215bcl, 215bcr, 241cr; **Peter Anderson:** 188clr, 271br. **Anthony Blake Photo Library:** Charlie Stebbings 114cl; John Sims 114tcl; **Andyalte:** 98tl; **apple mac computers:** 268tcr; **Arcaid:** John Edward Linden 301bl; Martine Hamilton Knight, Architects: Chapman Taylor Partners, 213cl; Richard Bryant 301br; **Argos:** 41tcl, 66cbl, 66cl, 66br, 66cbl, 69cl, 70bcl, 71t, 77tl, 269cr, 270tl; **Axiom:** Eitan Simanor 105bcr; Ian Cumming 104; Vicki Couchman 148cr; **Beken Of Cowes Ltd:** 215cbc; **Bosch:** 76tcr, 76tc, 76tcl; **Camera Press:** 38tr, 256t, 257cr; Barry J. Holmes 148tr; Jane Hanger 159cr; Mary Germanou 259bc; **Corbis:** 78b; Anna Clopet 247tr; Ariel Skelley / Blend Images 52l; Bettmann 181tl, 181tr; Blue Jean Images 48bl; Bo Zauders 156t; Bob Rowan 152bl; Bob Winsett 247cbl; Brian Bailey 247br; Carl and Ann Purcell 162l; Chris Rainer

247ctl; Craig Aurness 215bl; David H.Wells 249cbr; Dennis Marsico 274bl; Dimitri Lundt 236bc; Duomo 211tl; Gail Mooney 277ctcr; George Lepp 248c; Gerald Nowak 239b; Gunter Marx 248cr; Jack Hollingsworth 231bl; Jacqui Hurst 277cbr; James L. Amos 247bl, 191ctr, 220bcr; Jan Butchofsky 277cbc; Johnathan Blair 243cr; Jose F. Poblete 191br; Jose Luis Pelaez.Inc 153tc; Karl Weatherly 220bl, 247tcr; Kelly Mooney Photography 259tl; Kevin Fleming 249bc; Kevin R. Morris 105tr, 243tl, 243tc; Kim Sayer 249tcr; Lynn Goldsmith 258t; Macduff Everton 231bcl; Mark Gibson 249bl; Mark L. Stephenson 249tcl; Michael Pole 115tr; Michael S. Yamashita 247ctcl; Mike King 247cbl; Neil Rabinowitz 214br; Pablo Corral 115bc; Paul A. Sounders 169br, 249ctcl; Paul J. Sutton 224c, 224br; Phil Schermeister 227b, 248tr; R. W Jones 309; Richard Morrell 189bc; Rick Doyle 241ctr; Robert Holmes 97br, 277ctc; Roger Ressmeyer 169tr; Russ Schleipman 229; The Purcell Team 211ctr; Vince Streano 194t; Wally McNamee 220br, 220bcl, 224bl; Wavebreak Media LTD 191bc; Yann Arhus-Bertrand 249tl; **Demetrio Carrasco / Dorling Kindersley (c) Herge / Les Editions Casterman:** 112ccl; **Dorling Kindersley:** Banbury Museum 35c; Five Napkin Burger 152t; **Dixons:** 270cl, 270cr, 270bl, 270bcl, 270bcr, 270ccr; **Dreamstime.com:** Alexander Podshivalov 179tr, 191cr; Alexxl66 268tl; Andersastphoto 176tc; Andrey Popov 191bl; Arne9001 190tl; Chaoss 26clb; Designsstock 269cl; Monkey Business Images 26clb; Paul Michael Hughes 162tr; Serghei Starus 190bc; **Education Photos:** John Walmsley 26tl; **Empics Ltd:** Adam Day 236br; Andy Heading 243c; Steve White 249cbc; **Getty Images:** 48bcl, 100t, 114bcr, 154bl, 287tr; 94tr; Don Farrall / Digital Vision 176c; Ethan Miller 270bl; Inti St Clair 179bl; Liam Norris 188br; Sean Justice / Digital Vision 24br; **Dennis Gilbert:** 106tc; **Hulsta:** 70t; **Ideal Standard Ltd:** 72r; **The Image Bank/Getty Images:** 58; **Impact Photos:** Eliza Armstrong 115cr; Philip Achache 246t; **The Interior Archive:** Henry Wilson, Alfie's Market 114bl; Luke White, Architect: David Mikhail, 59tl; Simon Upton, Architect: Phillippe Starck, St Martins Lane Hotel 100bcr, 100br; **iStockphoto.com:** asterix0597 163tl; EdStock 190br; RichLegg 26bc; SorinVidis 27cr; **Jason Hawkes Aerial Photography:** 216t; Dan Johnson: 35r; **Kos Pictures Source:** 215cbl, 240tc, 240tr; David Williams 216b; **Lebrecht Collection:** Kate Mount 169bc; **MP Visual.com:** Mark Swallow 202t; **NASA:** 280cr, 280ccl, 281tl; P&O Princess Cruises: 214bl; **P A Photos:** 181br; **The Photographers' Library:** 186bl, 186bc, 186t; **Plain and Simple Kitchens:** 66t; **Powerstock Photolibrary:** 169tl, 256t, 287tc; **PunchStock:** Image Source 195tr; **Rail Images:** 208c, 208 cbl, 209br; **Red Consultancy:** Odeon cinemas 257br; **Redferns:** 259br; Nigel Crane 259c; **Rex Features:** 106br, 259tc, 259tr, 259bl, 280b; Charles Ommaney 114tcr; J.F.F Whitehead 243cl; Patrick Barth 101tl; Patrick Frilet 189cbl;

Scott Wiseman 287bl; **Royalty Free Images:** Getty Images/Eyewire 154bl; **Science & Society Picture Library:** Science Museum 202b; Science Photo Library: IBM Research 190cla; NASA 281cr; **SuperStock:** Ingram Publishing 62; Juanma Aparicio / age fotostock 172t; Nordic Photos 269tl; **Skyscan:** 168t, 182c, 298; Quick UK Ltd 212; **Sony:** 268bc; **Robert Streeter:** 154br; **Neil Sutherland:** 82tr, 83tl, 90t, 118, 188ctr, 196tl, 196tr, 299cl, 299bl; **The Travel Library:** Stuart Black 264t; **Travelex:** 97cl; **Vauxhall:** Technik 198t, 199tl, 199tr, 199cl, 199cr, 199ctcl, 199ctcr, 199tcl, 199tcr, 200; **View Pictures:** Dennis Gilbert, Architects: ACDP Consulting, 106t; Dennis Gilbert, Chris Wilkinson Architects, 209tr; Peter Cook, Architects: Nicholas Crimshaw and partners, 208t; **Betty Walton:** 185br; **Colin Walton:** 2, 4, 7, 9, 10, 28, 42, 56, 92, 95c, 99tl, 99tcl, 102, 116, 120t, 138t, 146, 150t, 160, 170, 191ctcl, 192, 218, 252, 260br, 260l, 261tr, 261c, 261cr, 271cbl, 271cbr, 271ctl, 278, 287br, 302, 401.

DK PICTURE LIBRARY:
Akhil Bahkshi; Patrick Baldwin; Geoff Brightling; British Museum; John Bulmer; Andrew Butler; Joe Cornish; Brian Cosgrove; Andy Crawford and Kit Hougton; Philip Dowell; Alistair Duncan; Gables; Bob Gathany; Norman Hollands; Kew Gardens; Peter James Kindersley; Vladimir Kozlik; Sam Lloyd; London Northern Bus Company Ltd; Tracy Morgan; David Murray and Jules Selmes; Musée Vivant du Cheval, France; Museum of Broadcast Communications; Museum of Natural History; NASA; National History Museum; Norfolk Rural Life Museum; Stephen Oliver; RNLI; Royal Ballet School; Guy Ryecart; Science Museum; Neil Setchfield; Ross Simms and the Winchcombe Folk Police Museum; Singapore Symphony Orchestra; Smart Museum of Art; Tony Souter; Erik Svensson and Jeppe Wikstrom; Sam Tree of Keygrove Marketing Ltd; Barrie Watts; Alan Williams; Jerry Young.

Additional Photography by Colin Walton.

Colin Walton would like to thank:
A&A News, Uckfield; Abbey Music, Tunbridge Wells; Arena Mens Clothing, Tunbridge Wells; Burrells of Tunbridge Wells; Gary at Di Marco's; Jeremy's Home Store, Tunbridge Wells; Noakes of Tunbridge Wells; Ottakar's, Tunbridge Wells; Selby's of Uckfield; Sevenoaks Sound and Vision; Westfield, Royal Victoria Place, Tunbridge Wells.

Front jacket image © Volkswagen

All other images are Dorling Kindersley copyright. For further information see www.dkimages.com

english • français • deutsch • español • italiano